JN085466

老いと外出

移動をめぐる心理生態学

松本光太郎

新曜社

Aさん：今日と明日はつながっていると思う？

Bくん：時間は刻々と過ぎていくよね。だから今日と明日はつながっているよ。

Aさん：明日はまだ訪れていないから、今日とつながっていることは憶測に過ぎないんじゃない？

Bくん：これまで何度も何度も繰り返し今日の次に明日が訪れてきたんだ。これまでの経験から明日が訪れることは確かに推論できる。だから今日と明日はつながっているよ。

Aさん：これまで今日の次に明日が訪れてきたからといって、今日の次に新しい明日が確実に訪れるとは限らないでしょう？　今日とはまったく違う明日とは呼べない何かが訪れるかもしれないよ。それが何かは今日の時点では分からないけれど…。

目次

序章 老いの時間を問う 1

老いの生態学 3
老いの心理生態学 7
場所としての特別養護老人ホーム 11
フィールドワークの概要 15
本書の構成 17

1章 屋内に落ちつく 19

居室にいる 22
フロアに出る 32
訪ねてくる人たち 52
届く物や声 76

フロアで移動する 82
居室に帰る 90

2章 外縁に留まる 95
窓越しに外を望む 96
ベランダに出る 105
軒下で外を向く 117

3章 車イスで出歩く 127
歩行から車イスへの移行 128
垂直と水平に出会う 132
媒質を渡り歩く 145
構内で出会う対象 160
構外で出会う対象 190
歴史をつくる 204

4章　自動車で出かける　211
ショッピングセンターに買い物に行く　213
場所としての移動の車中　219
目的地で移動する　225
スタッフの存在　229

5章　屋内に帰ってくる　237
外に出た後の時間　238
外に出る前の時間　250

6章　身体に空間をつくる　269
手という対象　271
物を手に持つ　274
缶コーヒーを飲む　284

終章　新しい老いの時間 301
老いの新たな身体 302
外に出て更新する生活空間 305
移動で知る心理的環境 309

あとがき 317
文献 <1>

装幀＝新曜社デザイン室

序章　老いの時間を問う

今日と明日はつながっているのだろうか？

人間の生涯の時間、いわゆる人生をどのようにとらえるのかは、この問いに対する答えによって二つに分かれる。

Aさんが今日と明日がつながっていない可能性を考えるように、筆者は人生の晩年に訪れる老いの時間がそれまでの時間とつながっていない可能性を考えている。

これまで心理学が老いについて提示してきたことは、研究者が今生きている時間と未来の老いの時間がつながっていることを暗黙の前提に据えて理解してきたことではなかっただろうか。老いの手前を生きている研究者にとって価値のあること、具体的には、知性、パーソナリティ、他者とのつながりといった指標を、人生の晩年に延長して評価したことを老いと称してはいなかっただろうか。

「小説家は自分よりも若い人間に同化することはできる、なぜなら自分もその年齢を経てきたから。しかし彼は老人については外側からしか知らない。」（ボーヴォワール[12] p.245）

老いの現実を的確に、時に辛辣に記したボーヴォワールの著書『老い』からの抜粋である。この小説家は中年期を迎えているのだろう。その小説家が老人について外側からしか知らないのは同意できる。だが、自分が経てきたから若い人間に同化できるという見解にも同意できるだろうか。

発達心理学者である浜田[31]は、人の誕生から子どもを経て大人になるまでの過程をとらえる発達理論が、すでに完成態（大人）に至っている研究者によって、完成態に至る過程を未熟な状態として、逆行的に構成されてきたと指摘している。そして、未熟な者としてではなく、その時々の本番に挑んでいる人間が順行的に生きていく過程を発達理論として提示することを求めている。この浜田の指摘に沿えば、先のボーヴォワールの見解――自分が経てきたから若い人間に同化できるという見解――には同意できなくなる。中年期を生きる小説家に若かった時間の名残はあるとしても、すでに若い人間の外側に移動しているので、若い人間を知るには工夫や努力が必要なのである。

発達理論が、研究者（大人）にとってすでに過ぎ去った時間を逆行的に構成してきたとすれば、老いの手前にいる研究者が老いの時間を自分たちの延長として位置づけ、老いを理解してきた可能性を指摘できるだろう。具体的に言えば、知性[7]、パーソナリティ[18]、他者とのつながり[45]といったことの維持、そして低下や喪失の補償が、高齢期の発達の課題とされてきた。しかし、老いの手前にいる人たちが、それらの価値を高く見積もるがゆえに老いの時間を生きる高齢者にも当てはめて、その維持や低下の補償といったことを老いの課題として強いてきたのではないか。

高齢期は新しい人生段階（stage）である。老いが深まり、当たり前であった二足歩行が難しくなり、手と視覚の協調がうまくいかず食事することに苦労し、身体の柔軟性が失われて体勢を変えにくくなる等々。老いの時間が困難の時間であると殊更強調しているのではない。老いの手前にいる人たちは、身体を軽やかに動かすことができるがゆえに、知性、パーソナリティ、他者とのつながりといったことにかかずらう。それに対して、目の前の行為一つひとつ——移動する、食事をする、姿勢を変えるなど——に懸命に取り組んでいるのが老いの時間ではないか。生涯の長い時間を経た後に、身体が不自由になり、記憶や思考がままならなくなり、周りの人間から直接助けを借りなければならなくなるなかで、高齢者はあらためて目の前の行為に懸命に取り組んでいる。

それ以前の時間の延長としてではなく、新しい人生段階として老いの時間をとらえるには、どのようなアプローチをとればよいだろうか。

老いの生態学

老年心理学者ロートン[51][52]によれば、心理学や老年学をはじめとする行動科学は、人間の内側の違いを概念化することに注力することで、環境という言葉を他者や集団、いわゆる対人関係に限定してきた。物理的環境は実験室のように単純なものとして想定されるか、もしくは省かれて、その結果、行動科学は老いをとらえ損なってきたと指摘している。

今、手元にある老いに関する心理学の教科書の目次を見てみよう。感覚・脳・認知、記憶・学習、知能の構造、パーソナリティ、障害・認知症、家族や他者とのつながりが主なトピックとして取り上げられている。これらのトピックは、他の教科書でも大きくは変わらないし、長らく変わっていない。

老いをとらえる切り口は現在に至るまで、人間の内側にあると想定されているこのようなトピックが主なものとして取り上げられ、それらの個人間の違いが検討され、取り上げられる環境は家族や他者といった対人関係に限定されている。ロートンの指摘は今も有効なのである。

老いの行動科学に対してロートンが掲げたのは、「老いの生態学（Ecology of Aging）」であった。生態学は、人間を含めた生物と環境との相互作用を研究する学問領域である。生態学は「家（home）」や「母国（homeland）」を意味するギリシャ語に由来していて[11]、生物と環境のとらえ方が行動科学とは異なっている。

老いの行動科学と老いの生態学との違いについて、ロートン[51]は、老いの行動科学は「行動を環境とつなげる努力（an effort to link behavior with the environment）」をしてきたのに対して、老いの生態学においては「すべての行動は環境脈絡の中で起こっている（all behavior occurs in an environmental context）」と説明している。

老いの生態学における「環境の中（in environment）」というとらえ方を知ってもらうために、たとえ話を一つ取り上げたい。

「台所をみても食器は食器棚にあるし、腐りやすい食べ物は冷蔵庫の中の所定の場所にあるし、調味料も鍋釜も定位置にある。あるべき物があるべき場所でみつからないとき、まず他人に聞いてみる。他人全員に聞いてみてわからない場合にのみ、記憶検索の努力をする（または、多くの場合、探すのをあきらめる）。」（富田[91] p.497）

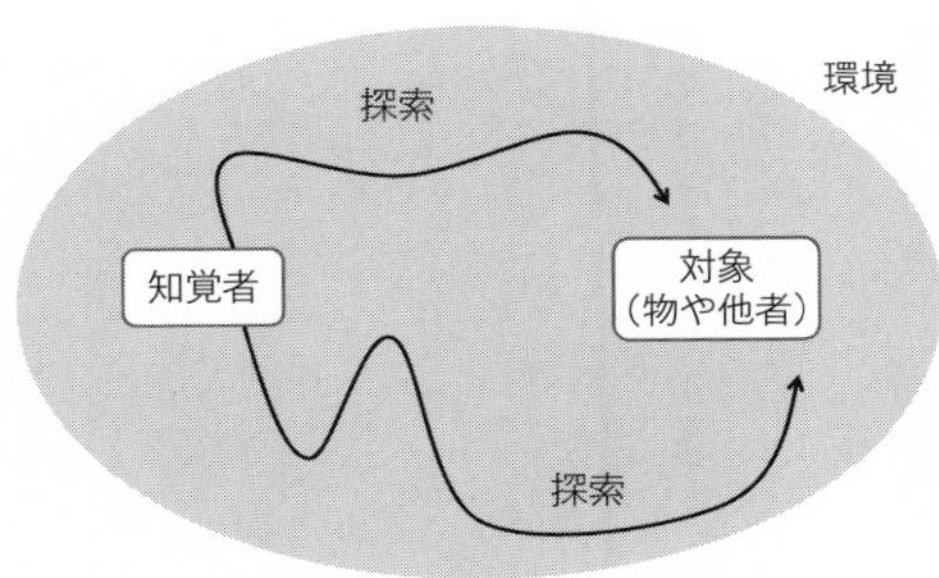

図０－１　環境は知覚者と対象を取り囲んでいる

食器や食べ物が、脈絡なく置かれていることはまずない。物はしかるべき環境の中にあり、私たちはあるべき場所で探す。そして、あるべき場所にあるべき物を探して見つからないときは、しかるべき他者に尋ねる。探していた食べ物が冷蔵庫の中で見つからないとき、家を出て通行人にありかを尋ねることはおそらくしない。その食べ物を食べそうな人か、冷蔵庫の中身を管理している人に尋ねるだろう。

知覚心理学者イッテルソン[42]によれば、環境とは知覚者を取り囲んでいる総体のことを指し、環境から離れて環境の外側に立つ孤立した知覚者はおらず、知覚者は環境の参加者でありかつ探索者である。私たちは環境の中にある物を探し、環境の中にいる他者に尋ねる。そして探索の対象である物や他者だけでなく、探索する知覚者も環境の中にいる（図０－１）。

環境の中であるべき物やしかるべき他者に出会えないときはどうだろうか。そのとき、物に関する記憶を検索する努力を行う。先ほどふれた行動科学では、記憶の検索とは脳をはじめとする人間身体の内側と、その外側にある物とをつなげる努力であるとされる。しかし、食器は食器棚に入っていて、腐りやすい食べ物は冷蔵庫の所定の位置にある。行動は環境の中で実現している。環境は、知覚者と探索の対象である物や他者をすでに取り囲んでいる。

記憶や知覚は人間の基礎的な機能であるが、それらを実験室内ではなく生活環境の中で研究することを推し進めた中心人物に、ナイサーがいる。[69] ナイサーは、実験室内でネズミが迷路を学習することと動物が自然環境の中で学習することとの違い、または無意味つづりのリストを用いた記憶測定と学校での学習や日常の想起との違いを例に挙げて、実験室における研究では、被験者は日常の生活環境による支えから遮断されていると指摘する。人間の身体内部における情報処理によって記憶や知覚が行われているという仮説（「内部情報処理理論」）が、人間を普段生活している環境から隔離して実験室で研究を行う正当性を支えている。

この内部情報処理理論に対して、ナイサーは、同じ環境下でも人によって違った対象に注目するのはなぜだろうかと疑問を投げかける。身体内部に一般的な情報処理モデルがあるとすれば、同じ環境下で注目する対象は誰でも機械的に同じはずである。

なぜ同じ環境下で、人によって注目する対象が違うのだろうか。この問いに対して、身体内部の情報処理モデルを精緻化する行動科学の道をとらずに斬新な説明を提示したのが、発達心理学者コフカ[47]である。コフカは2匹のチンパンジーの行動を例に挙げている。天井からおいしそうなバナナが吊されている檻に、2匹のチンパンジーが別々に入れられる。その檻の中にはそれぞれ、バナナから離れたところに箱が一つだけ置いてある。1匹は多少の時間の後、箱をバナナの下まで運んで、箱を台に使ってバナナを手に入れる。もう1匹はジャンプしてみるもののバナナを取れず、諦めて箱に座る。

先にふれた「老いの行動科学」や「内部情報処理理論」であれば、同じ環境下での2匹の行動の違いは個人差の問題、さらに言えば、能力の優劣として結論づけられるだろう。

それに対してコフカは、2匹の行動は同じ物理的環境に依存しているけれども、物理的環境は2匹の行動の直接的原因ではないという。最も適当な記述は、1匹が箱を台に使い、もう1匹は座るイスにしたというものである。つまり、2匹は同じ物理的環境（地理的環境）にいるが、異なる心理的環境（行動的環境）にいるため、それぞれ異なる行動を示したと理解できるのである。コフカは2匹のチンパンジーがいる心理的環境の違いにより、2匹が見せた異なる行動を説明したのである。

高齢者の知性、パーソナリティ、他者とのつながり等々の維持や低下・喪失の補償を課題とし続ける限り、老いの時間はそれ以前の時期に比べて劣っている、希望なき時間とならざるをえない。それに対して、老いの生態学では、それ以前の時間の延長ではない独特な心理的環境を生きている老いの時間を展望しようとしている。

老いの心理生態学

ロートンの老いの生態学が環境の中で老いることに注目したように、ミード[62]は、社会構造・秩序に属する個人の社会的行動に注目した。一般的には、個人の内的経験としての意識をまず想定して、心理とは意識された内的経験であり、その結果として行為が出現すると考えられている（図0-2）。しかしミードは、意識を先行的に想定すること、そして当人が自覚可能な内的経験だけを心理とするこ

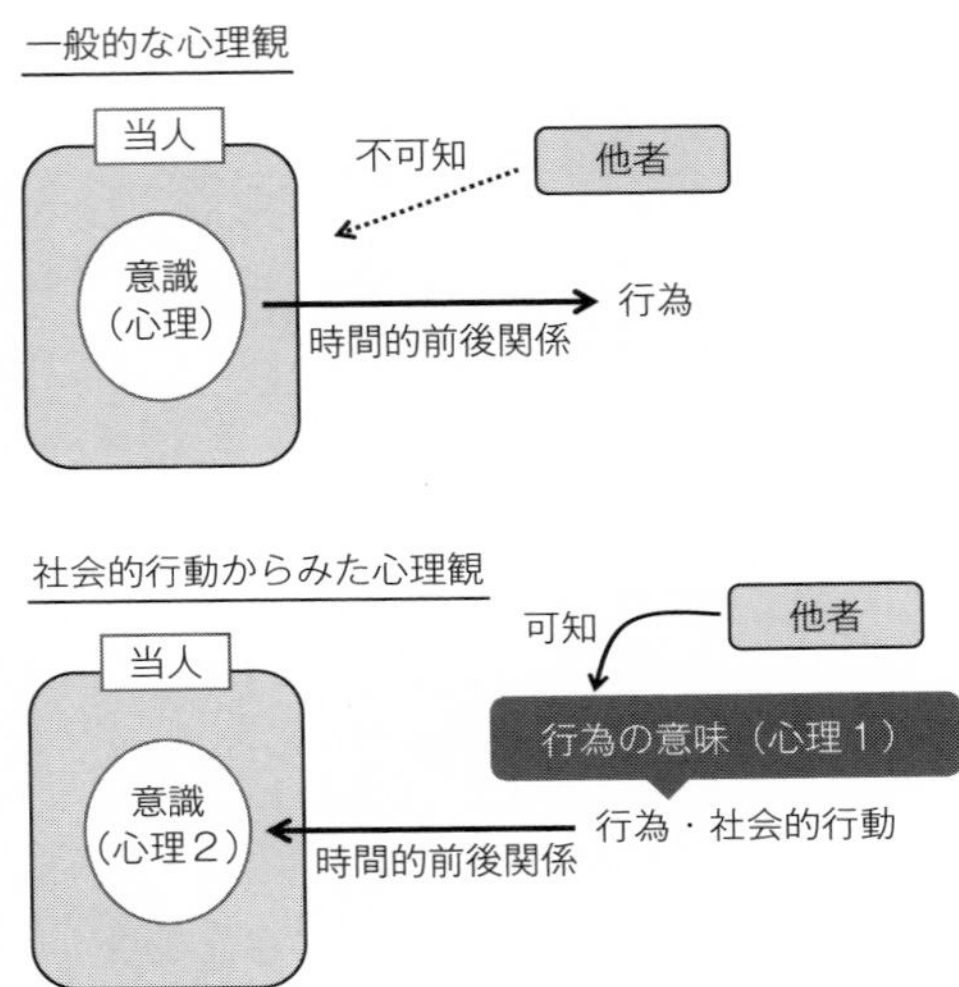

図０−２　二つの心理観

とに異論を呈した。

「われわれは、他の人々の行為の意味を、恐らく当人がそれを自覚していないときに読み取る。そこには、その目的がなんであるかを、われわれに明らかにするようななにかがある――たとえば、眼による一瞥、反応にまでいたる肉体の態度などである。」（ミード[62] p.25）

「意識はこのような行為から創発するものであり、意識が社会的行動の先行条件ではなく、社会的行動が意識の先行条件なのであると結論せざるをえない。」（ミード[62] p.29）

意識といった内的経験から行為へ、すなわち内から外へという一般的な方向とは逆に、行為から内的経験へ、すなわち外から内へという方向をミードは見出している。また、私たちは、自分の為すことの意味すべてを自覚して行ってはいない。当人は自覚せずに行っている行為の意味を、他者だけが読み取る可能性がある。ミードは、人間の心理を、社会構造・秩序の中で実現する個人の行為・社会的行動から、他者が読み取る筋道を提示してくれている。

このように、行為・社会的行動は、社会構造・秩序の中で実現している。純粋な内的経験の結果であるとはいえず、行為や意識は外から内へ、内から外へというサイクルの中で創発しているといえよう。

人間の心理を、特に人と人が共存する集合体について、行為・社会的行動から理論化したレヴィンの心理学は画期的である。「行動（behavior）」は「環境（environment）」と「個人（person）」の依存関係の「関数（function）」であるとし、B＝f (PE)、という公式で表現した。[54] PとEの依存関係をレヴィンはしばしば「状況（situation）」と言い換えていて、B＝f (S) と表してもいる。ある状況においてある行動は可能であるが、別のある行動は不可能である。また以前の状況では不可能であった行動が今は可能になり、逆に以前は可能であった行動が今は不可能になる。これら通時的な行動の可能性の総体を、レヴィンは「生活空間（life space）」と表現した。[54] 時間概念に加えて、空間概念（移動、領域、境界、内側と外側など）を駆使して、PとEの依存関係における通時的な行動の可能性の総体を明らかにする学問領域として、レヴィンは「心理生態学[55]（psychological ecology）」を構想した。※

レヴィンの研究室にいたバーカー（Barker）とライト（Wright）が、心理生態学を本格的に実践した。彼らは人間行動と環境をその場（in situ）で研究するために、１９４７年秋、バーカーらが

「ミッドウエスト」と呼んだアメリカの中西部カンザスの小さな町に、心理学で初めてのフィールド研究ステーションを開設した。[8][37]

心理学でよく利用される実験室の環境は、被験者が普段行動している環境と異なって、被験者は実験者が用意した環境しか利用できない。バーカーとライトはこんなことを記している。「要するに、私たちは実験や臨床の過程状況下での人々のふるまいの仕方を知っているけれども、実験室やクリニックの外でのふるまいの分布をほとんど知らない」[11](p.2)。バーカーらは、「行動セッティング(behavior setting)」と呼んだ場所が備える他とは違う行動パターンに注目して、ミッドウエストとイングランド・ヨーデールの高齢者の比較[9]や、ミッドウエストにおける高齢者を含めた世代間の比較[11]を行っている。バーカーらの研究は、「ミッドウエストの心理生態学」であり、ミッドウエストにおける高齢者を含めた住人の行動の可能性の総体である「ミッドウエストの生活空間」を把握することにねらいがあった。

バーカーらが人間行動の研究をその場の環境において行ったことは最大限の敬意と称賛を贈られるべきであり、私たちも継承すべきである。しかし筆者にとって、彼らの行動セッティング概念と記録スタイルは満足のいくものではない。

行動セッティング概念は、その場所が他とは違う行動パターンを備えているという厳しい線引きによって、筆者から見ると、魅力的な場所こそ対象から外れてしまっている。たとえば、「街外れの廃線」[11](p.16)は、他とは違う行動パターンが備わっていないとして行動セッティングから外されているが、他とは違う行動パターンが備わっていないということは、裏返せばいろいろな行動が可能だということであり、むしろ場所の価値を表している。また、記録スタイルについては、バーカーらは特定の行動の生起数をカウントする以外に、観察者7～9名が交替しながら、「標本記録（specimen record）」と呼ぶ、個人が起床してから就寝するまでの詳細な記録をとっている。だが個人に付き添って行われた観察は、カメラを通した取材のように場所における対象者の行動が詳細に記録されているものの、対象者にとっての場所の意味、すなわち対象者の心理に踏み込んでいない。[10][11]

本書で展開する老いの心理生態学では、高齢者の行動とその環境をその場で研究すること、そして高齢者が生活している空間における行動の可能性の総体である生活空間を明らかにすることを通して、高齢者の行動やその場所の意味から読み取れる高齢者の心理、言い換えると、老いの時間を見ようとしている。

場所としての特別養護老人ホーム

特別養護老人ホーム（以下、特養）とは、入所定員が30人以上、介護保険法による都道府県知事の指定を受けた施設で、入所する要介護者に対し、入浴、排泄、食事等の介護、その他の日常生活上の世話、機能訓練、健康管理および療養上の世話を行うことを目的とする施設である。[48]

※ 翻訳版[55]では「心理学的生態学」と訳してある。レヴィンは新たな学問領域を構想しているように読めるため、本書では「心理生態学」と訳した。

日本において２０００年４月に施行された介護保険制度は、40歳以上の成人が納める介護保険料と公費で介護に必要な負担を賄うように、介護を担う体制を「家族」から「社会」へと、大きく舵を切った。介護保険制度が施行された当時は、特養や老人保健福祉施設が次々と開所し、在宅介護の体制も整えられていった。また、制度の範囲内で運営する特養をはじめとする大規模施設とは異なる小規模な宅老所やグループホームといった制度を超えた新たな介護のかたちが、自主的に、また外国を参考に試みられ、定着していった時期でもあった。[78][93]

介護保険制度施行直後、２０００年（平成12年）９月時点では、特養は日本全国に４４６４か所、定員は29万８９１２人（利用率99・１％）であった。２０１７年９月時点では、特養は全国に７８９１か所、定員は54万２４９８人（利用率96・６％）である。この間、２０１５年４月の介護保険制度改正により特養への入所条件が要介護度３以上と厳しくなった。その影響で、２０００年から２０１７年にかけて、要介護度３以上の居住者が占める割合が70・６％から93・２％へと上昇している。本書の舞台となる特養には、２００２年に開所してしばらくは要介護認定に満たない「要支援」と認定された方も居住していたが、現在はこの入居要件の変更で、必要な介護の重い居住者が増えている。また四人部屋が48・３％から16・９％へと減り、個室が29・３％から74・６％に増えていることから、個室化が進んでいる。[48]

筆者の通う特養が開所する少し前に、建てられたばかりの建物の中に入れてもらったことがある。ベッドやタンス、テーブルやイスがまだ備え付けられていなかったこともあって、部屋の壁から垂れ下がっているナースコールのボタンが施設らしきものを予感させるくらいで、屋内にはだだっ広い空間が広がっているだけだった。

この特養が開所すると、高齢者が各々居住していた自宅、病院、他の施設といった様々な場所からここに生活の拠点を移した。空間が広がっているだけであった特養は、高齢者が入居し、スタッフが通い始めて、食事、排泄、入浴、睡眠など日々の生活行為が営まれる場所になっていった。

「場所で老いる（Aging-in-Place）」という言葉があるが、ニュージーランドの高齢者を対象に「場所で老いる」とはどういうことかを尋ねたインタビュー調査では、「場所にはまって動けなくなることだ」と解釈する人さえいた。[100]「場所で老いる」という言葉は何を問題にしているのか、見当がつきにくい。

場所というのは日常的な言葉であるが、私たちは必ずしも自覚的に場所を意識しているわけではない。たとえば、家具を以前置いてあった位置から動かした後に、家具に身体をぶつけてしまう。[76]あるいは夫婦で旅に出て馴染みのない場所に泊まるとき、自宅で寝ているときと同じサイドのベッドを選ぶということがある。[77]

家具を移動させた後に身体をぶつけるのは、暗黙で当然である場所の意味がつくられていたこと、そして家具を動かすことで場所の意味が変わったことを表している。この住人は家具に身体をぶつけないように、場所の意味をあらためて創造しなければならない。

そして、馴染みのない場所に泊まるとき、その場所を取り囲む物理的環境には馴染みがない。しかし、パートナーはいつものようにいてくれ、夫婦が自宅で寝ているときと同じサイドのベッドを選ぶ行為は、暗黙で当然であった場所の意味をわずかながら継続させている。馴染みのない場所ながらも、お互いがいてくれることで、この夫婦は落ちついて眠りに就くことができるだろう。

老いと転居について検討したロウルズとラヴダル[77]によれば、場所は私たちの生活における意味の収容場所であり、場所の役割は意識的に獲得していることではないし、場所の意味は暗黙で当然のことなのである。

アメリカ・サンアントニオに新たに建てられた高齢者施設で調査を行ったカープ[15]は、施設入居の応募を検討している高齢者のために開かれた見学会の様子を報告している。自分たちが長い間大事にしてきたたくさんの家具やコレクションを持ち込むには到底部屋の広さが足りないことを確認した高齢者たちは、それらを手放す必要を口々に話していた。自宅から施設に転居する高齢者において、以前の住居で使用していた家具や私物をすべて持ち込むことはできない。張りめぐらせていた場所の意味をそのまま持ち込むことは叶わず、それまでつくりあげてきた場所の意味の多くを手放さなければならない。できるのは、場所の意味を一部新たな空間に持ち込んで継続させること、また回想することで再創造すること、それから新たに創造することである。

本書の中で登場する生活の拠点を特養に移した高齢者は、以前の住居から場所の意味を一部持ち込んで継続させ、また回想することで場所の意味を再創造して、さらに特養で新たに場所の意味を創造していた。

これまで述べてきたことは、簡潔に以下の5点にまとめられる。これが本書において、老いの時間を明らかにするための方略である。

（1）空間における通時的な行為の可能性の総体が生活空間である。また、同じ物理的環境にいながら、人はそれぞれ異なる心理的環境で生きている。

（2）出会った対象や実った行為が場所の意味をよく表している。当人にとってよい対象もよくない対象も、望む行為も望まない行為も、場所の意味の創造を表している。

（3）特養における場所の意味の総体が特養の生活空間であり、特養に居住する高齢者各々における場所の意味の創造が高齢者の心理的環境である。

（4）よって、高齢者の出会った対象や実った行為を採集することは、場所の意味を明らかにして、特養の生活空間や高齢者の心理的環境を知ることにつながる。

（5）そして、特養の生活空間や高齢者の心理的環境を通して、老いの独特な時間を明らかにすることができる。

フィールドワークの概要

筆者は九州の都市郊外にある特養に、2002年8月から2005年9月までは週に1〜2回、2005年10月以降は現在（2020年1月）に至るまで年に数回通い、この特養に居住する高齢者（以下、居住者）の生活に立ち会い、また居住者の移動に同行するなかで、居住者の営みを記録してきた。

この特養に通い始めたきっかけは、この特養の関連施設に勤めていた知人が、特養の開設予定を知ってその情報を筆者に提供してくれたことであった。当時自宅居住の高齢者を対象に研究していた筆者は、施設に居住する高齢者について研究する機会を探していた。その後、特養に通う許可を得るために、この知人を介して特養の責任者との面談の機会を設けてもらった。その際に説明した特養に通う目的は、徘徊している居住者の心理、徘徊する理由を明らかにすることであった。しかし残念ながら、この特養では徘徊している居住者に出会えなかった。その時点で通うことを止めてもよかったのだが、いつか研究になるだろうと楽観的に構えて、その後は通い続けることや記録を積み重ねることを目的にして現在に至っている。

特養が開所した２００２年から２００５年まではボランティアとして、掃除、食事、排泄、移乗など介護の手伝いをしながら、特養の中をウロウロしていた。特養に滞在していたのは日中で、10時半から16時半までが多かった。この期間に特養を訪問した回数は１６０回であった。

２００５年に仕事の関係で当地を離れた後にも特養を訪ねているのは、付き合いのある居住者が今も健在だからである。２００５年から２０２０年現在までに訪問した回数は45回である。

筆者が通っている特養は、介護保険施行後に次々と設立された特養の一つである。筆者が特養に通ってきた期間は、先に紹介した介護保険施行後の時間に対応している。介護保険施行前後の老いをめぐる熱狂は過ぎ去り、ふたたび老いが顧みられなくなったように見えるのは筆者の個人的感傷だろうか。老いが大々的に顧みられなくなっても、人は必ず老い衰えていく。そして老いについての理解は更新されていく。本書もその一つとして迎えられると嬉しい。

本書の構成

この本は、6章で構成されている。1章では、居住者が特養の屋内に落ちつくなかで出会える対象、対象との出会いに伴い実現する行為に注目する。2章では、屋内と屋外とのあいだの境界領域である「外縁」で出会う対象や、出会いに伴う行為を検討する。3章は、いよいよ屋外に車イスに乗って出かける。特養の敷地である「構内」と敷地を離れる「構外」に分けて、高齢者が構内および構外で出会う対象や出会いに伴う行為から屋外における生活空間を明らかにする。4章は、自動車に乗って目的地に出かける遠出を取り上げる。車イスに乗って屋外に出かけた際に出会う対象や行為とどのように違うのだろうか。5章では、屋外に出かけた後に屋内に帰ってくることに注目する。屋内を一旦離れることで、出かけた後や出かける前に屋内でどのような対象に出会い、行為が生まれるのだろうか。6章は、居住者の身体内につくられる空間に注目する。特に取り上げるのは、缶コーヒーを飲む行為である。缶コーヒーを持つ手が対象になる。対象との出会いや出会いに伴う行為はいくつもの次元で成立している。そして、終章で、本書を通して明らかにしてきた老いの時間について、特に特養で可能な行為の総体である生活空間や各々の居住者が生きている心理的環境を通して提示する。

各章は順番に読んでもらえると、読み進めるに従い新たな展開を目の当たりにできる。しかし各章は独立しているので、ピンポイントで興味を持った章からでも、問題なく読むことができる。終章を先に読んで、各章にさかのぼる読み方も可能である。

通っている特養は五階建てで、一階は事務室やスタッフの更衣室、それから洗濯室、調理室、デイサービスなどが入っている。二階と三階が特別養護老人ホームで、三階は個室と四人部屋が併設されていて、二階は四人部屋のみ、そのうちの1部屋は一時的に居住するショートステイに利用されていた。三階の個室はいくらか身辺整理のできる高齢者が居住している。二階と三階の四人部屋の違いは、二階が身体に不自由を抱えた高齢者が多く、三階は認知症の重い高齢者が多い。ただし、二階には身体に不自由を抱えながら認知症も抱えている高齢者が少なからずいて、三階には認知症を抱えながら車イスで生活している高齢者が少なからずいた。身体介護のみ、認知症介護のみとクリアに分けることはできないので、主となる介護要件で高齢者の居室を二階と三階に分けているようだった。同じ階の中で身体症状の悪化－改善や気分の不穏－平穏により居室が変わることはあったが、階で行き来することはあまりなかった。筆者が主に通っていた二階では、四人部屋10部屋とショートステイ1部屋に常時40人ほどの高齢者が居住している。そして四、五階には、介護を必要としない高齢者が居住するケアハウスが入っていた。

それでは、筆者が主に時間を過ごしている二階の空間構成を図1－1に沿って紹介しよう。居室

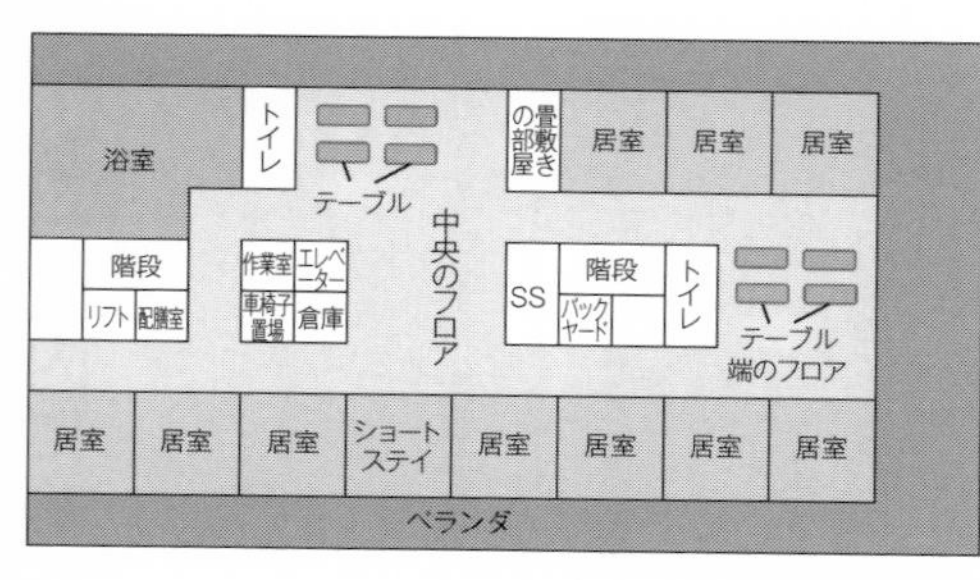

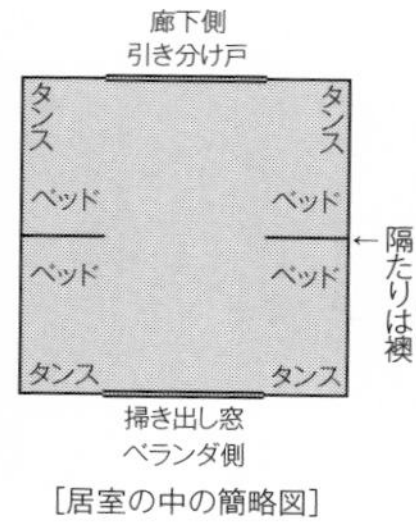

［居室の中の簡略図］

図１－１　屋内空間の概略図

以外の共有スペースを「フロア」と呼んでいる。中央のエレベーター周りのフロア（以後、中央のフロア）には、居住者が食事をするテーブルとイス、それから大型テレビが置かれている。フロアに面して「サービスステーション（ＳＳ）」と呼ばれる介護・看護スタッフの詰所がガラス張りで区切られている。それから、もう一つ居住者が食事をするテーブルとイス、それから大型テレビが置かれているスペースが端にある（以後、端のフロア）。フロアは掃き出し窓（足元まである窓。段差あり）に面していて、夜になるとカーテンが引かれるが、日中はカーテンが開かれているので明るい。

そして、フロアを中心にして廊下が環状に貫いていて、廊下に面して居住者の居室とトイレが配置されている。廊下をはじめとする屋内の床には段差がなく、車イスでの移動がしやすいように木目調の塩化ビニールのシートが敷かれている。壁の下半分には、床と同じ木目調のシートが貼ってあり、その上の部分に手すりが備え付けられている。壁の上半分には、発色を抑えた落ちついた白色のシートが貼られていて、天井まで続いている。壁には、訪問者へのお知らせを印刷した紙や施設で催されたイベントでの居住者の様子を伝えるたくさんの写真にコメントが添えられた模造紙が掲示されている。

廊下に面して配置されている居室の入り口には、部屋番号と一~四名のネームプレートが掲示されている。部屋の扉は引き分け戸(二枚の引き戸で閉じる扉)で、開いていることが多い。居室に入ると突き当たりに掃き出し窓、手前の左右に二台のベッド、奥の左右に二台のベッドが置かれている。ベッドの横には備え付けのタンスが一台ずつ置かれている。それ以外に簡易式トイレ、収納ボックス、テレビなどが置かれていることがある。手前と奥のベッドのあいだは襖で仕切られていて、各スペースはカーテンで仕切ることができる。カーテンを常に引いている居住者、まったく引かない居住者、必要に応じて引く居住者と様々である。スタッフは簡易トイレでのトイレ介助や着替えの介助をするときにカーテンを引いている。

居室内の窓からの採光による明るさは季節によって異なる。廊下や居室の廊下側の空間は常時照明を点けていないと薄暗く感じる。天気のいい日には、窓から外光が入ってきている。ただし日中もレースカーテンは引かれているので、外の風景はあまり見えない。また、屋内の温度は空調設備の運転・停止により適温に管理されている。

環境とは知覚者を取り囲んでいる総体であることを序章で述べた。居住者は、屋内空間で、床や壁、天井、テーブル、イス、テレビ、カーテン、ベッドにタンスをはじめとする環境に取り囲まれている。床やイスは居住者がいつでも対象として知覚しているのではなく、多くの時間は取り囲んでいる環境の総体に含まれている。床が対象になるのは、地震で揺れているときやリハビリで頑張って歩くときなどである。イスは車イスから移乗するときに対象になる。

知覚心理学者イッテルソン[42]によれば、知覚を理解する枠組みには「対象知覚(object perception)」

と「環境知覚（environment perception）」がある。対象知覚の枠組みでは知覚者と知覚対象の分離が前提で、分離した両者が相互に関係している。目の前にある湯飲みを見る、隣に座る人の声を聞くといったように、知覚は知覚者と知覚対象が関係を結ぶこととして理解するのが私たちの常識に近く、多くの研究において暗黙に採用されている枠組みである。しかし、それは対象知覚の枠組みによる理解である。一方環境知覚の枠組みでは、環境は知覚者を取り囲んでいる総体であり、知覚者は環境内の参加者かつ探索者であって、環境は受動的に観察されることはなく、知覚者に行為の舞台を提供している。さらに、イッテルソンとカントリル[43]によれば、私たちが経験する環境とは知覚の原因ではなく、知覚の成果である。つまり、環境が原因となって知覚を引き起こすのではなく、私たちを取り囲んでいる環境の一部を知覚することで、環境は対象になると考えるのである。

対象と環境という形式は、ルビンの壺で有名な図地反転図形における図と地に対応している。環境は多くの時間は地として後景に退いていて、知覚したときに図として前景に浮上して対象になる。屋内で取り囲んでいる環境の一部に、居住者が目を向ける、耳を傾ける、意識を向けることで対象になる。居住者は屋内でどのような対象に出会い、対象との出会いに伴ってどのような行為が生まれているのだろうか。

居室にいる

二階の居室はいずれも四人部屋で、一つの部屋を四つに分けているため、居住者にとって居室は内側と外側の入り混じった空間であった。居室内の居住者各々のスペースは、ベッドにタンス、それから私物が占領している。居室で鉢植えの植物を育てている居住者もいた。それら私物は、紛失や物盗られ妄想により他者に奪われた経験をすることはあるが、居住者を概ね安定して取り囲んでいる。このように各々のスペース内では、居住者各々の場所の意味が安定的に保たれている。

四人部屋では、居室の中でも人間に出会う。カーテンや襖で仕切られ視覚的には遮られていながら、同室に共にいるので、居住者同士は出会っている。

同室の居住者との出会い

同室の居住者との関係性は一様ではなく、他の居住者にあまり関心のない居住者がいる一方で、強く意識している居住者もいる。事例を紹介していこう。

ところで、以後、事例の表記は【事例○-○】[××××××]と記す。○-○の先頭は章の番号で、後方は通し番号になる。1章の10事例目であれば、事例1-10と表記する。××××××は、先頭の2桁は西暦の下2桁で、中盤の2桁は月、後方の2桁は日にちになる。2005年8月29日に起こった事例であれば、050829と表記する。また、個人名はすべて仮名にしている。

【事例1-1】[031010]　昼食後、屋外に出て、車イスを停めて、藤原さんが補聴器を耳につけている左側の地べたに私は腰を下ろす。「藤原さんの部屋の人、入れ替わりましたね」と私が尋ねると、「そうですか？　部屋の人は知らないから」と藤原さんから返ってきた。さらに「私の前の人は替わりましたよね。へへ、名前は覚えていないけど」と続けた。私が「内川さんでしょう」と返すと、「そうそう、内川さん」と応じた。「いつもかゆいかゆい、かゆいかゆいと言ってましたもん。かゆいものね〜、大変だもの」と内川さんの居室での様子を話す。さらに、「私の…あの方は、10人兄弟らしいですね。10人兄弟の長女だって言ってましたよ」と名前を思い出せない様子だったので、「松さんでしょう」と助け船を出した。すると、藤原さんは「マツさん？」と聞き返したので「そう、木々の松と書いて、松さんです」と話した。藤原さんは、初めて知ったような様子だった。

事例の中で藤原さんが「前の人」と話していたのは、向かいにいた内川さんである。居室で藤原さんの向かいに1年ほどいた内川さんは、事例1-1の3週間ほど前、病院に入院して退院した後に別の居室に移動した。それから、事例1-1の1か月ほど前に、1年ほど斜め向かいにいた居住者が亡くなっていた。その後ショートステイの方が一時的にその場所に入り、事例1-1のときには別の居住者が移動してきていた。もう一人、藤原さんと襖を挟んで隣にいた松さんは健在であった。この時期に、藤原さんと同室の居住者3名のうち、2名が入れ替わっていた。

筆者とのやりとりのなかで、藤原さんは同室の居住者について、名前は覚えていないが、内川さんがかゆみを訴えていたことや松さんの兄弟の人数など同室の居住者のことをわずかながら知っていたことが分かる。藤原さんが他人の名前を覚えていないことはよくあった。具体的に、頻繁に会う長女や筆者の名前は言える一方で、まれにしか会わない長男の名前は言えなくなっていたものの、気にする様子は見せなかった。この事例では、内川さんの名前が思い出せないことにとどまらず、松さんに至っては1年間隣にいたにもかかわらず名前を初めて知った様子であった。名前を覚えていない原因は、加齢によるものか、それとも藤原さん個人の特徴であるのか、おそらく両方であろう。この事例から読み取れるのは、藤原さんが同室の居住者に強い関心を寄せていなかったことである。藤原さんに限らず、同室の居住者にそれほど関心を寄せないことはあるだろう。

【事例1-2】［030131］　私は鳥越さんの手の爪を切りながら、鳥越さんの話を聞いていた。同室になったことのある居住者が主な話題であった。門田さんは「声がでけ～」、山本さんは「ご飯ご飯といつも言っている」と話す。そして、川崎さんに関しては「（前の居室から今の居室へ）一緒に来たけど……」と不満を持っている様子であった。坊西さんに関しては「耳が遠い」と表現していた。

特養の居室は性別で分けてあった。そのため鳥越さんを含めて、男性の居住者は男性と一緒の居室になる。鳥越さんはよく怒鳴る人で、他の居住者とのあいだでトラブルになることがよくあった。後に事例1-6で紹介するように、同室の川崎さんがストレスで入院するほど鳥越さんは怒鳴ることがあった。この事例は、鳥越さんの視点から同室の居住者がどう見えているのかを知るよい機会であった。やはりというか、鳥越さんは同室の居住者を否定的に語っていて、よい面が語られることはなかった。同室の居住者とうまく関係が築けるとは限らない。できるだけうまくいくように、スタッフは普段の様子を把握したうえで、時折居住者の居室を移動させることがあった。次に紹介する事例は仲のよかった同室の2人である。

【事例１－３】［021129］　山本さんはご飯の時間と思い、車イスに乗って居室からフロアに出て行こうとしていたところを、坊西さんが「ご飯は1時間後」と教えていた。同様に車イスに乗って居室から出て行こうとしていた鳥越さんに山本さんが「ご飯は1時間後」と伝えると、鳥越さんは「それじゃない！　歯医者！」と怒鳴っていた。
　その後、坊西さんが山本さんの車イスを押してフロアに出て行くところに私は出くわした。坊西さんと私の目が合い、笑顔を交わした。

【事例１－４】［030221］　午後、私は居室にいる居住者におやつを配っていた。山本さんは歯医者に出かけていて、坊西さんは居室に残っていた。坊西さんにおやつを渡すときに、「坊西さんは、山本さんと以前からお知り合いだったんですか?」と尋ねると、笑って「そう、ご近所だったのよ。それほど言葉を交わす感じじゃなかったけど」と返ってくる。さらに「以前海軍でも一緒だったのよ。山本さんが二つ年上ということもあって、山本さんのほうが偉かった」と言葉を続けた。「山本さん、怖かったですか?」と私が尋ねると、「うんにゃ、そうでなかったよ。山本さんは文化部だったこともあって」と坊西さんは話す。「山本さん、紙芝居うまいと聞きました」と私が話すと、「よく知ってるね～。山本さんはうまかったよ～。紙芝居もだけど、のどから出す、何だったかな…腹話術！　うまかったよ～」と坊西さんから返ってきた。

山本さんと坊西さんの関係は穏やかなものだった。筆者の知る限りトラブルになったことはなかった。山本さんは車イスで移動して、耳が遠く、また見当識も怪しかった。そのため、事例1-2で鳥越さんが話していたように、頻繁に「ご飯」の時間が訪れていた。それでも山本さんは、坊西さんに車イスを押してもらうたびに「ありがとう」とお礼を言い、事例1-3で結果的に怒鳴られたものの、鳥越さんに食事は1時間後であることを教えていたように思いやりがあった。一方の坊西さんは、耳が遠いだけでなく、右目が不自由で、さらに肺を患っていた。それでも車イスを押すことをはじめ、山本さんの話に耳を傾けたり、歯ブラシやティッシュを取ってあげたりと好んでお付き合いしているように筆者には見えていた。

坊西さんが戦争中に山本さんと海軍で一緒だったという噂を筆者は耳にしていた。それが坊西さんと山本さんが仲の良い理由の一つだろうかと想像していた。そこで事例1-4で坊西さんに質問してみた。その返答によれば、2人は近所に住んでいて、海軍で一緒だったものの、山本さんは文化部で芸能を担当していたということだった。山本さんは時折ユーモアを発揮するときがあった。たとえば、入院して退院してきた山本さんがフロアにいたので、「昨日帰られたんですか?」と声をかけると、頷いて「留学していました」と答えた。山本さんの返答の意味を即座につかみ取れていない筆者の様子を察したのか、山本さんは「館内留学していました」と付け加えて、筆者は笑わされた［031003］。

山本さんと坊西さんの関係は、海軍で一緒だったことや近所だったこと、そのときの関係が悪くなかったことが背景にあることに加えて、山本さんの魅力によって成り立っていたと筆者には思えた。というのも、筆者自身、山本さんの鼻から大量に飛び出ていた鼻毛を切るために、鼻毛切りのハサミを自前で調達して、しばしば切らせてもらっていた。そして、今も手元に残るハサミを見るたびに、山本さんのことを思い出す。山本さんに魅せられたのは坊西さんだけではなかったからである。

以上のように、居住者は同じ居室にいる居住者と出会っている。ただし、その関係性は希薄であったり、反目し合っていたり、とても仲がよかったりと様々である。

媒質を介した出会い

バランス理論※で知られる社会心理学者ハイダー[36]は、私たちを取り囲んでいる環境を「対象もしくは物体（object, thing）」と「媒質（medium）」に分けた。対象とはイスや家といった物体を指し、媒質は光や空気などを指す。

また、山本[105]によれば、個人ではなく集団の力学（group dynamics）を研究課題に定めた社会心理学者レヴィンは、「トポロジー（空間関係）」と「ベクトル（大きさと方向）」の概念を用いた生活空間の構造による集団力学の理解において、移動の問題を取り上げた。生活空間を分節する領域の移動において、環境の性質（物体、生物、媒質、可塑性や流動性の有無）は集団の力学的特性を規定し、特に物体は移動を拒み、媒質は移動において抵抗を示さない。

つまり、物体と媒質との違いは移動可能性にある。媒質は私たちを包囲し、私たちはその中を抵抗なく移動することができる。

媒質は取り囲んでいて抵抗がないことに加えて、一般に、物体は対象として知覚される一方で、媒質は対象として知覚されないと考えられているところに両者の違いがある。特養の居室は居住者ごとにカーテンや襖で仕切られているため、同室であっても視覚的に遮られている。そのため、居住者同士が出会うためにはカーテンや襖を開かなければならない。その一方で、居室でカーテンや襖を開けずとも、他の居住者と否応なく出会わざるをえないところもあった。出会わざるをえないのは、カーテンや襖を通過する媒質によってである。媒質に出会うことが、他の居住者と出会うことになるのである。事例を紹介しよう。

【事例1-5】［031003］　昼食前にフロアで武田さんが話しかけてきた。「加藤さんが病院から退院して帰ってきてよかった」と話す。「隣がいないのは寂しいですもんね」と私は応じた。武田さんはさらに「向かいの人がいなくなってよかった」と話す。向かいにいた居住者は別の部屋に移動していた。いなくなってよかった理由を尋ねると、武田さんは顔をしかめて見せて、「いびき」と答える。

武田さんは同室の居住者について話していた。声や音はカーテンや襖を通過して、同室の居住者の耳に届く。いびきをかく人がいれば、収まってほしいと願うことはあるだろうし、他の部屋に移動し

※バランス理論は、P-O-X理論とも呼ばれ、「ある人（P）と他者（O）と事物（X）」といった三者関係において、要素間の不均衡状態を避け、均衡状態に向かおうとする傾向に関する人間の認知や態度に関する理論である。たとえば、自分（P）はサッカー（X）が嫌いであるが、自分が好意を抱いている相手（O）はサッカーが好きという不均衡状態にあるとき、①自分もサッカーを好きになる、②友人をそれほど好きではないと考える、③友人も実はサッカーをそれほど好きではないと考えたり、友人にサッカーが嫌いになるように働きかけるなど、三者関係を均衡状態にしようとする。自分の認知や態度は、周囲の他者や事物の中でつくられていく。[3]

てよかったという気持ちになることは理解できる。同室の居住者が夜中に音を立てることに困っていた別の事例があった。さらに、同じ居室に限らず、夜中に他の部屋から叫び声が聞こえて眠れないと訴えているのを耳にすることもあった。居室にいて、声や音が届いて困ってしまうことがある。これは、声や音を出す側からすると、同室の居住者に届いてほしくなくても届いてしまうということである。

【事例1－6】［031219］　川崎さんが自室の前で「松本くん」と声をかけてきた。川崎さんは外出用のカメラマンベストを着ていて、病院に行って帰ってきたと話す。私はてっきり定期健診に行ったのだと気楽に受け止めていた。しかし、昨晩胸が苦しくなって吐き、朝から病院に向かったと川崎さんは話す。

話をしていると、スタッフが「心配していた」と川崎さんに言葉をかけながら近づいてきた。お腹にガスが溜まっていて、胸が苦しくなったと川崎さんは話す。検査をすると、黒いものが見えて、ガスがいろんなところに溜まっていることを示していたらしい。「ここのところ、体調もすぐれなかったし、ストレスもあったし」とスタッフは川崎さんに言葉をかけて離れていった。

川崎さんに「どんなストレスがあったんですか?」と尋ねると、鳥越さんとケンカをしたと答える。ケンカの理由を尋ねると、川崎さんが夜中に痰が絡んで咳き込んでいると、鳥越さんが「うるさい!」と怒鳴った。鳥越さんが自分の独り言は棚にあげて怒鳴るので、頭にきて怒ったことや、自分が咳き込んでいることを申し訳なく思い、これまで怒鳴られっぱなしであったが、このときは言い返したことを川崎さんは話す。

先にふれた事例1-2で鳥越さんが川崎さんに対する不満を話していた。筆者の見る限り、鳥越さんが頻繁に怒鳴るので、川崎さんは付き合いきれずにできる限り避けているようであった。とはいえ、同室であるため、川崎さんが咳き込んでいると、鳥越さんに怒鳴られる。咳をする音は同室の居住者に届いてしまう。川崎さんが鳥越さんにどれほど強く怒ったのか、筆者に知る術はなかったが、痰が絡んで咳が止まらない川崎さんが緊張を強いられて、ストレスを感じていたことは間違いないようであった。同室の居住者に音が届いてしまうことは、居住者にとって難しい事態を招くことになりうる。

次に紹介するのは別の媒質に関する事例である。

【事例1-7】［050408］　夕方、フロアにいた西村さんが居室に戻ってきた。私は西村さんと同室の居住者の車イスを押していた。西村さんは、カーテンで仕切った自分のスペースに戻る前に、向かいにいる山内さんが換気のために少しだけ開けた窓を閉め、居室の真ん中にある掃き出し窓も閉めた。西村さんは、日中にも別の居室の開いていた窓を「寒いから閉めてくれ」と、その居室の住人に頼んでいた。

居室において、窓際にいる居住者は窓を開けて、換気をしたり、風を取り込んだりすることができる。ただし、窓を開けると、同室の別の居住者にとっても屋内の空気に変化が生まれてしまう。空気を変化させたくなければ、西村さんのように自ら窓を閉じる、また閉じることを求めるだろう。このように、同室の居住者のあいだで換気をめぐる静かな攻防が繰り広げられている。

媒質は、三つの事例で取り上げた声、音、そして空気に加えて、臭いが挙げられる。トイレを一人で済ますことが難しい居住者は居室内に置かれている簡易トイレで用を足すことがある。その際、カーテンや襖を通って臭いが漂ってくることがある。同室の居住者に視覚的に出会うことがなくても、媒質に避けがたく日々出会っているのである。

フロアに出る

宅老所に勤める村瀬[65]が、宅老所で暮らす男性が居室から居間へ出て行った出来事を紹介している。この男性は自ら外出することもなくなり、生活範囲も小さくなっていた。さらに風邪をこじらせてしまい、しばらくベッドを中心とした生活を余儀なくされていた。回復の兆しが見えてきて、昼食をとるために職員に支えられ居間に出て行った。そのとき居間にいた人たちから歓迎ムードで迎えられると、この男性の表情は満面の笑みに変わり、昼食もたくさんとることができた。居屋から居間へ、わずか2メートルほどの移動で、この男性の表情は一変したと村瀬は文章を閉じている。

居室と居間、特養では居室とフロア、この区切られた二つの空間の隔たりについて2事例を紹介したい。

【事例1-8】［021101］　午後、私は居室を回っておやつを配っていた。永井さんの居室に伺い、おやつを食べてもらっているときに、永井さんから「にぎやかだけれど、何があっとりますと?（何をしているのでしょうか?）」と尋ねられた。「レクレーションですよ」と私が答えると、永井さんはこの特養の前に居住していた施設での体操の先生とのおやつにまつわる思い出を語り始めた。

【事例1-9】［050812］　午前中、フロアで松さんと川崎さんがテレビに向かって座っていた。昼食を待っていたのだろう。私は2人に声をかけてひとしきり世間話をした後に、松さんに入院中の居住者について尋ねて、松さんが答えていた。そのやりとりに川崎さんが加わり、「ここのばあさんはどうしたんだ⁉」と松さんの前の席を指しながら尋ねる。松さんは要領を得なかったようで聞き直して、川崎さんは再度「松さんの前に座っていたばあさんだよ」と言い直す。松さんは「ああ」といった落ちついた感じで、「城島さんね。城島さんは部屋におらっしゃあよ（おられるよ）」と返答する。「起きてきて食事せんだけで、部屋で食べられとるよ。城島さんも痩せられたもんね」と続ける。

事例1-8では居室にいる居住者がフロアの様子を気にしていて、事例1-9はフロアにいる居住者が居室にいる居住者を気にかけていた。居室とフロアは同じ屋内にあってつながっているものの、引き分け戸で区切られている。事例1-8の永井さんはこの時期、スタッフの対応に腹を立てて、フロアに出てテーブルで食事することを拒み、居室で食事をしていた。永井さんがフロアに出て行かずに、居室に立て籠もることでスタッフに対抗する姿勢は明らかであった。教育哲学者ボルノウは著書『人間と空間』[13]の中で、人間以外の動物のなわばり行動を取り上げて、なわばりの外では弱くても、なわばりの内部では強くなることを記している。おそらく居住者にとってフロアはなわばりの外、つまり自分が弱くなりスタッフが強くなる領域であって、永井さんはフロアの様子が気になるものの、居室に留まり続けていた。

フロア（居間）には他者がいて、フロアに出たときには他者の中に入っていかなければならない。他者のいる居間に入っていくことで喜びを感じていたのが村瀬の事例の男性であり、一方で他者であるスタッフのいるフロアに入っていくことを望まなかったのが事例1‐8の永井さんであった。

事例1‐9は、フロアにいた松さんと川崎さんと筆者が入院中の居住者を話題にやりとりするなかで、城島さんの所在を川崎さんが尋ね、松さんが居室にいると答えていた。実はこの時期、城島さんは入院していて居室にはいなかった。松さんは半年前［050121］にも入院中の城島さんが居室にいると思い込んでいて、居室からフロアに出てくるよう城島さんに伝えることを筆者に依頼したことがあった。直接確認せずに居室にいると思い込む松さんの個人特性が表れていると理解することもできるのだが、一方で、他者の居室に入っていくことには障壁があって、居室の中についてフロアから想像をめぐらす松さんと同様の心理的環境にいることは誰しもあるだろう。居室とフロアは屋内にあるものの、その両空間のあいだには分節があって、居室の住人から見てフロアは外側で、一方のフロアにいる他の居住者から見て、その居室が外側になる。特養の屋内には、内と外の空間が入れ子状にあって、居住者の視点によって内と外は入れ替わる。

これから、居住者がフロアに出たときに出会う対象とそれらとの出会いに伴う行為について事例を通して検討する。

居住者との出会い

居住者が居室からフロアに出たとき出会う自然物は、他の居住者をはじめとする人間である。人間以外の自然物は、水槽で飼われていた熱帯魚、鉢植えの花や切り花くらいしか記録に残っていない。居住者にとって他の居住者は見る対象であり、会話をはじめとする相互行為をする相手でもある。対象、相互行為と順に検討していく。まずは対象としての居住者について2事例を紹介する。

【事例1－10】［030110］　フロアで永井さんの食事介助を私はしていた。向かいで吉本さん、横で松さんが食事をしていた。吉本さんの目はいつも閉じられていて、口を自ら開けることはなく、まれに「意思が通じた！」とこちらに思える瞬間はあるものの、意思疎通は難しかった。吉本さんの食事は、スタッフによる全面的な介助に委ねられていた。そんな吉本さんのことを、永井さんが微笑みながら見ていることがよくあった。永井さんの視力は極度に弱く、吉本さんの姿がはっきり見えていないはずだが、それでも微笑みながら今日も見ていた。「この人は子どもさん何人いるとかね～？」と私に尋ねる。吉本さんの家族構成を知らない私は「どうなんですかね～」と答えを濁した後、「永井さんの子どもさんは何人いるんですか？」と質問を返した。すると、「何人だったかね」とただちには思い出せなかった。しばらくして思い出したので、隣に座る松さんと私で「自分の子どもの人数を忘れちゃいけないよ」とはやしたてた。

【事例1－11】［020919］　先日、独り言を言いながらテーブルを「コンコン、コンコン」と叩き続ける新里さんの手を、テーブルを叩く音が響かないように香川さんが握っていた。その2人が今日もフロアのテーブルの前に並んで車イスに座っていた。私はテーブルの縁から身を乗り出し、新里さんの独り言を聞いていた。そこへ香川さんが話しかけてきた。

「やっぱり、目が見えんと不自由かね。せめて、片目でも見えれば。この人はいくつかね～?」と私に尋ねる。私が新里さんに年齢を尋ねると、「13歳」と返ってきた。香川さんに返答を伝えると、「そんなことはないやろ。しわの数が私と一緒ぐらいだよ」と笑って返された。そこでふたたび数度にわたり、「新里さん、大正何年生まれですか～?」と尋ねると、かすかに「10年」と返ってくる。香川さんに新里さんの返答を伝えると「少し私と違うばいな～」と反応する。香川さんに生まれた年を尋ねると、「大正7年」と答える。さらに香川さんは「ここ2、3日この人につきそっとるけど、家族の人が全然こんよ。寂しかろうに」、「この人涙が出るとかね?」など話す。

しばらくしてスタッフがやってきて、新里さんを居室におむつ交換のために連れて行った（と香川さんに聞いた）。居室に戻った新里さんの様子が気になるのか、香川さんが新里さんの居室の方向からフロアに戻ってくるのを2度ほど見ていた。その後、廊下を歩いていると、新里さんの部屋の入り口付近で車イスを走らせている香川さんと出くわした。香川さんは居室に入り、廊下側のベッドで寝ている新里さんのベッドの足元付近に車イスを近づけ、車イスから腰を上げて中腰になって、新里さんの様子をうかがい、新里さんの足を「小さい足やね～」と言いながら触っていた。

以下、新里さんのベッドサイドでの香川さんの発言である。

「この人寂しかろう」

「あの人の横におろう（いよう）と思う」

「ずっといると、親しく感じてきた」

「ここに今日から泊まろうと思う。家に帰ってもだ～れもおらんし。家には物はあるけど、私は寂しいよ。ここにいた方が寂しくないし」

「私は兄弟3人だけど、上の2人はよそへ行って、その孫もよそに行っている。私は子どもができんかったけん。だ～れも近くにはおらん。友達もよそへ行ってしまった」

「この部屋は（居住者が）すくなかね。寂しかね」（実際は、4ベッド中3ベッド埋まっている）

「この部屋は広いね。ここ辺り（入り口のドア付近を指さして）が」（実際は、香川さんの居室と面積は同じ）

「入院すると大変だよね。私たちはいいけどね」

「私はこっちにこようかね」


二つの事例に共通するのは、居住者同士で相互行為が起こっていないこと、すなわち居住者間でやりとりが行われていないことである。他の居住者を対象に眺めて話題にしていた。事例1-10では、意思疎通の難しい吉本さんを永井さんが微笑みながら見ていて、吉本さんのことを筆者に尋ねていた。事例1-11では、この前後を含めて香川さんが一方的に新里さんを気遣っている時期が続いた。新里さんは、事例の中で「13歳」と答えていたように時折反応があるものの、通常は声をかけても理解できない独り言を口にして、手でテーブルを叩く常同運動が続いていた。そんな反応が期待できない新里さんを香川さんは気遣っていた。むしろ足を触っても嫌がらない、反応が期待できなかったことが新里さんを気遣うことに香川さんを向かわせたのかもしれない。香川さんが新里さんをどう理解しても構わないからである。香川さんはこの時期まで家族や自宅について尋ねても覚えておらず、そのためこの場所にいる理由が見つからず、どこにあるのか分からない自宅に帰ることを繰り返し求めていた。その香川さんが、「寂しい」新里さんに自分を重ねるように自分の境遇を語り、新里さんの横にいることを決めた。この場所にいる理由を、つまり新たな場所の意味を香川さんは見つけた。

屋内には自分と同じように特養に居住している高齢者が多くいて、居住者は他の居住者を対象として見ている、逆に他の居住者から見られていることもある。屋内において居住者は一方向的に知覚する対象の一部である。

ただし、居住者にとって他の居住者は、物のように一方向的に知覚する対象であることにとどまらず、会話をしたり、物をやりとりしたり、双方向でやりとりする相互行為の相手でもある。相互行為の中で、まずは居住者同士が助け合うことについて2事例を紹介したい。

【事例1-12】［021213］　昼食時のことである。柴原さんのご飯には一食分がパックされた梅海苔が付いている。しかし、柴原さん自身は開けることができない。スタッフが開けて、ご飯にかけることが多いのだが、この日は加藤さんがハサミで開けて渡していた。

また、午前中に屋内でマグロの解体ショーを催していたのだが、加藤さんは刺身がまったく食べられないため、マグロを出されても食べられない。川崎さんが「加藤さんは刺身を食べられないんだからな。代わりのものを」とスタッフに繰り返し伝えていた。その後、昼食のお盆の上には加藤さんは刺身を食べられないことが書かれたプレートと、マグロの刺身ではないおかずが載っていた。

【事例1-13】［030314］　昼食を終えて居室に帰るとき、水田さんはイスから立ち上がり、「お待たせしました」と池田さんに声をかけて、池田さんの座る車イスを押し始めた。そのとき池田さんは「えへっ」と笑っていた。目の見えない水田さんは歩いて車イスを押していくが、方向が分からないので、池田さんが口頭で道案内をして廊下を進んでいた。

事例1-12では、梅海苔の封を、加藤さんがハサミを使って開けて、柴原さんに渡していた。また、川崎さんが加藤さんの苦手な食べ物をスタッフに伝え、それ以外のおかずを用意するように繰り返し求めていた。川崎さんの心配は杞憂だったようで、昼食のお盆の上には刺身が食べられないことが明記されたプレートが載っていて、別のおかずが用意されていた。加藤さんは柴原さんを助け、川崎さんに助けられていた。

事例1-13では、目は見えないけれど歩くことのできる水田さんが、目は見えるけれども歩くことのできない池田さんの車イスを押して、ナヴィゲーション役を池田さんが務めていた。水田さんの強みで池田さんの弱みを補い、池田さんの強みで水田さんの弱みを補って一つのかたちをつくっている。

居住者の車イスを他の居住者が押す助け合いは他においても見られた。
ここで検討したように、居住者がフロアに出てきて出会う他の居住者は、一方向的に知覚する対象になることにとどまらず、相互行為する相手になり、居住者同士で助け合うこともあった。しかし、フロアに出たときの相互行為はうまくいくことばかりではなかった。会話がうまく展開しないことやトラブルへと発展してしまうことも少なくない。事例を紹介したい。

【事例1－14】［030502］　山内さんと島田さんがフロアで車イスを並べて会話していた。
山内：「夜は眠れる？」
島田：「眠れる。ご飯もおいしい」
山内：「それはいいね。涼しいね～」
島田：（窓の外を指さして）「あっちに水が流れよると？（水が流れているのか？）」
山内：（少し考えて）「いや、あそこは木があるだけだよ。住宅がたくさん並んどるよ」
島田：「あそこに川があるとかね？」
山内：窓の向こうには川がないことを説明する。またこの一帯が住宅地であることを伝える。しかし、島田さんには伝わっていなかった。

山内さんと島田さんは以前同室で襖越しにベッドが並んでいた。しかし、島田さんが夜中に起きて活動するために、スタッフが夜中に詰めているサービスステーションに近い居室に移動していた。そこで事例1－14では山内さんが島田さんに近況を尋ねていた。意思疎通がうまくいっている部分もあるのだが、後半は島田さんの問いかけに山内さんが応えるも、島田さんとのやりとりは平行線をたどっていた。

【事例1－15】［080628］　居住者の山内さんから聞いた話である。居住者の乾いた洗濯物をスタッフから頼まれて複数の居住者でたたんでいることがよくあった。「手を動かすことはボケ防止にいいから、積極的に手伝っていた」と今話すように、指や手が変形して細かな作業ができなくなった山内さんも洗濯物をたたんでいた居住者の一人であった。そんな洗濯物をたたんでいた際に、ある男性の居住者から「なにしてんだ！　そんなことはせんでいい！　あいつら（スタッフ）にやらせておけばいい！」と唐突に怒鳴られたと話す。その居住者が人の話を聞く人ではないことは私も知っていて、洗濯物を居住者がたたむことについて山内さんとのあいだで折り合いがつくとは思えなかった。山内さんは洗濯物をたたむことについて、「何もせんで一人でいると、いらんこと（必要のないこと、悪いこと）考える」とさらに話す。

事例1－15は、山内さんに聞いた話ではあるが、さもありなんと思える出来事であった。洗濯物をたたむことは手を動かす機会になり、「いらんこと考える」のを紛らわしてくれる。特養では良くも悪くも家事一切を手放すため、居住者はやることが少なく、気持ちを向ける対象が乏しくなってしまう。そのため、山内さんをはじめとする一部の居住者にとって、洗濯物をたたむことは居住者に委ねられたレクレーションではない数少ない作業であった。また、スタッフが慌ただしくあっちこっち行き来しているフロアにいると、落ちつかず何か手伝いたくなるものである。洗濯物をたたんでいた山内さんをはじめとする居住者に対して、スタッフのやることだと怒鳴った居住者は、頭ごなしに怒鳴ったり意見したりする人で、意見を交換することが難しかった。洗濯物をたたむことに何らやましいことはないのだが、この怒鳴った居住者のいないところで作業を行わなければならなくなった。

【事例1－16】［040709］　午後、川崎さんの激しい怒鳴り声がサービスステーション前から突然聞こえてきた。フロアでおやつの配膳をしていた私はビックリさせられた。川崎さんは香川さんに怒鳴っていた。ひとしきり怒鳴った後、わらわらと集まってきたスタッフに止められ、また川崎さんに事情を聞いたスタッフリーダーに「(香川さんに) 悪気があったわけではないから」と落ちつくよう諭されていた。話を聞くと、川崎さんが胸ポケットに入れていた手帳に買い物リストを書き込もうと、テーブルに手帳を置くと、香川さんがテーブルを揺らしたらしい。香川さんなりのテーブルを揺らした理由はあるのだろうが、理由が分からなかった。香川さんは空笑いをしていて、よく事態を飲み込めていない様子だった。一方の川崎さんは、諭されて「分かっている」と頷くものの、依然興奮している様子だった。

事例1－16のような居住者の不可解な行動によって、別の居住者が腹を立てることに遭遇することは少なくなかった。香川さんには平穏な時期と不穏な時期の周期があって、このときは不穏な時期であった。悲鳴を上げたり、怒ってテーブルを叩いたり、それでも要求を聞いてもらえないと物を投げることもあった。この事例の一月半後［040827］に、筆者が居住者の寝癖のついた髪を梳いていたとき、香川さんが「私にはしないのか！」と怒り始めて、香川さんは髪をきれいにまとめているので必要ないことを説明するも、耳が遠いこともあって取りつく島もなかった。

一方の川崎さんは、左半身が麻痺しているため、手帳をテーブルに置かないと書き込むことができない。左手を使うことができれば、テーブルからひょいと手帳を左手で取り上げて書き込んでいたのかもしれない。ただ、川崎さんが怒鳴ることはたびたびあった。［040813］には他の居住者に対して大声を出した後に、「そういうやつだって言われても腹は立つよ。この階にはまともなやつがいない。まともなのは俺ぐらいなものだ」と冗談めかして顔をクシャクシャにして笑っていた。

発達心理学者である浜田[32]が「本源的自己中心性」と名づけたように、私たちはそれぞれ自分の身体を中心にしてパースペクティブ（視点）を持って、周囲に広がる世界を体験している。川崎さんの視点に立てば、不可解な言動をとる他の居住者が認知症をはじめとする疾患や障害を抱えていることは分かっていても、不可解な行動を繰り返したり、大声が絶え間なく聞こえてきたりすると腹が立ってしまうのだろう。（冗談めかしていたものの）「まともなやつがいない。まともなのは俺ぐらいなものだ」という発言は、本音だったように筆者には思える。川崎さんに限らず、自分がまともで、相手はまともじゃないという気分になった覚えは誰しもあるのではないだろうか。フロアに出た際に、居住者同士での相互行為がうまくいくとは限らず、むしろそれぞれの本源的自己中心性がすれ違い、ぶつかり合うことが起こりうる。

物との出会い、物を媒介した居住者との相互行為

先にふれたように、フロアに出て出会える自然物は主に人間である。人間以外で出会えるのは人工物である。フロアに出ると、テーブルやイス、床や壁といった人工物に取り囲まれている。居住者はフロアに出て、どのような人工物に出会い、出会いに伴いどのような行為が生まれているのだろうか。まずは媒体（メディア）に注目したい。媒体とは、新明解国語辞典第六版[103]によれば、「情報を伝えるかたちとなる物」と記されていて、別の何かの情報を伝える機能を担う物を指す。媒体として、写真、テレビ、雑誌、本などが挙げられるが、ここでは写真と雑誌に関する事例を紹介したい。

【事例１－17】［040521］　廊下の壁に先日特養を訪れたフラダンスのグループの写真が貼られていた。フラダンスを見ていた居住者の様子も写っている。私が川崎さんと廊下で買い物に行くことについて話していると、西村さんがフラダンスの写真を眺めている様子が見えた。そして、西村さんが一瞬笑った。ほんの一瞬であるが確かに笑っていた。

写真にはすでに過ぎ去った出来事が残されている。かつて・どこかで出会った対象もしくは未だ出会っていない対象に出会うことができる。事例１－17で西村さんはかつて・どこかで出会った対象に出会っていたのだろうか、それとも未だ出会っていない対象に出会っていたのだろうか。

自宅に居住する５人の高齢者を対象に研究を行ったロウルズ[75]は、彼らが時空を超えて広げていた体験世界を「ファンタジー（fantasy）」と名づけた。ファンタジーは二つに分けることができる。一つ

目の「リフレクティブ・ファンタジー（reflective fantasy）」は、当人の胸の内で回想する過去の環境に浸ることである。二つ目は「地理的ファンタジー（geographical fantasy）」で、彼らの子どもや知人が住んでいる場所、それから将来訪れるかもしれない想像の世界に浸ることである。写真にはかつて・どこかで出会った対象が写っていて、一つ目のリフレクティブ・ファンタジーが生まれ、意味を再創造することができる。一方で、写真を通して未だ出会っていない対象に出会うことで二つ目の地理的ファンタジーが生まれ、新たな意味を創造することができる。

事例1-17で笑いを誘った写真は、西村さんがかつて・どこかで出会った対象が写っていて意味を再創造したのか、それとも未だ出会っていない対象に出会うことで新たな意味を創造したのか、どちらのファンタジーを生み出す媒体であったのか筆者には分からない。西村さんの注目を集め、笑いを誘ったことから、写真が意味を生み出したことは間違いないだろう。次に検討するのは雑誌の事例である。

【事例1-18】［021213］　夕刻、私が手渡した花の雑誌を柳田さんが読んでいる。東浜さんは別の花の雑誌を「きれいかね」と言いながら読んでいる。後に別の居住者も花の雑誌を読み始めたのだが、ページを開くことは難しいようで私が手伝う。東浜さんは花の雑誌の紅葉特集を見て、「京都ね。二、三度行ったことがある」とつぶやき、菜の花特集を見て「房総半島ね。きれいかね～」とつぶやく。

事例1-18で複数の居住者が読んでいた花の雑誌は、当時特養で定期購読していた雑誌で、月に一冊届いていた。毎号特集が組まれていて、最新号ではなくても、繰り返し楽しめていた。

事例1-18で、東浜さんは花の雑誌を媒介にして、紅葉特集を見て「京都ね。二、三度行ったことがある」とつぶやいたとき、以前自分が訪れた場所を回想して意味を再創造していた可能性がある。また、菜の花特集を見て「房総半島ね。きれいかね〜」とつぶやいたとき、自分が将来訪れる可能性について思いめぐらせたかもしれない。東浜さんは、リフレクティブ・ファンタジーと地理的ファンタジーの両方に浸ることができた可能性がある。

居住者が居室やベランダの鉢植えで花を育てていたことや、家族や筆者が切り花を持って特養を訪ねてくることはあった。花の雑誌を眺めることは、花を直接眺める体験と同じではない。とはいえ、屋内で居住者が花の雑誌を眺めているとき、ファンタジーが生み出され、居住者が没頭した時間であったように筆者には見えていた。定期購読を停止した後には、屋内で居住者と一緒に眺める対象の一つがなくなり、時間を過ごす手段が減ってしまった。

これまで紹介・検討してきたフロアにおける媒体との出会いは、居住者が各々写真や雑誌に意識を向けている居住者と物との二項における関係であった。次に、フロアにおける物との出会いで取り上げたいのは、物を媒介にして居住者と居住者がつながる三項関係である。

人間は生後9か月ごろに、大人が見ている対象を見る共同注意を行うようになる。[92] 共同注意とは、乳児の対象への注意だけでなく、大人の対象への注意を意識することを意味する。図1-2に示したように、大人の注意の先にある対象を意識しながら、自分も同じ対象を見ることを9か月ごろからやり始めるのである。[89] 身体が別々で視点が異なる2者が同じ対象を一緒に見つめることができるのは、

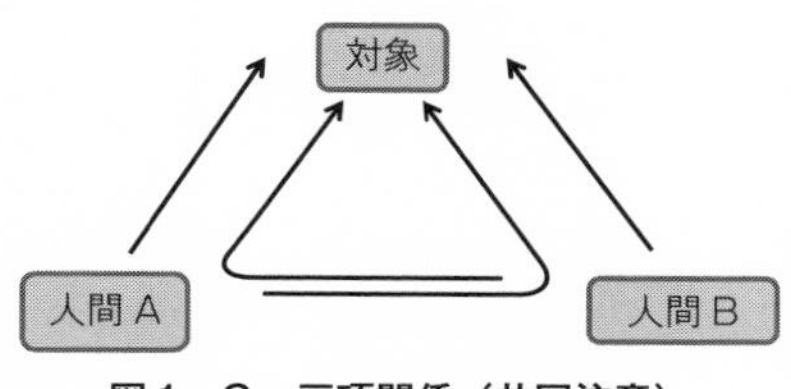

図１－２　三項関係（共同注意）

実に不思議である。人間は生後しばらくして身につけた対象を一緒に見つめる人間－対象－人間の三項関係によって、生涯にわたり対人関係を築いていく。

ここでは、フロアにて居住者と居住者が繰り返し共有していたお菓子、お茶、食事用エプロンにまつわる事例を提示して、特養の居住者における三項関係について検討したい。

【事例１－19】［030509］　今日はフロアでおはぎを作って食べた。居住者はご飯を丸めて、あんこでご飯を包む工程を担っていた。別々に食べてしまう居住者やいくつも食べようとする居住者もいて関わりはいろいろであった。

そのなかで、島田さんが山本さんに自分のおはぎを分けていた。私が気づいたときには、山本さんが「半分でいいよ」と島田さんに伝え、島田さんが自分のおはぎを半分に割って山本さんの皿に移して、２人はおはぎをきれいに食べ終えた。島田さんは淡々とした表情で、２人が親しかった覚えが私にはなく、食欲は旺盛である島田さんが山本さんにおはぎを半分あげた理由が分からなかった。

後に廊下をブラブラ歩いていると、居室の入り口で話している山内さんと島田さんに出会った。そこで、島田さんがおはぎを半分あげたことを話していた。「じいちゃんに半分やった。かわいそかったけん」と島田さんが話していた。山内さんは少し笑って、「あの人は一つもらっとったとよ（一つもらっていたのよ）」と応答する。それに対して島田さんは、山内さんの声が聞こえているのか聞こえていないのか「かわいそかったけん」と繰り返していた。

山本さんの前に空いた皿が置かれていたので、島田さんがおはぎを半分渡す前に、山本さんはすでにおはぎを一つ食べていたはずであった。

特養の中でお菓子は大きな価値を持つ。甘いものが好まれることだけでなく、一部のお菓子は賞味期限が長く、居住者が各々気軽にストックできることや、包み紙に包まれているお菓子は他の居住者とやりとりがしやすいことがある。記録に残っているだけでも、「アメ」、「容器に入ったゼリー」、「セロハンに包まれた羊羹」、「袋に入った水羊羹」といったお菓子が居住者から別の居住者に渡され、受け取った居住者はとても喜んでいた。また時には、お菓子を渡しているのを見て、自分にも渡すよう求める居住者もいた。事例1-19は、食が細いとはいえない島田さんがおはぎを半分に分けて山本さんに渡していた出来事である。後に、島田さんがおはぎを半分渡したのは、山本さんがおはぎをもらえずにかわいそうに思えたという島田さんの誤解が生んだ行為であることが分かった。しかし、先の事例1-14において、山内さんとのやりとりで島田さんは山内さんの声が聞こえていなかったことと同様に、この事例でも山内さんの説明は聞こえていないようだった。つまり、島田さんにはかわいそうなじいちゃんにおはぎを半分分けてあげた出来事としてずっと記憶されるのだろう。おはぎをめぐ

図１－３　お茶を注ぐ相互行為

る島田さんと山本さんとのあいだで生まれた相互行為であった。

【事例１－20】［030404］　昼食時に、スタッフがお茶の入った容器と茶碗が居住者分（中央のフロア20名分）載ったお盆を武田さんに渡した。そのお盆に伏せて置かれていた茶碗を隣に座る香川さんとひっくり返し始めた。武田さんはひっくり返した茶碗にお茶を注ぎ始めた。いくつかの茶碗に無事お茶を注いだ後に、お盆の上にお茶を少しこぼしてしまい、「おー」と焦ることなく面白がっているようなのんきな声を上げる。隣で見ていた香川さんは笑いながら、武田さんの注ぎやすい位置に茶碗を持って行った。香川さんが茶碗を持ち、武田さんがお茶を注いでいく連携ができ上がっていた。

食事の際にはお茶が出る。嚥下がうまくいかない居住者は多く、また持病の薬を飲むためにお茶は必要である。食事を準備しているとき、スタッフに頼まれた居住者がお茶を入れて、他の居住者に配ってい た。事例1-20では、武田さんと香川さんで伏せてあった茶碗をひっくり返し、武田さんがお茶をこぼしたことを香川さんが笑い、お茶を注ぐ武田さんの注ぎやすい位置に香川さんは茶碗を持っていっていた。お茶を注ぐ連携を2人はかたちづくっていた。居住者の食事に必要であるお茶をめぐって、武田さんと香川さんのあいだで生まれていた相互行為はとても豊かであった。

【事例1-21】［030117］　サービスステーション前のテーブルで私が食事用エプロンをたたんでいたとき、日課であるおやつ前の体操をしていた香川さんと目が合った。すると香川さんは嬉しそうに笑い、体操を止めて、こちらに車イスをこいでやってきた。私と目が合って嬉しかったのかなと思ったのだが、見当違いだった。エプロンをたたみに来たのだった。「これだけしか残ったらん」と言い、エプロンを黙々とたたみ始めた。

【事例1-22】［020913］　午前中、特養に着いて、二階に上がり、フロアに出ると、ガランとした人気のあまりないフロアで、香川さんと島田さんが大量の食事用エプロンをたたんでいた。私は彼女たちの仲間に入れてもらい、一緒にエプロンをたたんでいた。そこに、内川さんもいて、彼女が私に「男性はね、慣れないことをするもんじゃないよ」と声をかける。私は内川さんに「内川さん、たたまないですか～?」と尋ねると、「私はね、30年間和裁を教えてきたから、もうやりたくない」と返された。私は「そうですか、飽きたということですね」と応答し、そのまま作業を続けた。エプロンをたたみ終えて、次におしぼり用のタオルをたたんでいる私を見て、内川さんは「あんた、男性なのにえらいね～」と褒めてくれた。

事例1-20のお茶くみと同様に、エプロンをたたむことは、居住者の食事に、居住者自身が関わることのできる数少ない作業であった。居住者は年を取ると、手の随意性が衰え、食事をこぼすことが増える。この特養では食事のときに居住者はエプロンを着けている。事例1-21で、香川さんは加わっていた体操を止めてエプロンをたたみ始めた。香川さんが嬉しそうに笑っていたのは、エプロンをたたんでいた私に対してではなく、私が持っていたエプロンに対してだった。事例1-22と同様に、複数人で洗濯を終えたエプロンを囲んで、エプロンをたたんでいることがよくあった。10人ほどで洗濯物をたたんでいた記録も残っている［020903］。このように、居住者にとってエプロンは屋内におけるすぐれた対象物で、さらに複数の居住者で取り囲んで作業できるすぐれた第三項なのである。事例1-22の内川さんや先にふれた事例1-15で洗濯物をたたむ山内さんに怒鳴った居住者のように、一部の居住者においては洗濯物をたたむのはまっぴらごめんなのかもしれない。しかし、特養に入居することで家事一切を担わなくなって困るのは、屋内に関わることのできる対象が、また他の居住者と一緒に時間を過ごす媒介となる対象が見つからないことである。

屋内で対象が見つからないことは、事例1-22における筆者がエプロンをたたむ輪に加わったことからも読み取れる。フロアにいると、スタッフには仕事があって、目的を持ってあちこちに移動している。一方の筆者には、決められた仕事があるわけではないので、どのように過ごせばよいのか、どうふるまえばよいのか困ることがあった。この事例を記録したときも、何かないだろうかと探していた。そんなときに、目の前に大量のエプロンが積んであって、複数の居住者がエプロンをたたんでいたので、その中に入れてもらった。

これまで、事例1-19から事例1-22まで居住者同士に三項関係をもたらす対象について検討を行ってきた。お菓子、お茶、食事用エプロンといった居住者にとって必要で、居住者同士で価値がある物をめぐって三項関係がかたちづくられていた。

訪ねてくる人たち

居住者が居室やフロアで出会っている人間は、同じように特養に居住する人たちに加えて、特養を訪ねてくる人たちがいる。具体的には、スタッフ、家族、業者、イレギュラーな訪問者、そして研究者（筆者）であった。特養の外から訪れるそれらの人たちと、屋内に落ちつく居住者との出会いについて事例を通して検討していく。

通ってくるスタッフ

「マーレー・マナー（Murray Manor）」と呼ぶ高齢者施設（nursing home）でのフィールドワークをまとめたグブリウムの著書では、毎日を部分的に、あるいはすべて過ごす人たちとして、スタッフと、ケアの必要の小さい居住者（residents）、ケアが必要である患者（patients）を主な構成員として取り上げている。[28] スタッフは施設で多くの時間を過ごしている。しかし、スタッフは施設を生活の拠点とする居住者ではない。

「全制的施設（total institution）」と呼ぶ一般社会から遮断されて閉鎖的で管理された日常生活を送る場所について記したゴッフマンの著書『アサイラム』[26] によれば、精神病院や老人ホームをはじめとする全制的施設において日常生活を送る被収容者は、施設で生活し、外側の世界とは限られた接触しか持たない。その一方で、スタッフは一日8時間交代で働き、社会的には外側の世界に統合されている。

スタッフは施設とは別に生活の拠点である自宅を持ち、仕事として施設に通って、勤務時間を過ごした後には自宅に帰る。この居住者との隔たりは決定的に重要である。

介護施設でフィールドワークを行っていた出口[19] は、居住者が大正時代に流行した『籠の鳥』という歌を歌うとき、居住者の今の気持ちを表しているかのようで複雑な思いにとらわれたと記している。夕方『籠の鳥』を歌っていた居住者にあいさつをして出口は施設を後にする。

特養に通う者は特養でしばらく時間を過ごした後、自宅に帰るために特養を離れる。1事例を紹介する。

【事例1－23】［021111］　夕方、フロアのテーブル周りで多くの居住者が佇んでいた。長富さんが私にいろいろ話しかけ、大道さんは長富さんと私のやりとりを眺めていた。大道さんが眺めていることに気づいたのか、長富さんが大道さんに話しかける。

「どこが悪かんなはっとですか？（どこが悪いんですか？）」。その問いかけに対して、「足が悪い」と大道さんが答える。

次に「長冨さんはどこが悪いんですか？」と私が長冨さんに尋ねると、「手が悪い」、「足も悪い」、「頭も悪い」と長冨さんは途切れ途切れに返答する。「頭というのは冗談でしょう？」と私が応じると、「うんにゃ（（冗談）ではない）」と返答した。

さらに長冨さんは大道さんに「今日は泊まりなはっとですか？（泊まるのですか？）」と尋ねる。大道さんは不愉快そうな顔をして、「泊まるしかなかろうもん（ないだろうよ）」と答える。

すると、「イヤになりますな。今日にでも帰りたいばってん（けれども）」と長冨さんははっきりと発言する。それに対して大道さんは語気を強めて、「あんたの面倒を誰がみるとよ。面倒をみる人がおらんけん仕方なかろうもん（いないのだから仕方がないじゃないか）。みんな同じよ！ たくさん子ども生んで、面倒みてもらえる人がいるときは別ばってん」とまくし立てる。

このやりとりの後、長冨さんがしばらく言葉を発しなくなった。長冨さんが言葉を発しなくなってしばらく経って、私が立ち上がろうとすると、「そろそろかいんなはっと？（帰るのですか？）」と長冨さんは私に問いかける。私が頷くと、「お疲れ様」と声をかけられる。それに続いて、大道さんも「お疲れ様」と私に声をかけた。

先に紹介した出口[19]と同様に、特養から帰っていく筆者に、帰りたくても帰れない居住者が「お疲れ様」と声をかけていた。特養から帰っていくのは筆者だけではない。スタッフや家族も各々別の場所

（自宅）に居住していて、自宅から特養に通い、特養での用事を済ませれば、自宅に帰っていく。居住者の視点に立てば、スタッフや家族は自宅から通ってくる者であり、施設でいくらか時間を過ごした後に帰っていく者である。

特養のスタッフ（介護スタッフ、看護スタッフ、事務スタッフ、給食スタッフ、警備スタッフ、洗濯スタッフ）は、特養に直接通ってきて、特養を拠点に仕事している。関連病院に勤務する医師や歯科助手は施設を定期的に訪れているとはいえ、他の事業所を拠点にして特養に通ってきている。高齢者だけが特養の居住者であり、その他の出入りする者とは隔たっている。出入りする者は、居住者は持ちえない特養から離れた後の時間を持っている。その時間の過ごし方はそれぞれの都合や裁量に委ねられている。具体的には、通ってくる者は特養を離れた後に買い物に行ける。特養に居続ける居住者においで買い物に行く機会は日常的に訪れないが、通ってくる者には日常的に訪れる。買い物に行くことは4章であらためて取り上げたい。

一方で、特養のシステムは通ってくる者を組み込んで成り立っている。食事や排泄、体位交換をはじめとする体調管理、入浴もしくは清拭、それから衣類の洗濯による清潔な身体の維持、ベッド周りをはじめとする空間の衛生状態の維持、移動・移乗の介助、介護保険の申請といった生活の多岐にわたるサポートをスタッフに委ねている。居住者は屋外に一切出なくても、安定的に生活を送れる。安定した生活は通ってくるスタッフによって支えられている。

居住者の生活を支えるスタッフにおいて介護や看護の上手下手はあった。たとえばスタッフがたくさん声がけをすることで、筆者の食事介助では口を開けない居住者が自ずと口を開けたことがあった。

他方で、居住者の口に食事をすくったスプーンを無理やり押し込み、居住者はただちに食べなくなることもあった。

ところで、居住者にとって通ってくるスタッフの価値として、居住者が触れることのないものにスタッフを通して間接的に触れることがある。

【事例1－24】［021011］　多くの人が食事を終えたフロアのテーブルで藤原さんが一人昼食を食べていた。私は藤原さんに声をかけ、横に座ると、最後の漬物を食べながら藤原さんが「来週結婚だっけ?」と笑顔で尋ねてきた。私はある男性スタッフと私を間違っていることに気づいて、そのことを伝えると、藤原さんは「ゴメンゴメン」と詫びた。

【事例1－25】［040702］　納入された新しい自動車を見物するために、数人のスタッフが屋外に出て来て自動車を囲んでいた。屋外に出ていた川崎さんと私は、その輪の中に加わった。新しい自動車についてやりとりしているとき、スタッフの一人がふいに「今度お酒を飲みに行きませんか」と私に声をかけてきた。すると、横にいた川崎さんが嬉しそうに表情を崩して、「飲みに行け!行け!」とお酒を飲みに行くことを鼓舞していた。

事例1－24では藤原さんが筆者を別人と間違って声をかけたのだが、居住者がスタッフの結婚や子どもを話題にしていることは他でも耳にしていた。居住者が話題にするということは、スタッフが居住者に自分の結婚や子どもの話をしているのだろう。将来の高齢社会においては特養の中で居住者が自ら結婚することが起こりうるのかもしれないが、筆者の知る限り、この特養では起こっていなかった。結婚や出産、子育てをはじめとして、特養に居住する高齢者同士では話題に上らないことが、スタッフとのあいだで話題に上ることがある。

屋内空間における居住者とスタッフの心理的環境は異なっている。居住者の生活の場である屋内は、スタッフにとって職場である。そのため、屋内でスタッフが口にするのは仕事の話で、特養を離れた私的な生活を頻繁に披露していることは考えられない。とはいえ、意識的に隠しているのでなければ、それらのことが話題に上るのだろう。居住者は屋内にいながら、自分が直接触れることのない特養の外のことに、スタッフを通して触れることがある。そんなとき居住者は活き活きする。

事例1-25において、自分がお酒を飲みに行くわけではない川崎さんがどういう心境で、スタッフと筆者がお酒を飲みに行くことを鼓舞したのか知る術はない。「施設内の生活に通常伴う様々な制約を感じている被収容者は、一般に、このようなかたちで職員-被収容者分割線が破られるのを非常に喜ぶのである」[26](p.98)。ゴッフマンに倣えば、特養の屋内ではスタッフ-居住者の分割線が引かれていて、会話の話題に上ることと上らないことがある。屋内空間は、スタッフにとって仕事場である。そのため、屋内空間でスタッフが「お酒を飲みに行く」といったような俗な話題を持ち出すことはなく、サービスステーションや更衣室などスタッフだけの空間で交わされている。そのような俗な話題に接することでスタッフ-居住者の分割線が破られ、そのことを川崎さんは喜び、スタッフと筆者がお酒を飲みに行くことを鼓舞したのかもしれない。

スタッフは居住者の生活を支えるため、ローテーションで切れ目なく特養に滞在している。そのため、スタッフは居住者とまとめて特養の主な構成員と見なされることがある。しかし、スタッフは特養に通ってくる者であり、特養は職場であって、時間が来れば自宅に帰っていく。そのため、スタッフと居住者はまとめることはできない。とはいえ、特養に居住している人たちの生活は、通ってくるスタッフによって支えられている。通ってくるスタッフが不可欠である。スタッフが出たり入ったりと入れ替わる中で、居住者は特養に留まり、全体として安定しているのが特養におけるスタッフと居住者の関係といえる。また、ゴッフマンが指摘するように、スタッフと居住者の分割線があるなかで、居住者が直接触れることのない話題にスタッフを通して間接的に触れることがある。スタッフは居住者にとって特養の外とつなぐ窓口になっている。

出向いてくる業者

業者は特養で暮らす居住者のあり方を象徴している。なぜなら、居住者は一人で外に出て、生活に必要な物やサービスを手に入れることが難しくなったからこそ、特養に入居することになったからである。移動が難しくなり、移動範囲が狭くなった居住者にとって、業者に来てもらうことは理にかなっている。具体的には、訪問理美容、衣料や飲食物の出張販売、販売店の御用聞き、選挙の不在者投票所、それから医師の検診・往診や歯科助手の検診が挙げられる。これらの業者は、選べなかったり、値段が高かったりと、居住者にとって不満はあるものの、これらに委ねざるをえないというのが実際である。もしそれらの業者に来てもらえないと、移動が困難もしくは移動範囲が限られる居住者にとって、得られていたものが得られなくなってしまう。

実際に、特養の開所後、訪問理美容を請け負ってくれる業者が1か月半見つからずに、居住者の髪が伸び放題になってしまったことがあった。その後も、業者の訪問は不定期で、定期的に出向いてくるようになったのは、開所して半年後であった。

また衣料や飲食物の出張販売は、特養が開所して1か月後に初めて出張販売が訪れ、その後は不定期に開かれ、9か月後に隔週1回と定期になり、2年半後に一旦週1回になり、その半年後には隔週1回に戻った。業者と特養とのあいだで、出張販売の頻度についてやりとりがあったのだと思われるが、居住者の視点に立てば、販売業者の通知に従うしかなかった。品ぞろえや価格に不満を言いながら、居住者は各々必要なものを購入していた。

販売店の御用聞きを観察できたのは、川崎さんが知人に送る明太子を注文する場面である。

【事例1-26】［040213］　明太子メーカーの販売員が屋内にいて、何の用だろうと思って見ていた。川崎さんが来てもらうよう頼んだらしい。川崎さんは販売員にお金を支払っていた。後に川崎さんとパンフレットを見ながら、川崎さんがお勧めする商品を教えてもらう。

川崎さんは知人に明太子を送ることがよくあった。筆者の自宅にも川崎さんから明太子が届いたことがある。そのときもこのメーカーの明太子であった。おそらく販売員に来てもらい注文したか、もしくは電話で注文したのだと思われる。

このときから15年ほど経った現在では、インターネットを介した買い物が買い物のかたちの一つとなっている。たとえば、近隣のスーパーにインターネットを介して商品を注文して、配達員が届けてくれるサービスが広がってきている。このサービスを利用すると、配達員が特養の屋内にやってきて、居住者に商品を渡す。居住者が一人で外に出て必要なものやサービスを手に入れることができなくなったのなら、外からどんどん届けてもらえばいい。特養の外の人間が束の間であっても屋内に入ってくることが頻繁になれば、居住者は屋内にいて特養の外部の世界に出会うことが活発になる。出て行けなければ来てもらえばいい。

会いに来る家族

様々な家族が居住者に会いに訪ねてくる。離れた場所から時間をかけて、夫が妻を訪ねてくる。妻が夫を、息子や娘が父や母を、そして母が息子を訪ねてきていた。

会いに来た家族による居住者との関わりは様々であった。居住者との会話を続ける家族とあいさつした後に会話が続かない家族、他の居住者にも声をかける家族、他の居住者の家族とつながる家族、居住者の欲した物を持ってくる家族、外に連れ出す家族、食事に付き合う家族、用件を済ませると帰ってしまう家族など、それら家族が会いに来ることは程度の差はあっても歓迎されていた。まれに会いに来た家族が居住者のひんしゅくを買っていることはあった。

会いに来る家族が居住者にもたらしていることのすべてを提示することは難しい。そこで特徴のあった4組の家族と居住者に絞って紹介したい。

はじめに紹介するのは、息子が母に会いに来る事例である。居住者の柳田さんは小柄でゆったりとした雰囲気を漂わせる人であった。

【事例1－27】［021028］　午前中、柳田さんの息子さんが訪ねてきた。柳田さんは寝ていたので、起きたらメモを読むように伝えることをスタッフに頼んで、息子さんは帰っていった。そして、昼食後に柳田さんが端のフロアで画用紙を綴じたノートに書かれた息子さんからのメモを読んでいた。しばらく時間が経った後にも、中央のフロアで柳田さんが熱心にメモを読んでいる様子を見かけて、「いいですよね、それ」と私が声をかけると、柳田さんは頷いていた。

柳田さんの息子さんは母親のところをよく訪ねてきていた。母親の耳が遠くなっているためか、それとも訪ねてきたときに眠っていることが多いためか、息子さんが画用紙にメモを書いて横に座っている母親に読んでもらったり、メモを残して母親が一人で読んでいたりしていた。メモの内容は、今日の天気や身の周りで起こっていることであった。柳田さんはもっぱら屋内にいて、外に出ることはなかった。それでも息子さんがやってきて、彼が残してくれた画用紙のメモを読むことができる。そのメモは柳田さんにとって息子からの贈り物で、贈り物を繰り返し読んでいる柳田さんの時間は、彼女のゆったりとした雰囲気にとても合っていた。

次に取り上げるのは娘が母に会いに来る事例である。居住者の藤原さんは穏やかな人で、訪ねてくる娘さんと過ごす時間はいつも充実していた。そんな藤原さんが娘さんに対して不満をもらしたことがあった。

【事例1－28】［031107］ 藤原さんは午前中寝ていて、起きてきた後に話しかけても、反応が鈍く、表情は硬かった。声があまり出ず、咳を少ししていた。訪れていた娘さんに伝えると「確かに」と応え、「顔色も映えない」と話す。

昼食は藤原さんが手を動かさないので、娘さんが横に座り介助していた。多くの居住者が昼食を終えて居室に帰っていった。娘さんに藤原さんの表情が硬い理由に心当たりはないかと私が尋ねると、苦笑して「今日はお稽古事の日なので、30分くらいしたら帰るよ」と伝えると、機嫌が悪くなったと応える。私の目の前で、娘さんが「お稽古事に行きますからね」と伝えると、藤原さんは「つまらん（面白くない）」とふてくされたように強い口調で応えた。

藤原さんは相手の事情を受け入れることができなくなってきていて、それは藤原さんが少し弱ってきているからではないかと私の意見を娘さんに伝える。すると娘さんは、先日藤原さんは「みんなが来てくれて楽しかった」と話していたのだが、そのような事実はなく「夢でもみたんじゃないね」とたしなめると、「そんなことはない。本当に来ていた」と藤原さんは主張するので、夢と混濁しているようだと娘さんは話す。

いよいよ娘さんが稽古事に行かなければならない時間が来た。藤原さんがふてくされてブツブツとつぶやいている。私が「何ですか?」と藤原さんの口元に耳を持って行くと、「見に来るけど、あの人は見せはせん（あの人が見せることはない）」と言っていた。藤原さんのこの不満を私はたびたび聞いていたのでピンときた。娘さんに「お稽古事を私に見せないと言っていますよ。私のリハビリは見に来るくせにと」と私は笑って伝えた。「そんな見せるほどうまくないのよ。それに相手がいないとできないし…」と少し考えて、「今度先生に相談してみるよ」と藤原さんに繰り返し伝えて、稽古事の道具が入った大きなバックをポンポンと叩き、藤原さんに見せて、エレベーターの方に向かっていった。藤原さんの車イスをエレベーターの方に向けると、「もういい」と見送ることを拒んだので元に戻した。

藤原さんの娘さんは週に3、4日訪ねてきていた。娘さんは、藤原さんの髪を梳かし、大きな声で近況を話して聞かせて、また藤原さんのリュウマチの痛みの訴えを聞いていた。それから、特養が開所した当初に理美容業者が来てくれないときには藤原さんを髪切りに外に連れ出し、また藤原さんが望んだ食べ物（ビワ、饅頭、缶コーヒーなど）を持ってきていた。さらに、他の居住者とのつながり（たとえば、持ってきた食べ物を他の居住者も一緒に食べていた）、他の居住者の家族とのつながり（たとえば、お裾分けをし合っていた）やスタッフとのつながり（たとえば、エプロンを一緒にたたんでいた）もあった。藤原さんにとって娘さんは貴重な話し相手であり、特養の内外をつないでくれる役割を果たしていた。

事例1-28では、娘さんがまだ来ていなかった午前中から反応が鈍く、表情が硬かったので、娘さんのお稽古事を見ることができないことだけが藤原さんの表情の硬い理由ではなかったはずである。同じ月に藤原さんが肺炎を起こして入院したことからも、身体の状態がよくなかったことが表情の硬い理由の一つであったと考えられるだろう。

そうした背景の中で、藤原さんは娘さんに不満をもらしていた。娘は自分のリハビリは見るくせに、自分の稽古事は見せないと言うのである。家族が特養を訪ねてくるとき、その場所で多くの時間を過ごす居住者は自分のリハビリをはじめとする生活全般のあらゆる物事を披露させられる。その一方で、居住者は移動の範囲が限られるため、家族の元を訪れることが難しく、家族の稽古事をはじめ家族にまつわる物事を間接的に話に聞くことはあっても、直接見聞きする機会はあまりない。つまり、特養においては、家族は特養を訪れ、居住者は家族を迎える、この非対称の関係であるがゆえに、藤原さんは事例1-28で紹介した不満を抱いていたと考えられるのである。

藤原さんの娘さんは、かつて母親が暮らしていた自宅に1日だけ連れて帰ることを当時計画していた。自宅に帰ることは、慣れ親しんだ空間に、すなわちかつて張りめぐらせていた場所の意味に再会し、ゆったりとした時間を過ごすことが期待される。それに加えて、居住者が特養の屋内で訪ねてくる人たちを待つのではなく、自ら自宅を訪れ、そこで家族と対面する能動的な時間をつくることができるだろう。しかし、藤原さんが体調を崩してしまい、自宅に帰ることは叶わなかった。

3組目に紹介するのは、夫が妻を訪ねてくる、しかも特養に併設するケアハウスに居住する夫が訪ねてくる事例である。なお、ケアハウスは介護保険サービスに対応している施設で、特養に比べると日常生活動作に介助の必要のない高齢者が共同で暮らしている。

【事例1-29】［030321］　内川さんの夫が今日も訪ねてきたのだが、妻はおやつを食べた後、「寝る」と言い残して居室に戻ってしまった。すると、夫はケアハウスに戻って行った。その後、私は飲み物を買うために一階に降りて行くと、内川さんの夫が缶の紅茶を飲みながらイスに座って、受付越しに宿直のスタッフと話しこんでいた。今日は祭日だったので、受付には宿直の人しかいなかった。どうやら相撲のテレビ中継を一緒に見ているようだった。

内川さんの夫は妻の元にお菓子を携えてよく訪ねてきていた。しかし、夫は多くを話す人ではなく、一方の妻はよく話すのだが認知症により内容が支離滅裂であることが多かった。そのため、夫婦でやりとりしていることはあまりなかった。それでも夫が妻の元を訪ねてきていたのは、行く場所が限られていたためだろう。内川さんの夫は退屈だとよく話していた。夫が日課のように妻の元を訪ねてくる。これは妻を訪ねてきていたのか、それとも散歩の経路の一つとして立ち寄っていたのか。

関連して、事例1-28で紹介した藤原さんの娘さんは、藤原さんが亡くなった後、「行く場所がなくなった」と話していたことがあった。藤原さんの娘さんは母親以外にも世話をしていた人がいて、暇ではなかった。しかし、内川さんの夫にとって妻がいることで行く場所があること、藤原さんの娘さんにとって母親がいることで行く場所があること、そして妻もしくは母がいなくなれば、行く場所がなくなってしまうことは同じである。家族が生きている、家族が特養で暮らしていることは、そこを訪れることができるということである。亡くなることはその人の精神や肉体を失うだけでなく、その人のいる場所を失い、その場所を訪ねていくことが叶わなくなる。

それでは、もう一組、母親が息子を訪ねてきていた事例を紹介したい。下柳さんは片半身麻痺により車イスで生活をしていた。その息子のところに、90歳を超えていると聞いていた母親が時々訪ねてきていた。

【事例1－30】〔030502〕　下柳さんの母親がベッドサイドにいて、下柳さんはベッドの上で差し入れられたおにぎりをムシャムシャと食べていた。母親は帰る際にエレベーターまでの道順をスタッフに尋ねて、「ここは広いから何度来ても分からなくなる」と話していた。

下柳さんを母親以外の人間が訪ねてきているのを見かけたことはなかった。母親は時々衣類や生活用品を抱えてきて、それらを下柳さんの居室のタンスに入れていたのだが、危なっかしい足取り・動作であった。また、下柳さんの部屋からエレベーターまでの経路をスタッフに尋ねるほどに認知能力は衰えていた。母親が生活している場所からこの特養までどうやってたどり着いたのか、不思議に思うほどだった。この事例では下柳さんを生み育てた母親が危なっかしい足取り・動作で、かつ衰えた認知能力で訪ねてきて、いまだに息子を支えていた。子が年老いた親を訪ねてくることや年老いた夫婦の片方がもう片方を訪ねてくるかたち以外に、年老いた親が子どもを訪ねてくる家族のかたちもあった。

イレギュラーな訪問者

スタッフ、業者、家族以外にイレギュラーに訪問してくる人たちがいた。芸を披露するグループ、介護の研修を受ける人たち、見学や視察で訪れる人たちなどである。特養にいるのは高齢者ばかりなので、若い世代の来訪は居住者に喜ばれていた。具体的に、外国からの研修生、中学生の訪問、それから子どもたちによる少林寺拳法の披露があったとき、若い人たちを見つめる居住者の視線は熱心であった。これらイレギュラーな訪問者について2事例を紹介したい。

【事例1-31】［030521］　今日は韓国からの研修生が来ていた。東浜さんが近くにいた研修生に「アメをあげる」と声をかける。声をかけられた研修生はジェスチャーで「何と言っているのか」と私に尋ねる。「アメ」と言っても分からないようだったので、「キャンディ」と言い換えると分かったようだった。私は東浜さんの居室に行って、置いてあった袋に入ったアメ2包を東浜さんに渡す。東浜さんはアメ2包を研修生に手渡した。東浜さんは私に「袋ごと全部やりなさい」と要求した。

【事例1-32】［041029］　中学生のグループが訪れて、『世界に一つだけの花』を歌って帰っていった。帰った後、山内さんが「涙が出てきた」と話す。上手かったとは決して言えない歌だったので、山内さんの感想に私は意表をつかれる。涙が出てきた理由を尋ねると、「孫、じゃなくてひ孫のことを思い出す」と山内さんは話す。

東浜さんは耳が遠く、こちらから話す内容を理解することが難しかったので、相手が誰であってもスムーズに会話することは難しかった。そのため事例1-31で、韓国からきた研修生との言語の違いで会話が滞ったとしても、いつもの会話と変わらなかった。東浜さんの目にはおそらく、ただの若い人に映っていたのだろう。そして、東浜さんは自分が分け与えることのできるアメを袋ごと全部渡そうとした。これは受け入れる側である東浜さんの歓迎の表し方だったのだろう。

事例1-32で、山内さんは訪ねてきた中学生の姿を見て、その中学生たちの歌声を聞いて、涙が出てきたと話す。屋内に居続ける限りは、中学生の姿を見ることはないし、歌声を聞くことも叶わない。このようなイレギュラーな訪問者によるイレギュラーな経験によって、いつもとは違う感情が揺さぶられたようであった。

これらの事例以外に、川崎さんは若い人たちが訪ねてくると写真をよく撮っていた。そして写真と一緒にネガフィルムを若い人たちに郵送することで、やましいことはしていないと律儀に示そうとしていた。若い人からどう見られているのかを意識しているようだった。自ら出かけることが難しい居住者にとって、外からの来訪があることは、普段の屋内にはいない新鮮な対象に出会い、歓迎したり、涙を流したり、若い人の目を気にしたりといった行為の貴重な機会になっている。

訪ねてくる研究者

筆者も離れた場所から特養を訪れる者であった。筆者が訪れることによって居住者が出会う対象や生まれる行為は、観察の成り立ちがこれまで紹介してきた事例と違っていた。これまでの事例は、居住者が物や人間といった対象に出会っている場面に筆者が立ち会うことで得られたものであった。言い換えると、「居住者が対象に出会っている場面」を対象にして得られた事例であった。居住者-対象の二項を対象にして、第三項となる研究者が観察するこのような方法を「三項観察」と呼ぼう（図

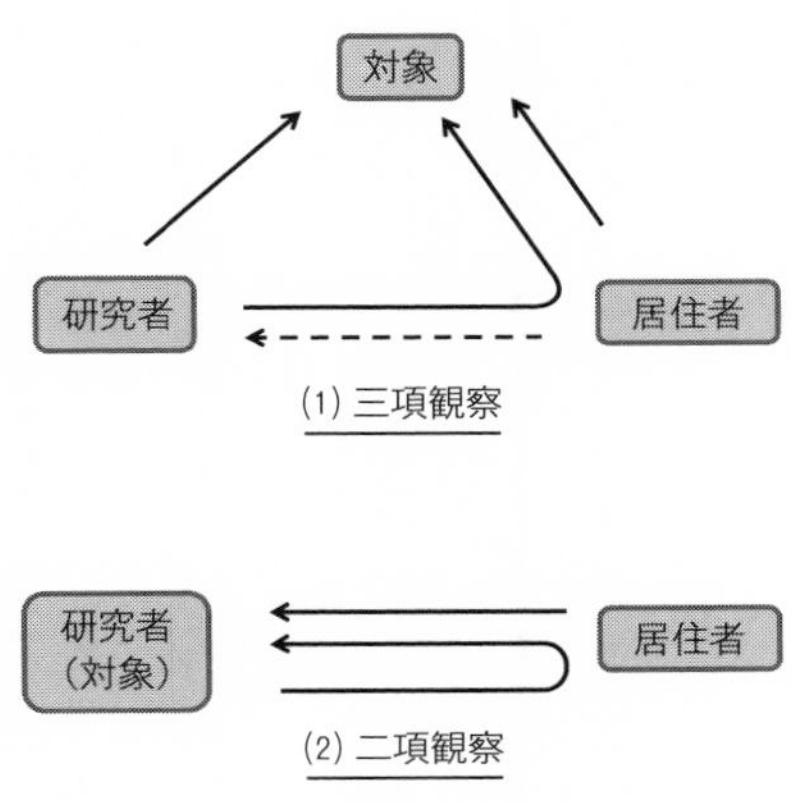

図１−２　三項観察と二項観察

1-2の(1)。そして、ここで検討するのは、筆者が居住者の対象になっている場面である。

先に確認した三項観察では、居住者が対象に出会う場面に筆者は立ち会っていたので、居住者の視点から見て筆者は対象に入っていないか、せいぜい対象の一部であった。それに対して、これから取り上げる事例では、居住者の視点から見た対象は主に筆者であった。筆者は居住者の主たる対象としての役割を担いながら、居住者の行為を観察することを「二項観察」と呼びたい（図1-2の(2)）。

二項観察によって採集できた事例の中で特筆すべきは、筆者が「時間を生み出す対象」になることであった。まず2事例を紹介して検討する。

【事例１-33】［040514］　午前中、私が掃き掃除をしていると、端のフロアで松さんと山内さんが話をしていた。松さんが私に気づき、「今日は松本さんの日やったね」と弾む声と笑顔で遠くから声をかけてきた。「そうですよ」と私が苦笑して返すと、「今日は金曜日だね～」と松さんは確認した。

【事例１－34】〔030730〕　午前中、私が廊下を歩いていると端のフロアに川崎さんがいた。私の姿を見て、「えっ、今日は金曜だっけな。２日ほど早くないか？」と声をかけてくる。「ええ、今日は金曜日じゃないんですよ。皆さんのバスハイクに付き添うことになって」と返答した。

この特養に通い始めてしばらくは曜日を決めずに通った後、毎週金曜日に特養を訪れるようにしていた時期があった。事例１－33では、松さんが筆者の姿を見て「今日は金曜日」と確認していた。居住者が筆者の姿を見て、今日は金曜日であることを確認していたことはよくあった。居住者にとって筆者の位置づけは、研究で通っている大学院生、ボランティア、スタッフ、よく分からない人と一様ではなかった。居住者に広く共有されていたのは、筆者が金曜日に来ることであった。事例１－34で、居住者がバスに乗って遠出するバスハイクに同行するために水曜日に訪れた筆者の姿を川崎さんが見て、「えっ、今日は金曜だっけな。２日ほど早くないか？」と確認したように、筆者と金曜日は強く結びつけられていた。筆者の姿を見ると、居住者は今日が金曜日であることを確認する。居住者にとって筆者の訪問は今日が金曜日であることを告げる記号の役割を果たしていた。

金曜日を告げること以外にも、筆者の訪問が居住者に時間を意識させていたことがあった。２事例を紹介した後に、１事例を追加で紹介する。

【事例1-35】［041015］　午前中、中央のフロアで川崎さんが壁に貼られている写真を眺めていた。背中越しに川崎さんに声をかけると、「先週来なかったな～」と大らかな口調で川崎さんは応える。先週風邪をひいて来られなかったことを私は伝えた。

【事例1-36】［030620］　午前中、私はいつものように掃き掃除をしていると、中央のフロアにいる藤原さんの姿が見えてきた。藤原さんは突然顔をしかめた。ほうきを壁に立てかけて、トイレか、それともリュウマチの痛みかと考えながら藤原さんに近づいていった。「どうしましたか?」と尋ねると、「いや」と言葉を濁した。そしておもむろに、「この前小さな咳しよったね～」と話してかけてきた。「大きな咳ではなかったけど、小さな咳をしよったね」と、ゆっくりと言葉を続けた。私は笑いながら「そうですね。風邪をひいていて、小さな咳をしていました」と返答した。藤原さんは私の返答を受けたうえで、「大きな咳ではなかったけど、小さな咳をしよったもんね」と2回繰り返した。私は補聴器を着けている藤原さんの左耳に口を近づけて、「藤原さんも風邪ひかないでくださいね」と声をかけると、苦笑して「私は風邪なんてひかない」と応じた。

筆者が特養を訪ねることは、居住者に今日が金曜日であることを告げていた。さらに、筆者の訪問は過去の時間をつくっていた。事例1-35で先週の金曜日に川崎さんが筆者の不在を思っていたかは分からない。確かなのは、川崎さんが、先週筆者が来なかったことを今伝えていることである。川崎さんが「先週来なかったな～」という言葉を今口にすることで過去の時間がつくられている。事例1

－36も、藤原さんが「この前小さな咳しよったね～」と今発することで過去の時間がつくられている。この前の週に藤原さんから咳のことを心配されていた記録はない。藤原さんは密かに心配してくれていたのかもしれない。確かなのは、今週も筆者が訪ねてきたことで、先週筆者が咳をしていたことを藤原さんは今伝えることができているということである。事例1－35と事例1－36では、居住者にとって訪問した筆者に出会うことで、過去の時間がつくられていた。

関連する事例をもう1事例紹介したい。先ほど紹介した2事例は居住者の時間の認識が確かだと筆者が判断した事例であった。しかし、居住者における時間の認識は認知症などの影響により混乱していることが少なくない。追加で紹介するのは、時間の認識が混乱しつつ、筆者が訪ねることにより過去の時間についてやりとりしていた事例である。

【事例1－37】［030425］　川崎さんとおしゃべりしていると、島田さんが川崎さんの背後にいることに私は気づいた。島田さんは病院から退院してきていた。島田さんに声をかけると、こちらを見てニヤ～ッとした笑顔を見せて、「久しぶりに見るごた～（見るようだ）」と応じた。いつも通りの島田さんの応答に私は嬉しくなりつつ、「島田さんが入院していたんですよ」と返す。すると、私の声が小さかったのか、島田さんには聞こえなかったようで、再度同じことを島田さんに伝えた。島田さんは自分が入院をしていたということが分からないようで、「そうだった？」とこちらに聞き直し、「じゃあ、私がおらんかったったい（いなかったんだろう）。あんたはずっとおったけど」と話した。

島田さんが筆者を見て、笑顔を見せて「久しぶりに見るごた〜」と応じたことに、筆者は「島田さんが入院していたんですよ」と返した。このように返したのは、筆者が不在にしていたから島田さんは筆者を久しぶりに見ているのではなく、島田さんが自ら不在にしていたから筆者を久しぶりに見ているのだという細かな確認に過ぎなかった。しかし、この確認に対して、島田さんが自ら入院していたことを覚えていない反応を見せ、そのうえで自分が不在にしていて筆者はずっといたんだろうと筆者の確認に従った。島田さんは筆者との出会いが久しぶりであること、すなわち他者との過去の時間はしっかりと記憶できていて、自分が入院していたこと、すなわち自分の過去の時間は記憶していないということなのだろうか。

この事例の3か月ほど前の［030124］に、トイレから出てきた島田さんと目が合った際にも、ニヤ〜ッと笑いながら「久しぶりに見た。最近、めったにこんやろ（来ないでしょう）」と声をかけられていた。その指摘が当たっていたので、島田さんの時間認識が確かであると受け止めていた。島田さんの筆者を「久しぶりに見た」という発言は、事例1-35や1-36における先週の金曜日、昨日、今日といった時間認識が確かというよりも、ぼんやりとした時間感覚での発言であったのかもしれない。自分が入院していたことや筆者が先週の金曜日に来ていなかったことは分からないけれども、筆者を「久しぶりに見た」と感じている。そのような時間感覚を得る機会を、筆者との出会いが提供していた可能性がある。

訪れる筆者と出会うことで今日という時間や過去の時間がつくられることを検討してきた。次に、外から訪ねてきた筆者と出会うことで、外で起こっている行事について話している2事例を紹介したい。

【事例1－38】［041126］　昼食に出てこないかと誘いに城島さんの居室に私は向かう。城島さんは一人ポツンと、ベッドの縁に座っている。声をかけると、「どうしとったね？」と質問する。さらに「今日は金曜日やったかね～」と言う。私は「そうですよ。今日は金曜日ですよ」と答えて、さらにカレンダーを指さして「今日は26日です」と言う。城島さんはカレンダーを見て「そうね～」と答えた後、「『せいもん払い』には行ったとね？」と続ける。先日私の親が行っていたことを伝えると、城島さんはうんうんと頷く。

【事例1－39】［040430］　城島さんがお昼を食べるためにフロアに出てきていた。「城島さん、いましたね～」と私が声をかけると、城島さんは間髪をいれずに「もう『どんたく』やもんね～」と嬉しそうに返してきた。目がふさがり気味だったが、顔に赤みが戻っていた印象を持った。城島さんの向かいに座っている松さんに城島さんを見た私の印象を投げかけると、「そうね～。顔に赤みが出てきたね」と返してくれた。城島さんの表情はあまり変わらなかったが、首を振ったりして動きが活発になったように思えた。

城島さんが『どんたく』を持ち出したので、「一昨日花電車を見ましたよ。いや、花バスか」と話す。城島さんと松さんが興味を示したので、「松さんは『どんたく』に出てたんですか？」と尋ねると、「出とったよ。前は3、4、5日と3日間あったけど、今は2日間だけだもんね。大変やったよ」と話す。

城島さんは筆者のことを「木村さん」とずっと呼んでいた。事例1‐39に登場する松さんが「松本さん」と何度教えても、城島さんは聞く耳を持たなかった。一方で、筆者が金曜日に訪ねてきていることや城島さんの家があった場所と筆者の家が同じ町内であることは忘れなかった。そのため、城島さんが筆者に季節の行事や町内の動静を尋ねることや、筆者のほうから城島さんにそれらを話題として持ち出すことがあった。事例1‐39で、城島さんが『どんたく』を話題にしたことに対して、筆者は一昨日見かけた『花バス』というどんたくに登場する装飾したバスのことを話した。城島さんが筆者に季節の行事や町内の動静を尋ねるのは、街から離れた特養の屋内に落ちつく居住者と違い、筆者が街の中に住み、あちこちを移動して、特養に通ってくる人間だから、応答を期待してのことだろう。

さらに、事例1‐38で城島さんが持ち出した『せいもん払い』とは、11月に行われる大売り出し（バーゲン）のことである。また事例1‐39の『どんたく』とは5月のゴールデンウィークに開催されるお祭りのことである。城島さんがせいもん払いを話題に持ち出した11月26日やどんたくを持ち出した4月30日は、タイミングとして的確であった。この他にも、5月のゴールデンウィークに開催されるお祭り『どんたく』について川崎さんが［030502］に、7月1～15日の早朝まで行われるお祭り『山笠』について城島さんが［040716］に、さらに9月の中旬に開催されるお祭り『放生会（ほうじょうや）』について永井さんが［021004］に、城島さんは［030919］に話していた。いずれもタイミングとしては的確であった。家事の多くを手放したことで、かつての場所の意味の多くを手放した居住者であるが、地域の行事は1年の特定の時期に話題にしていた。

筆者が特養を訪れることは、居住者に今日は金曜日であることを告げ、過去の時間をつくり、さらに地域の行事を特定の時期に話題にする機会を提供していた。筆者が対象になることで、外から訪ねてくる者は時間を生み出す対象になることが分かった。

動けないあるいは動ける範囲が限られ、屋内に落ちつく居住者のもとに、離れた場所から人が訪ねてくる。訪ねてくる人たちによって実現していることは多いことから、人が訪ねてくることは理にかなっている。ただし、両者は訪ねる‐迎えるという非対称の関係であり続けるため、居住者が不満を抱くこともある。居住者が訪ねることがあってもいいだろう。

届く物や声

特養を訪れる人たちは、しばらく時間を過ごした後にそれぞれの自宅に帰っていく。訪れる人たちは、隔たった場所から時間をかけて特養を訪ねてきていた。それに加えて、物や声が遠くの場所から送られ、屋内に落ちつく居住者の元に届けられることがあった。

特養の居住者が外部とやりとりする手段として郵便、それから電話やインターネットといった通信技術がある。この特養では、外部に電話をかけるときには、サービスステーション内にある仕事用の電話機を使うことになっている。インターネットの無線回線（無線ＬＡＮ）は依然整備されていない。「出向いてくる業者」でふれたように、今後インターネットを媒介とした買い物がより広がっていくと予想されるが、現時点では特養の居住者にインターネットを介してスーパーやネットストアから荷物が届いたというようなことは見聞きしていない。依然として外部と連絡を取るときの手段として、郵便と電話が有力なツールである。まず、郵便が届いた2事例を紹介したい。

【事例1-40】［030829］　川崎さんと私は屋外に出ていて、屋内に戻ってきた。受付からスタッフが「川崎さん、郵便ですよ」と、川崎さんに1通の手紙を渡した。川崎さんはしばらく手紙を見ていた。「同窓会じゃなくて…、なんだっけ。あれだよ」しばし考えた後、川崎さんが勤めていた菓子メーカーの名前を言った。エレベーターに乗りながら「年に1回やるんだよ。年会費が1000円で、行くと5000円」と話す。

【事例1-41】［030101］　今日は元旦なので、居住者に届いた年賀状が配られた。フロアで私と話していた東浜さんのところにも3枚ほどの年賀状が届けられた。東浜さんは年賀状を見て、「ここは老人ホームやったと?」と尋ねてきた。年賀状の宛先に「特別養護老人ホーム」と記してあった。表情からよい意味でとらえているようには見えなかったのでどう返答したものかと迷ったが、嘘を言うわけにもいかず「そうですよ」と答えると、「知らんかった」と少し落胆した様子を見せた。ただその後に帰宅願望を訴えたりすることはなかった。

川崎さんは会社を離れて久しいはずだが、事例1-40のように依然OB・OG会の連絡が郵便で届いていた。川崎さんが出かけていくことはなかったが、たまにこのような連絡があると、外部とのつながり、もしくは外部とつながっていた過去を振り返るリフレクティブ・ファンタジーに浸るよい機会なのかもしれない。

精神科医である成田[68]は著書『贈り物の心理学』の中で、「贈る」という言葉には別れ（分離）を否定し、つながり、結合、一体を維持しようとする意味があり、贈り物はつながりや一体感を求めて贈られるのだが、同時にその贈り物が分離を顕在化させると記している。贈り主には分離していることを埋め合わせて、つながりや一体感を維持したい意図があるため、実は両者が隔たっていることを顕わにしてしまうということだろう。離れた場所で暮らしているがゆえに、家族は贈り物（お土産）を持って訪れている面があるはずである。筆者も特養のある土地を離れた後に特養を訪ねるときにはお土産を持参していて、居住者からそのお返しをいただいたり、送られてきたりしている。離れた後につながり続けるために贈り物は有効であるが、それは離れているから贈っているともいえるだろう。

さて、事例1－41では、東浜さんが理解していなかった今いる場所を、受け取った年賀状によって知らされていた。東浜さんは筆者を含めた特養にいる人間の名前をかつていたであろう場所の誰かの名前で呼ぶことがよくあった。特養を以前いた場所と混同していると理解することができよう。以前いた場所と混同していた東浜さんの認識に、年賀状が、以前いた場所と今いる場所を分け隔てたのではないか。その点で、先にふれた成田[68]が言う贈り物とはまた別のかたちで、この年賀状はこの場所が以前いた場所ではないと、東浜さんに分離を顕在化させていたのである。

次は、居住者は屋内にいて、遠く離れた場所と電話を使ってやりとりしている場面を取り上げたい。ここでも2事例を紹介したい。

【事例1-42】[121120]　正午に私から山内さんに電話を入れる。先週、私の携帯電話の留守電に山内さんからの伝言が残されていた。伝言の声は元気そうだった。電話に出た事務スタッフからフロアのスタッフに転送され、山内さんを電話口に呼んでもらう。電話に出た山内さんに先週電話が入っていたことを伝えると、困惑しているようだった。電話を入れたことを忘れていたか、それとも伝言が残されていたと思っていなかったのか。いつもの電話のように、山内さんはあいさつを兼ねて私の家族の近況を繰り返し尋ねる。そして、最近山内さんが考えてしまうこと（ひとりぼっちになったこと）について話し始める。話を一通り聞いた後に、「夜にそんなことを考えるんですか？」と尋ねると、「考える」と山内さんは返答する。2月もしくは3月に特養を訪ねることや気に病むことがあれば電話することを双方で確認して電話を切った。

【事例1-43】[081212]　病院に入院している和田さんのお見舞いに私は病室を訪ねた。病室にいた和田さんの娘さんと話していると、娘さんの携帯電話に、アメリカに居住している和田さんの孫（娘さんの息子）から電話が入る。年末日本に出張があって帰ってくるという連絡だった。先日孫の携帯電話に病院から電話して、電話機を和田さんの耳元に持っていき孫の声を聞かせると、和田さんは顔をクシャクシャにさせたと娘さんは話す。

遠くに住んでいると、特養を頻繁に訪れることができない。特養から離れた場所で生活するようになった筆者においても、居住者と電話でやりとりすることがあった。事例1-42では、山内さんが筆者に電話を入れたことを忘れていた可能性や筆者の家族の近況を繰り返し尋ねていたことから山内さんの体調や近況を推測していた。その他に、山内さんは筆者をはっきりと思い出せない調子で探りながらやりとりをして［150730］、その翌週には筆者のことが分かっている調子で電話でのやりとりをしていたことがあった［150807］。電話の声の調子や話の内容から居住者の体調や近況を詳しく知ることはできないが、前回の電話でのやりとりと比べて居住者の体調や近況を推測していることはよくあった。

そして、事例1－43では、和田さんがいつまで持つか分からないと医師から伝えられていた娘さんが孫にいつ帰ってこられるかを尋ねていて、その返答の電話がかかってきていた。和田さんは事例1－43の約1か月後に亡くなったので、孫は和田さんが生きているあいだに会えたと聞いている。また、筆者は立ち会っていないが、事例1－43の前に、電話を通じて孫の声を聞いた和田さんは顔をクシャクシャにしていたと教えてもらった。和田さんをはじめとするもう動けない人たちにとって、距離が離れている者の声を届けてくれる電話は貴重なツールである。

さらに特養の屋内にいて外部とつながる手段として、インターネットの利用に関する最近の事例を紹介したい。

【事例1－44】［150311］　山内さんの居室で、先日迎えた誕生日でいくつになったのかと私が尋ねると、「94歳じゃないかな」と山内さんは自信なさげに答える。「生まれは大正10年」と自信をもって答える。そこで、私の手元にあったスマートフォンをインターネットにつないで、大正10年生まれの年齢を確認する。山内さんは今年で94歳になったことで間違いなかった。

次に、九州と関東の天候について会話している折、生まれ故郷である山陰地方に行ってみたいと山内さんが話を始める。家族に頼んでみたのだが、取り合ってもらえなかったと言う。私が連れて行けるわけではないし、家族にあれこれ言う立場にはないので、何も言うことはできなかった。

そのとき、先ほど年齢を調べたまま、スマートフォンを出していたことに気づいて、山内さんの生まれ故郷を地図アプリで調べてみようと思いついた。山内さんの地元の名前を入れて、地図に表示されたお寺の名前や地名をいくつか挙げてみるが、山内さんはピンと来ていないようだった。「○○ケ浦」という地層には覚えがあるようだった。また「○○温泉」は、幼少のころ足が速くて、その競技に出場するために訪れたことがあると話す。その一方で、山内さんの出身地である村の名前を入れても表示されなかった。小学校の名前を入れてみるが、やはり表示されなかった。90年近く前の地名なので、地図アプリでは調べられなかった。

しかし、山内さんは地名にこだわることなく、自分が行ったことのある場所や住んでいたのが海岸端で魚がおいしかったことについて話し続けた。

本章「物との出会い、物を媒介した居住者との相互行為」で、居住者が屋内で花の雑誌を眺めていたことを紹介していた。花の雑誌のような媒体（メディア）に価値はあるのだが、本物の花を見ることと同じではない。山内さんにおいても、願いは生まれ故郷を訪れることであって、地図アプリで知っている地名を探すことではなかった。しかし、そうであったとしても、山内さんが生まれ故郷を訪れてみたいという気持ちを抱き続けるなかで、地図上で一緒に手がかりを探していた時間は退屈しなかった。山内さんの思い出話を一方的に聞くのではなく、地図を一緒に見ながら思い出話を聞くとき、三項関係をかたちづくっていた。インターネットをはじめとする通信技術を使うことは、生まれ故郷を訪れることの代替にはならないが、遠くの場所を想う時間を楽しいものにすることはできる。その楽しい時間が現地を訪れないためのガス抜きになってしまうことは望ましくないものの、屋内での時間を豊かにする可能性はある。

フロアで移動する

居室からフロアに出て行くことは、屋内にある外に出て行くことになる。これまでフロアで居住者をはじめとする人や物に出会い、それから人や物は離れた場所から訪れ、あるいは物や声が届くことを明示してきた。次に検討するのは、居室に対して外として位置づけられるフロア、そのフロアにおけるさらなる内側と外側の区分である。

「人々はおそろしく短い時間で根を下ろす。私自身は約四十八時間かかる……。そのような移動性が場所のセンスを増大させるということを、私は逆説的に主張したいと思う。」(Nairn, 1965; レルフ[72] p.84に引用)

これは地理学者レルフの著書『場所の現象学』からのネアルンの記述の抜粋である。特養の居室は区切られていて、その場所に居住者が留まることを誰かに邪魔されることは通常ない。一方で、フロアに出て行くとき、フロアのどこかに留まることのできる場所を見つけなければならない。フロアの中に根を下ろす場所を見つけなければならないのである。よって、留まることを邪魔されない居室よりも根を下ろす場所を見つけなければならないフロアのほうが、ネアルンの言う「場所のセンスを増大させる」ことにつながるだろう。

フロアで留まることのできる場所としてまず取り上げるのは、食事をするテーブルである。1事例を紹介する。

【事例1－45】〔030530〕　フロアのテーブル前で、寝たきりで一時的に離床していた山田さんが座る車イスを、香川さんが車イスから立って「ここは私の場所だから」と苦笑しながらどかそうとしていた。山田さんは自ら動くことができず、香川さんは山田さんの座る車イスを動かすことができなかった。

この特養では、居住者が食事をする場所はスタッフが決めていて、テーブルの上に居住者の名前が記されたビニールシールが貼ってある。その場所に他の居住者が座っていると、事例1－45の香川さんのように「私の場所」と主張し、他に行くように求めることを何度も見かけた。フロアに出てきた居住者にとって、スタッフが決めたテーブルの前がひとまずいつもの場所になっている。

次に、スタッフが決めた場所ではなく、フロアの中に自ら見つけた居住者のいつもの場所について紹介する。フロアの一角にいつもの場所として根を下ろしていた実例として、島田さんの居方に注目したい。

【事例1－46】［021025］　フロアの掃き掃除を始める。フロアを見渡してみると、島田さんは相変わらず廊下から中央のフロアに出る角っこで車イスに座ってウトウトしていて、香川さんは車イスでテーブル付近を行ったり来たりしている。また、東浜さんはテーブル前で車イスに座って居眠りしていた。そして、藤原さん、内川さんもテーブル前に座っていた。

【事例1－47】［040903］　島田さんはここしばらくトイレに頻繁に行こうとする。それに関連しているのか、中央のフロアの角っこの手すりにタオルを通して、その先をつかんでいる。サービスステーション前のテーブルで別の居住者とおしゃべりしていた私に、島田さんが「不安定なのでどうかしてくれ」と訴えてきた。今の体勢が不安定のようで、島田さんの体勢を少し変えてみるが、安定しないと言う。これ以上やりようがなく、耳の遠い島田さんの耳元で「どうしてつかまっているんですか？つかまっていないと怖いんですか？」と尋ねると、「怖い。あんたの言う通り」と返ってくる。「何が怖いんですか？」とさらに尋ねると、「壊れやせんかと（壊れないかと）」と島田さんは答える。「何が壊れるんですか？」と尋ねると、困った顔をしていた。答えるのが難しいのかもしれない。私が座っていたイスを見て、「そっちに移ったら怖くないかね～？」と言うので、車イスからイスに移ってもら

図1－5　角っこがいつもの場所

う。イスに座っても落ちつかない様子で、「やっぱり怖いね」と島田さんは苦笑いを浮かべる。「まいっぺん（もう一回）戻ろうか」と言うので、車イスに移乗するのを手伝う。

居住者は、食事以外の時間もフロアに置かれているテーブルの周りに根を下ろしていることが多い。そのなかで、島田さんは食事以外の時間は、事例1－46で紹介したように、廊下から中央のフロアに出る角っこで佇んでいることが多かった。島田さんのいつもの場所は図1－5のように角っこであった。島田さんがなぜこの場所に根を下ろしていたのか、記録を基に少し探ってみたい。

［040618］に居住者が集まって作業しているとき、島田さんはその輪に加わらずに、輪の近くで佇んでいた。島田さんが居住者の多くが集まるテーブル周辺ではなく、少し離れた場所にポツンといることはよくあった。おそらく一緒に作業することは望まないけれ

ども、人のやっていることは気になるのだろう。角っこはフロアが見渡せる場所でありつつ、居住者が多くいるテーブルから離れている。ポツンといることが島田さんの性に合っていたのだろう。

また、この場所はサービスステーションの前である。首を伸ばせば窓ガラス越しにスタッフが見える。島田さんがトイレに行きたいと訴えることは頻繁にあって、スタッフに介助をお願いできるようにサービスステーションの前にいた可能性はある。サービスステーション内のスタッフに声をかけていた記録は残っていないが、サービスステーションを出入りするスタッフが島田さんの訴えに気づきやすいことはあっただろう。それではなぜ角っこなのか。それは邪魔にならないようにしていたことが考えられる。サービスステーション前は、向かって左はナースコールの掲示板とスタッフの作業台が置かれていて、向かって右には事例1-47で筆者が他の居住者とおしゃべりしていたテーブルが置かれている。サービスステーション前のスペースで、居眠りをするほどに気兼ねなくいることのできる唯一の場所がテーブル横の角っこであった。

それから、事例1-47に記したように、壁に備え付けられている手すりにタオルを通して、その先をにぎっているのを何度か見たことがあった。この時期島田さんは頻繁にトイレに行くことを求めるものの、便座に座って何も出ないこともあった。島田さんが「壊れやせんかと」と語っていて、車イスで姿勢を変えても、車イスからイスに移動しても不安定さは払しょくできず、また手すりにタオルを通して、その先を握り続けていたことから、島田さんは不安のようなものを抱えていたのかもしれない。その不安を抱えていたことが、島田さんがつかまることのできる角っこにいつもいた理由の一つだったと考えられる。

居住者はフロアの中にいつもの場所を自らつくることができる。自分の身体を中心にして根を下ろした場所で、こちら（内側）とあちら（外側）に分けている。

これまで複数の階層の内と外を見出してきた。まず、特養の建物の内側である屋内と屋外に分けられた。屋内で居室からフロアに出ることが内から外に出ることであった。そして、フロアの中にいつもの場所という内側をつくっていた。

さて、かつて内側だった場所が今では外側になる、あるいは逆に外側だった場所が今では内側になっている。いつもの場所として根を下ろした内側になるためには、そこから一時的に離れて、ふたたび帰ってくるサイクルを続ける必要がある。フロアにおける外側とは、いつもの場所から一時的に離れた領域のことである。

【事例1-48】［040903］　午前中、掃除を終えてブラブラと廊下を歩いていた私に、テーブル前で車イスに座った大道さんが声をかけてくる。近づいて用件を聞くと、「どこか行きたい」と言う。私は少し考えて「外にでも行きますか？」と提案する。大道さんも少し考えて「外じゃない」と返答する。「どこに行きたいんですか？」と尋ねると、「ここじゃないとこ」と答える。意味深な答え（「ここじゃないとこ」）なので、メモを取れない私は忘れないように胸の内で反すうする。「ここのフロアを回ってもね～？」と探りを入れてみるが、大道さんの反応はなかった。「とりあえずグルッと回りますか！」とあらためて提案すると、大道さんは了承する。大道さんの車イスをゆっくりと押して、廊下とフロアでつながれた周回を一周する。移動しているときの大道さんは、1～2回周りの様子をうかがっていたが、強く関心を示すことはなかった。昼食前になったので、大道さんの座る車イスをさっきまでいたテーブル前に停止させた。「こんなんでよかったですか?」と尋ねると、「よか(いい)」と、あまり表情を変えずに答えた。

「ここじゃないとこ」は、どこに行くことが望ましかったのだろうか。大道さん自身、心当たりがなかったからこそ、漠然とした要求になったのだと今では理解している。この要求で満たすべきは、ここではないどこかに行くこと、すなわちいつもの場所を離れることができれば、行く場所はどこでもよかったのかもしれない。今いる場所から離れることができればいい、よって内側に居続けることを望まず、外側に出ることがまずは叶える望みであったと考えることができないか。実際、いつもの場所を離れて、廊下とフロアでつながれた周回をめぐっているとき、大道さんは周囲に関心を示すわけではなかった。いつもの場所を一時的に離れて、ふたたび先ほどまでいたいつもの場所に帰っていく。フロアの中で、内から外に出て、ふたたび内に帰っていく、そんなサイクルをつくっていた。

【事例1-49】[041210] 中村さんと私は屋外に出ることになった。しかし、中村さんの座る車イスのタイヤがパンクしていた。中央のフロア近くの倉庫に空気入れを取りに行き、タイヤに空気を入れてみるが抜けてしまう。その様子を見ていた中村さんが、「車イスを換えればいい。あっちに車イスがある」と、端のフロアの方向を指さす。そこで廊下を通って端のフロアに向かい、車イスを交換した後、逆側の廊下を通ってエレベーターホールに戻っていた。その途中、中村さんが「こっちは明るいね～」と声を出す。こちら側はマンションに遮られていないから明るいのではないかと私は応じた。

中村さんの居室はマンションに遮られている側にある。ベッドで横になっていることの多い中村さんは、居室と中央のフロアを往復することを日々繰り返している。また、自力ではわずかずつしか車イスを進めることができない中村さんが、逆側の廊下に行くためには車イスを誰かに押してもらわなければならない。これらの背景から、事例1-49の逆側の廊下を通るのはまれで、初めてだった可能性さえある。そのなかで、「こっちは明るいね～」と新たな気づきを得ていた。中村さんに限らず、居室とフロアの行き来を繰り返していると、その経路が居住者にとって慣れ親しんだいつもの場所で、内側になるだろう。その経路から外れて、フロアの中で出会う知らない場所、それがフロアの中の外側である。もし、フロアの中の外側に行くことに慣れると、その場所も居住者にとって内側になっていくのだろう。

社会心理学者レヴィン[55]は、引っ越してきた人が新しい町を構造化していく過程を「分化(differentiation)」と表している。引っ越してきた人は、新たな住居と駅といった点と点の機能的な関係をまずは学習する。その後に、構造化されていない町の多くの領域について、地理的に近い領域から徐々に認知的に構造化していき、具体的には住居と駅のあいだの新たな通路や町の中での二つの場所の位置関係を知ると予想される。この構造化の過程を、町全体が分化していない状態から分化していく過程とレヴィンは説明している。

上記の中村さんが初めて通る廊下で、「こっちは明るいね～」と新たな気づきを得ていたことは、特養の屋内が新たに分化した過程であり、外側が内側になっていく初めの一歩といえるだろう。

それにしても、中村さんがフロアや廊下といった屋内の公共空間のすべてを知らないこと、すなわち分化していない領域が残されていたことに筆者は驚かされた。他の居住者においても少なからずありうることなのだろう。

居室に帰る

特養の居住者は皆、特養にずっと居住してきたわけではない。自宅と呼ばれる場所に定住もしくは転々としながら暮らしてきた後に、直接もしくは病院経由で特養に移ってきた。特養に入居したとき、その場所は自宅や病院から見て外側だったはずである。その場所が入居して時間を経ることにより、内側へと変化していく。

さらに、各々の居住者が移動することおよび移動しないことにより、屋内に内側と外側の区別をつくっているはずである。

居室にずっといると、居室の価値を認識しにくい。フロアに出ると、他の部屋の居住者、スタッフ、業者、家族といった人たちに出会い、食事をとり、風呂に入り、体操で身体を動かす。自分の居室の価値は、居室を出て、帰ることでつくられていくのではないか。入居から間もなかった居住者の帰ることの変遷について2事例を紹介する。

【事例1－50】［020910］　トイレでナースコールが鳴ったので駆けつけると、内川さんがトイレを済ませていた。ズボンを上げて、トイレを出た。そして、部屋に戻るか、中央のフロアに行くか、どっちにするかを内川さんに尋ねた。内川さんは「自分の部屋なんてないよ。そうだね～、食堂（フロアのテーブル）に行くかね。そこしか居るとこないし」と答えた。

【事例1－51】［021111］　内川さんは腰が痛いようで、「自分の家に帰ろう」と求めた。「自分の家」とは自宅のことかもしれないと私は考え、「自分の部屋ですか？　ベッドですか？」と確認する。すると内川さんは、「そう」と肯定した。

入居から1か月も経っていない事例1－50では、「自分の部屋なんてないよ」と答えていた内川さんが、それから2か月後の事例1－51では「自分の家に帰ろう」と求めて、その4日後の［021115］には「私の家に帰りたい」と求めていた。事例1－51で、「自分の家」とは自宅のことではなく、自分の居室であることを確認した。「自分の部屋なんてないよ」と答えていた内川さんが、「自分の家」に帰ることを求めるようになったと理解していいだろう。入居して3か月弱のあいだ過ごした居室での時間が、内川さんに「自分の家」と表現するように導いたのか。それとも、フロアに出て居室に帰るサイクルを繰り返したことが、「自分の家に帰ろう」と表現するように導いたのだろうか。

先にふれたネアルンが指摘する通り、移動することが場所の感覚を増大させるなら、帰る営みが居室の内側である感覚を増大させ、居室を特別な場所にしているはずである。事例1－51で、内川さんが「帰ろう」と表現するためには、居室から一旦離れなければならない。自分のいつもいる場所(「ここ」)は、離れて距離ができることで対象(「あそこ」)になる。居室から離れたとき、居室は在り続ける基地として意味を持ち、かついつか帰るはずの対象になる。あそこに帰ることは、屋内で生まれる対象との出会いの一つである。居室は、その空間にいる時間の積み重ねだけでなく、一旦離れて帰る際に対象として出会うことによって、「自分の家」になり、屋内の中の内側になっていくと考えられる。

特養の居住者は、多くの時間を屋内で過ごす。屋内で取り囲んでいる環境の中で、居住者はどのような対象に出会い、対象との出会いに伴いどのような行為が生まれているのか。屋内の生活空間や居住者が生きている心理的環境を知るために、言い換えると、屋内における居住者の通時的な行為の可能性を知るために、本章では居住者が出会っていた対象や出会いに伴う行為を紹介・検討してきた。

屋内で居住者が出会っていた対象や出会いに伴う行為は、以下のような特徴が見られた。まず、居住者は移動ができないあるいは移動範囲が限られるため、特養の外から訪ねてくる人たちや届けられる物・声を受け止めている。よって、居住者は待ちの姿勢や受け身の姿勢にならざるをえず、訪ねてくる人たちとの非対称性に不満を覚えることもある。しかし、訪ねてくる人たちによって居住者の生活を支えられ、居住者は特養の外と間接的につながることができている。

また、居室は各々のスペースに区切られているが、媒質を介して他の居住者と出会い、難しい事態に陥ることもあった。そのように居住者は受け身で、あるいは避けがたく対象に出会う一方で、居室からフロアへ、フロアから居室へ、それからフロアの中を能動的に移動することで、人や物に出会い、物を媒介した他の居住者との相互行為が生まれ、いつもの場所を見つけ、屋内空間を内側と外側に分化していた。

しかし、屋内で出会う対象や可能な行為には課題が少なくない。まず、屋内で出会うことのできる自然物は主に人間であることが挙げられる。人間以外の自然物は、媒体（メディア）を通して間接的に出会うことに留まる。また、他の居住者と仲良く協力し合う関係が築かれる一方で、ままならない状況に陥ることもあった。次に、屋内には目を向け、耳を澄ます対象が限られていることが課題である。居住者は特養に入居する際に、以前に居住していた場所で張りめぐらせていた場所の意味の多くを手放してきた。屋内の生活空間が充実していないならば、手放してきた場所の意味の多さに対して、居住者が屋内で再創造する、もしくは新たに創造する場所の意味は十分ではないだろう。

とはいえ、居住者はずっと屋内に留まり続けるわけではない。屋内で落ちついている姿は居住者の一面に過ぎない。次の章から居住者は少しずつ屋外に出て行く。老いの時間を自らつくっていく居住者に引き続き同行しよう。

2章　外縁に留まる

特養の屋内と屋外は壁や窓で隔てられていて、筆者の通う二階の壁と窓の外側にはベランダが突き出ている。このような屋内と屋外との境界または相補関係を、建築家アレクザンダー[2]に倣って「建物の外縁（building edge）」、略して「外縁」と呼ぼう。アレクザンダーによれば、正しくつくられた外縁は、屋内と屋外の2領域にまたがって一つの領域になる。一つの領域の中で、内部と外部の結びつき、境界を超えた集団の形成、境界の中での人間活動の発生といったことが起きる。

社会心理学者レヴィン[54]は、人間の心理的環境を構想するなかで、「内的領域（inner zone）」と「外的領域（outer zone）」以外の第三の領域として、「境界領域（boundary zone）」を見出している。この境界領域は、内的領域と外的領域のあいだを行き来するときに横切るのであるが、分化した一つの領域として見られていないという特徴がある。本書において、内的領域とは1章で検討した屋内空間で、外的領域とは3・4章で検討する構内・構外に当たる。そして、この2章では内的領域と外的領域のあいだにあって、一つの領域として見られていない境界領域、先ほど外縁と呼び始めた領域に注目する。

この特養の外縁として取り上げるのは、窓越しに見える外、ベランダ、そして軒下である。屋内とも屋外ともいえない2領域にまたがった一つの領域である外縁で居住者が出会う対象や対象との出会いに伴う行為は、純粋な屋内でも純粋な屋外でも見られないものであった。

窓越しに外を望む

ロフクヴィストら作業療法の研究チームは、移動補助器具の使用に関する縦断的ケース研究をスウェーデンで3人の高齢女性を対象に行っている[56]。対象者の一人であるクレアは、耳が遠くなり、電話で応答することが難しくなり、また骨折などを経て身体的な制限が大きくなっていった。調査当初、杖で移動できていたが、歩行補助車（rollator）を使用するようになり、さらに耳が遠いこととスタミナの欠如を理由に、ほとんどの時間を一人で家の中で過ごすようになっていった。そんな彼女の楽しみは、庭が一望できる窓からの眺めであった。

「眺望のない部屋は、そこに留まる人間にとって牢獄も同然である」。前出したアレクザンダー[2]はある場所に留まる際、別の世界を眺めて気分転換できる価値を強調するために、このようなことを記している。もし屋内が壁に囲まれて、孔が一つも開いていないとしたら、屋内の空間に留まり続けることは難しいだろう。孔を開けることは、屋内の空間にいる人間を救う。現代の窓は、壁に孔を開けてガラスをはめたものが多い。壁がガラス窓になることで、ガラスを通過した自然光が屋内に入り、屋内から外を眺めることができる。

ガラス窓は外を眺めることを可能にするだけでなく、ガラス窓により外気を遮ることで、屋内の暖かさ・涼しさを保ち、匂いを封じ込める。ガラス窓が引き戸や押し戸になっている場合、窓を開放して外気を取り込むことで、匂いは拡散し、保たれていた暖かさ・涼しさは失われる。また、掃き出し窓であれば、ベランダや庭に限って屋外に出ることが可能である。そのように窓を境界にして内と外は境界づけられている。その窓を境にどのような行為が特養に居住する高齢者には生まれているだろうか。

外に目をやる

ガラス窓を通して外を眺めることができる。上記のスウェーデンの高齢女性クレアと同様に、特養に居住する高齢者が窓から外に目を向けている姿を見かけることがある。ガラス窓越しに外に目を向けていた2事例を紹介する。

【事例2-1】［021108］　午後、身体を動かすことが難しく離床の機会の少ない3人の居住者が、車イスに乗ってフロアに出てきていた。3人のうちの一人山田さんに私は声をかけた。山田さんは私が声をかけると一瞬首を持ち上げて両目を見開いて、笑顔になったが、すぐに目を伏せて顔も下を向いてしまった。「山田さん、テレビですよ。今は朝の連続ドラマがあっていますよ。鹿児島の屋久島が舞台のようですね」と話しかけると、山田さんはテレビの方に視線を向けて、その後、視線をさらに外に向けて、窓の外を10～20分眺めていた。「風が強いですね」と声をかけると、「うん」と言っているように静かに頷いた。しばらくすると、車イスに座ったままウトウト居眠りを始めた。

【事例２－２】［020913］　午前中に私が掃き掃除をしていたとき、足で車イスを少しずつ進めている藤原さんに遭遇した。「どこへ向かっているんですか?」と尋ねると、「そろそろお風呂だと思って、この辺にいた。いつになるのか知りたかった」と話す。「たしかにこの辺にいたらすぐに分かりますが、お風呂は午後ですよ」と返す。お風呂まで時間があることを知った藤原さんは「窓際に連れて行ってくれ」と私に頼む。そこで窓際の外の風景が見える場所に藤原さんの座る車イスを移動させた。

事例２－１で山田さんは、筆者に促されてテレビに視線を向けた後に、窓の外に視線を向けていた。山田さんが話すことはなかったので、外にある何を見ていたのか知ることは難しかった。テレビではなく、屋内の様子でもなく、外に目を向けて眺めていたので、目を向ける先として外には何かがあるのかもしれない。

建築計画の鈴木[84]は、東京・青山にあるスパイラルビルの階段の踊り場に窓ガラスに向かって置かれているイスについて考察している。人と人のコミュニケーションは、会話するためには向き合うか、同じ方向を向いて並ぶ（socio-petalと呼ばれる位置関係）、もしくは他人同士視線を合わさなくてすむように背中合わせの方向を向く（socio-fugalと呼ばれる位置関係）。それらに対して、スパイラルビルでは、窓ガラスに向けられたイスに座っている人の背後を、階段を上り下りする人たちが通行している。その身体配置において、直接的なコミュニケーションは生じないのだが、座っている人の後ろから通行人が見守るときに独特のまなざしを送っていることに気づくと鈴木は指摘する。それは、「都市を見ているあなたを見守ることによって、あなたの見ている都市について思い巡らすことを許してもらう感覚」(p.192) と記されている。

事例2-1の山田さんが窓の外を眺めているとき、筆者は彼女が何を見ているのだろうか、外には何があるのだろうかと思いを巡らす。目を合わせたり、言葉を交わしたりすることはないのだが、彼女の窓の外を眺めるという行為は、周りの人間に、彼女の視線の先を追うことに導くコミュニケーションを生み出している。

そして、事例2-2では、時間を持て余した藤原さんから「窓際に連れて行ってくれ」と頼まれて、窓際の外の風景の見える場所に藤原さんの車イスを移動させた。藤原さんが窓際で外の風景を眺めて時間を過ごすことはよくあった。藤原さんだけでなく、城島さんもよく窓際で外を眺めていた。窓に向かって斜めに置かれたイスに座った城島さんが外を眺めていて、「城島さん、こんにちは」と声をかけると、「外ばっかり見ている」と返答したことがあった [030530]。特養では、屋内にいて、何を見るともなく窓越しに外に目をやっている居住者の姿をしばしば見かける。

対象を見つめる

屋内から窓越しに何を見るともなく外に目をやっていることがある一方で、屋内にはない対象を窓越しに見ていることがある。観察した2事例を紹介したい。

【事例2-3】[030521] 「あそこの桜の木はきれい」。フロアで東浜さんが外に見える桜の木を指さしながら言う。「何度見ても飽きん。だから次の年が楽しみになる」と桜の話を続ける。特養で定期購読していた花の雑誌の桜が咲いている写真のページを私が開いて東浜さんに渡すと、喜んで読み始めた。続いて、東浜さんは自分を指さして「桜よりもきれいやろ⁉」と同意を求める。冗談として受け流していい顔を東浜さんはしていなかった。私はどうにも返答に困り、ごまかすために笑ってみるが、再度返答を求められる。意を決して「そうですね。東浜さんの方が桜よりもきれいですね」となんとか絞り出す。東浜さんは私の返答に満足そうな顔をしていなかった。

【事例2-4】［030530］　昼食後藤原さんの車イスを押して移動していると、山内さんと島田さんがフロアで何やら話していて、山内さんに私たちは呼び止められる。窓の外を指さして、「あの笹の横にある黄色いやつ」と言う。窓から見える竹林の横にある木に黄色いものが生っているように見えるけど、あれはビワだろうかと尋ねられた。遠くてよく見えないらしい。私にもはっきりとは分からなかったのだが、「そうじゃないですかね」と曖昧な返答をした。島田さんは、「ビワがあんなに生っとうたいね（生っているんだね）」と応答する。そこに内川夫妻がやってきて、彼らを交えて、ビワ談義に発展していった。しばらくビワ談義に耳を傾けていたものの、藤原さんが話の輪に入れていなかった。そこで輪から離れようと車イスを動かし始めたとき、山内さんが「私たちは見とく（見ている）だけ」と話す。「そりゃ、取っちゃダメですよね～」と山内さんの真意は分かっているつもりで私がはぐらかすと、「あそこまでは行けない」と山内さんは続けた。藤原さんとの屋内の散歩はその後、廊下を巡って終えた。内川夫妻も同じように夫が妻の座る車イスを押して屋内を散歩していた。

二つの事例で対象として居住者が見つめていたのは、いずれも自然物であった。事例2-3では桜の木、事例2-4ではおそらくビワを居住者は窓越しに見て、筆者との話題に上っていた。翻って屋内を見渡してみると、1章の「居住者との出会い」で確認したように、屋内にある自然物は人間と熱帯魚と鉢植え・切り花くらいで、それ以外はほぼ人工物であった。事例2-3で筆者が東浜さんに雑誌に載っていた桜の写真を見せていたのは象徴的である。屋外には桜の木があって、桜の花が咲いていて、屋内には桜の雑誌が置いてある。外の自然物とのコントラストで、特養の屋内が人工物の空間であることが際立つ。

そして、事例2-4で山内さんが「私たちは見ているだけ」と話していたように、窓越しに見ている対象は「見ているだけ」の対象である。望むように移動できない多くの居住者にとって、窓越しに見ている対象に近づくこと、角度を変えて眺めること、匂いを嗅ぐこと、そして手に取ることを一人で実現させることは難しい。筆者が藤原さんの車イスを押し、また内川夫婦も車イスを押して、屋内のフロアと廊下を回って散歩を終えたように、特養の居住者において屋内に留まることが通常であった。

屋内にはない対象を窓越しに見て、あれこれと言葉を交わし合う。窓は注目する対象を屋内にいる者に提供して、その対象に関する会話の機会を提供する。もし窓がなかったら、見つめる対象を屋内で探さなければならず、注目する対象は限られ、一緒に見て会話する機会はもっと限られるだろう。窓の価値はとても大きい。一方で、特養において窓越しに「見ているだけ」で屋内に留まっている居住者の姿は切ない。安全な屋内空間に身を置き、窓越しに対象を見つめて、会話の種にする。何が切ないのだろうか。直接手に取れなくても近づくことはできないだろうか、違う角度から眺めることができないだろうか。それらを実現することは難しいことなのだろうか。

外気に触れる

「朝になって鎧戸を開くということは、いつも同時に、世界との新たな接触のために人間がよろこんで自己を開くということである」[13]（p.152）。鎧戸を開くとき、光、音、そして外気と新たな接触をする。暗闇から明るみへ、静寂から喧騒へ、そして馴染んだ空気から新鮮な空気へと転換する。ボルノウによれば、そのような接触のために、人間はよろこんで自己を開く。特養に居住する人たちにおいてはどうだろうか。ここで取り上げるのは、窓を開けることで、遮られていた外気に触れることである。筆者が立ち会った2事例を紹介する。

【事例2－5】［020830］　今日は台風が近づいていた。台風が気になる私はたびたび窓の外を眺めていた。山内さんも台風が気になるのだろう、自ら窓を開けて外の様子をうかがっていた。その後、山内さんと私に藤原さんを加えて空模様の話をした。

【事例2－6】［020919］　大道さんが座る車イスを押して廊下を移動していたとき、「強い風やね」と窓から入ってくる風について大道さんが口にした。「（窓を）閉めましょうか？」と私が尋ねると、「いや、いい」と返ってくる。「気持ちいいですか?」とさらに尋ねると、「気持ちいい」と大道さんは応じた。今日は多くの窓を開け放っていた。夏は終わりに近づき、暑さが収まってきたので、エアコンを止め、窓を開け放っていたのだろう。

窓を閉じていると、通常雨風の心配をする必要はない。雨風をしのぐ安全を確保することは大事である。事例2-5のような台風が近づいているとき、窓を閉めることで、屋内で安全に外の様子を眺めることができる。その一方で、雨風は窓越しに眺めているだけでなく、事例2-6の大道さんのように体感するものでもある。事例2-5において山内さんが自ら窓を開け外の様子をうかがっていた。屋内で雨風の様子を眺めているだけでは満足できずに、雨風に直接触れて、台風の様子を知ろうとしたのだろう。

また、事例2-6で大道さんが体感していたのは、夏の暑さが収まり、秋の気配が訪れつつある季節の風であった。事例2-5の台風がやってくるのはまれで夏から秋の時期に限られる。窓を開けて触れる外気から、居住者は時間や季節の変化を体感することができる。

さて、2事例を通して見出したのは、窓を開けて外気に触れることに対して肯定的であった居住者の姿であった。次に紹介するのは、窓を開けて外気に触れることを回避していた事例である。

【事例2-7】［030502］ 午後になって、廊下をブラブラと歩いていた。水田さんが居室のベッドの縁に座っていたので、「水田さん、ヒマですか?」と私は声をかけた。すると、「いつもヒマよ」と苦笑して返してきた。そこで「外にでも行きますか?」と誘ってみた。水田さんは「それもよかけど、寒いからドアを閉めてくれない」と返した。そこで、居室の出入口であるドアの引き戸の片方を閉めた。しかし、水田さんはまだ寒いようで、窓が開いていないかと尋ねた。窓を見ると開いていた。水田さんは視力を失っているので、代わりに閉めようと窓の方に向かった。窓側のスペースで、内之倉さんと新里さんがそれぞれベッドで横になっていた。窓に近づく私を内之倉さんがかすかに見ているように感じたので、内之倉さんに「寒いですか?」と尋ねた。すると、ベッドで布団を掛けている内之倉さんが「寒い」と応え、さらに「窓を閉めてくれ」と求めた。後に、山内さんにも今日は寒いか尋ねると、「風が強くて寒いね」と返答があった。

この日はこの春一番の暖かさで、20度後半に気温は上がった。風はいくらか吹いていた。筆者は寒いと感じなかったのだが、尋ねた居住者から「寒い」と返ってきて、高齢者の寒さの感じ方が筆者と違うことをあらためて思い知らされた。

窓を閉じていると匂いがこもってしまう。そこでスタッフや居住者は機会を見つけて窓を開け放ち、換気をしている。しかし、居住者は外気を冷たく感じて、事例2-7の水田さんや内之倉さんのように窓を閉めるよう求めることや、1章の「居室にいる」の西村さんのように、自ら窓を閉めてしまうことがある。

特養では、居住者、スタッフをはじめとする出入りする人たちの心理的環境はそれぞれ異なっている。匂いを換気することを望む人もいれば、寒いと感じてしまう人もいる。窓を開けて外気を取り込むことが歓迎されるとは限らない。屋内で外気に出会うことを望んでも、集団で生活している特養では限りがある。

ベランダに出る

人間の住居の壁にはベランダやバルコニー（ベランダに庇が付いていない場所）が突き出ていることが多い。シェイクスピアの戯曲『ロミオとジュリエット』では、バルコニーでジュリエットがロミオへの愛を独り言のように語り、その語りを外にいたロミオが聞いて、お互いの想いを知ることになる。バルコニーは屋内が拡張した場所でありながら、外に直接通じている。そのため、ジュリエットは屋内では言えない想いを、屋内が拡張したバルコニーで語り、外にいたロミオの耳に届いてしまう。このように境界領域である外縁では事が起こりやすい。

この特養の二階から上の階の窓の外にはベランダが続いていた（図1-1を参照）。そのベランダは、車イスが一台通ることのできるほどの幅があり、低いコンクリートの壁の上に手すりが付けてある。この外縁で、居住者にどのような事が起こりうるのだろうか。

外への思いを募らせる

門田さんがベランダに出ているのを初めて目にしたのは［021001］であった。窓際に車イスを停めて立ち上がり、窓枠を越えてベランダに出て行こうとしていた門田さんに気づいたスタッフが声をかけ近寄っていった。筆者は遠目から見ていたので、やりとりの中身は分からないが、門田さんの説明にスタッフは納得したようで、外に出た門田さんの横にスタッフが付き添い、ベランダをしばらく歩いていた。この1か月ほど前の［020820］には、スタッフリーダーのあいだで、居住者がベランダに出てトラブルが起こることを懸念していた。上記の門田さんが外に出ようとしていた際にも、スタッフが付き添ってベランダを歩いていた。その後に門田さんがベランダに出ていた2事例を検討する。

【事例2－8】［021015］ 先日［021001］門田さんがベランダに出ていたことを、窓を開けて、窓の外を眺めながら私は思い出していた。すると、門田さんがスッとやってきて、自分で隣の窓を開けて、車イスから立って、ベランダに出て行った。転倒する心配があり、門田さんに続いて私もベランダに出た。門田さんは、近くの住宅を指さしながら建てられた時期を私に尋ねた。

【事例2－9】［021108］ 昼食が終わり、私は手持ち無沙汰にフロアをウロウロしていると、ナースコールに向かうスタッフの一人が「門田さんが外に出ている」と周りに聞こえるようにつぶやいていた。ベランダに目をやると、門田さんがいつもの場所でベランダに出ていた。私はベランダに出て門田さんの隣に立って、門田さんと同じようにベランダの手すりに寄りかかり外に視線を向けた。ベランダは少し寒かった。門田さんと話したのは、向かいにある家の土地の広さ、特養の関連病院の位置、特養と病院のあいだにある商店の位置、それから門田さんが時々訪れるホームセンターとスーパーが併設するショッピングセンターに関することであった。さらに、門田さんが私にショッピングセンターの位置や自動車に乗って移動にかかる時間を尋ねた。

普段車イスに座っている門田さんがベランダに出て行き、手すりにつかまって立っている。転倒しないか、柵から落ちてしまわないか心配になる。ベランダで事が起こるといっても、事故が起こることは望んでいない。居住者がベランダに出るとき、事故が起こることは避けたい気持ちに駆られる。一方で、門田さんがベランダに出て柵につかまって外を眺めていることは、彼にとって必要なことであって、周囲の人間はこの機会を支えこそすれ、壊してはいけない気持ちにもなる。

門田さんと筆者が柵に寄りかかり遠くを見渡しながらたあいのない会話を交わすこと、言い換えると、門田さんと筆者が横に並んで遠くの何かを対象にしながら会話することは、ベランダ以外では実現しない貴重な時間であった。窓越しに外を眺めていることと同様に、ベランダの向こうに飛び出すわけにはいかないので、対象に近づくこと、角度を変えて眺めること、匂いを嗅ぐこと、それから手に取ることはできない。門田さんは、外への思いを募らせ、直接対象に向き合って、その対象を筆者と共有した。ガラス窓で隔てられていないベランダは、距離はあるものの、対象と直接つながることができていた。

家に帰る

ベランダに自ら出て行こうとした居住者は、門田さんともう一人、柴原さんがいた。門田さんと柴原さんは、歩行の確かさや言葉でのやりとりに違いがあった。当時門田さんの普段の移動は車イスを利用していたものの、短い距離であれば一人で歩くことができた。一方で柴原さんは支えなく歩くことは難しかった。また、門田さんは耳が遠いこともあり意思疎通ですれ違うことがしばしばあるものの、話すことができて、言葉でのやりとりができていた。柴原さんはわずかに出てくる言葉があるものの、こちらの言っていることが届いていないと思えることが多かった。ベランダに自ら出て行こうとした門田さんと柴原さんでは、柴原さんの方がベランダで倒れる可能性が高く、意思疎通は難しかったため、筆者の対応は違っていた。

柴原さんが〔021011〕と〔030314〕の2度窓を開けてベランダに出ようとした際には、筆者が無理やり思いとどまらせて、一階に降りて屋外に出たことがあった。その後、柴原さんがベランダに出た際には、筆者も一緒にベランダに出ていた。柴原さんがベランダに出た2事例を紹介したい。

両事例ともできるだけ短くしたものの、ベランダに出るまでの過程も記しているので長尺であることをご容赦いただきたい。

【事例2-10】〔030905〕 午前中に会った柴原さんは体調がいいようであった。声を出し、顔を掻き、髪をかきあげ、タオルで口を拭いていた。体調が悪いと声が出ないし、自分の身体をケアできない。そんな柴原さんが私に声をかけてくる。

柴原：「すいません」

松本：「どうしました？」

柴原：「家に帰る」

松本：（返答に窮して）「遠いですよ」
柴原：「近い」
松本：「近いって、どこなんですか？」

柴原さんは沈黙したものの、決して引くことはなく「帰る」と言い続けた。そして車イスから立ち上がろうとする。自立歩行は難しいので、柴原さんに座るよう勧める。一旦、座ってくれる。立つ理由を尋ねると、「家に帰る」と返ってくる。一人で立ち上がると危ないので、「どこが家なのか探しに行きましょうか？」と誘ってみた。柴原さんはしっかりと頷いた。

柴原さんは次に行きたい方向を指さしてくれる。ある居室を指さすので入っていく。この居室の住人が不在であることを私は知っていたので、遠慮なく窓際まで進んでいく。窓際に到達すると、柴原さんは立とうとする。「柴原さん、外に出たいんですか？」と尋ねると、頷いたのか、「外に出たい」と答えたのか、いずれだったか覚えていないのだが、とにかくベランダに出ることを求めた。これまで柴原さんとベランダに出たことがないので私は躊躇した。そのときは我慢してもらって、居室を後にした。そして、廊下を通ってフロアに出る。窓際に向かって車イスを近づけ、私は横にイスを持ってきて座った。柴原さんはふたたびベランダに出ようとする。車イスの肘置きをそれぞれ左右の手で握って、足はしっかりと踏ん張り、足を震わせながら立とうとする。歯を食いしばり真剣そのものの表情であった。危ないのでふたたび座ってもらうよう求めるも、柴原さんは「出る〜」と訴える。「外にですか？」と窓の外を指さして尋ねると、柴原さんは強く頷く。「じゃあ、外に行きましょうか？下に降りて」と私が別の案を示すのだが、柴原さんはピンときていない様子であった。柴原さんは漠然とした外ではなく、そこ、つまり目の前に見えるベランダに出たいのだろう。しかし、私にはベランダに出た後の対応に自信がなく、「柴原さん、外に行きましょう」と強引に行き先を決めて、エレベーターホールに向かった。そして、一階に降りて玄関を出た。外に出ても、柴原さんはどっちへ行きたいと指し示さない。そのため、玄関前を10分ほどウロウロして、柴原さんが「戻る」と言うので、建物の中に戻っていった。

二階に戻ると、柴原さんはふたたび「家に帰る」と訴え、車イスを立とうとする。「とにかく、昼食を食べた後で」と先延ばしにして、柴原さんの気持ちが収まることを期待した。柴原さんは昼食をとり、リハビリをして、レクレーションの時間に94回目の誕生日を祝ってもらった。祝ってもらっていることを理解していない様子であった。その後に、柴原さんがふたたび立ち上がろうとした。どこに行くのか尋ねると、「家に帰る」と答える。「でも、どこに帰るのか住所分からないでしょう?」と尋ねると、少し考えて「肉屋の裏」と答える。どこの肉屋の裏かと尋ねる。柴原さんはその質問には答えない。「肉屋の裏」と何度か繰り返し、その後「ビックリする」と数回言われる。「何がビックリするのですか?」と尋ねると、「小さい」と言うので、「ビックリするくらい肉屋が小さいんですか?」と尋ねると、「違う」とはっきり答える。そして、「肉屋は大きい」と言い、「小さいのは自分の家だ」と笑って続ける。私もおかしくて、「小さくてビックリするのは柴原さんの家なんですか～」と冗談めかして繰り返した。

そうこうしていると夜勤のスタッフが出勤してきた。出勤してきた柴原さんの担当スタッフ※が柴原さんに近づき、柴原さんの話を聞いていた。柴原さんが帰りたい旨を訴えることに対して、「自分だけではかえれんやろう（帰れないでしょう）?」と諌めていた。それに対して、柴原さんは私を指さし、スタッフに何かを言う。そのスタッフは「あのお兄ちゃんが連れて行ってくれるって?」と柴原さんの言葉を代弁した。私は困ってしまった。

ふたたび柴原さんの家を探しに行くことにした。ある居室に入っていく。部屋にいた居住者に断って、掃き出し窓の前に陣取る。しばらく窓の外の様子を観ていたが、柴原さんは立ち上がり外へ出ようとする。少し迷った後に、諦めがついた、もしくは覚悟ができたというのか、私は柴原さんとベランダに出ることにした。

屋内に置いてあったイスを窓から外に出して、柴原さんがベランダで座れるようにした。次に、柴原さんの手を私の手で握って、ベランダに誘導した。柴原さんは窓のサッシに足をかけて、なんとかベランダに出て、イスに座った。しばらく座っていた後に、柴原さんは立ち上がりベランダを移動しようとする。イスをどけようとしていたとき、先ほどの担当スタッフがベランダに出てくる。柴原さんが帰りたいと言ってベランダに出てきたことを伝えると、そのスタッフは楽しそうに柴原さんの来歴を私に話す。柴原さんが話していた通り、柴原さんの家は肉屋の裏にあったそうだ。スタッフは「おめでとう!」と柴原さんに誕生日のお祝いの言葉を伝え、「今年の目標は何かな?」と尋ねるも柴原さんの答えを待つことなく、「家に帰ることかな?　じゃあ、もっと歩く練習せんとね～（しないとね～）」と、楽しそうに話して屋内に戻って行った。

※この特養では、複数人の居住者に一人のスタッフが担当者として割り当てられていた。

イスに座っていた柴原さんは車イスをベランダに出せと求める。手振りを見ると、ベランダを回ろうと要求しているようであった。しかし、ベランダの床が汚れていて、車イスのタイヤが汚れ、屋内の床も汚してしまうことを想像して、私は躊躇した。しばらく外にいた後、「(屋内に)戻ろう」と柴原さんに伝え、屋内に戻り車イスに座ってもらって、ベランダへの外出を終えた。

時計の針は午後5時を指していたので、私が帰る準備を始めると、柴原さんが私を呼び止める。柴原さんの口元に耳を近づけると、「家に連れて行ってね」と言っている。私は困ったなと思いつつ「そうですね…」と言葉を濁して立ち去ろうとすると、再度呼び止められる。そして、また同じ言葉をかけられる。私はふたたび困ったなと思いつつ言葉を濁して、その場を離れた。

柴原さんはベランダに出ると、家に帰ることができると認識していたようだった。柴原さんにとって出入口は玄関ではなく、窓であった。ベランダに出たとして、家に帰ることが叶わないことは筆者にとって明らかだった。それでも、身体の調子がよく、意思を表明することができていた柴原さんはベランダに出て、家に帰ることを繰り返し求めた。筆者は柴原さんがベランダで転倒することや対応できない事態になることを恐れて、ベランダに出ることを回避し続けていた。ようやく諦めがついた、もしくは覚悟ができた後にも、ベランダにイスを出して、そこに座ってもらうことに留まっていた。車イスをベランダに出して、汚れたベランダを移動して、屋内に戻った後に、車イスのタイヤを拭けばよかったと今振り返ると思う。そんな筆者の及び腰など柴原さんは意に介さずに、ベランダ経由で家に連れて帰ることをどんどん求めてくる。この日はなんとかやり過ごせたので、柴原さんが忘れてくれるといいのだが、そう筆者の都合よく柴原さんの時間は過ぎてくれない。次に紹介するのは、1か月半後の事例である。

【事例2-11】［031017］　午前中、私がほうきを持って掃除していると、柴原さんが手を上げて呼んでいる。柴原さんは今日調子がよさそうだ。

柴原さんのところに行くと、「帰る」と言っている。「帰るってどこに帰るんですか？」と私は少し困って尋ねる。柴原さんは「家に帰る」と明確に言っている。さらに「柴原さんの家はどこなんですか？」と尋ねると、「○○」と言ったように聞こえた。柴原さんの家は別の場所だと聞いていたのでもう一度尋ねてみると、「○○」と再度答える。実家だろうか。柴原さんがじっとこちらを見つめてくるので、目を逸らして、柴原さんの斜め前に座っていた居住者に「○○ってどこでしたっけ？」と尋ねてみる。「○○の近く」と答える。隣にいた居住者と短い会話を交わした後に、私は柴原さんの車イスを押して屋内を巡り始めた。柴原さんはある居室を指さして、入るように求めている。しかし居住者がいたので、入ることはせずに移動した。すると、次の居室に入れと指をさす。その居室の住人を思い浮かべて、彼らは気にしないだろうと判断して、居室に入っていくことにした。窓際にたどり着くと、やはり柴原さんはベランダに出るために立ち上がろうとした。柴原さんが立ち上がるのを一旦止めて、どこに行くのか尋ねた。すると、窓の外を指さす。「こっちには家はないですよ」と収束しようとけん制するも、柴原さんは動じない。前回（事例2-10［030905］）ベランダに出たときに何も起こらなかったので、とにかく出てみようと思い立って、柴原さんの身体を支えてベランダに出た。柴原さんはベランダに出て、右左と順番にしっかりと凝視していた。前に進んでもらって、ベランダの手すりにつかまってもらった。

そこへシーツ交換をしていたスタッフが通りがかり、こちらに気づき近づいてきた。「柴原さん、歩いているんですか～」と声をかけて、シーツ交換に戻っていった。柴原さんは手すりから手を放し、右の方向へ歩き出そうとした。柴原さんの背後から、私の右腕を柴原さんの脇の下から入れて腕を抱えるようなかたちで支え、私の左腕は柴原さんの腰辺りを支えていた。いつ倒れてもいいように体を支えていた。柴原さんは、左手にある柵につかまりながら、身体は前のめりで私の手を放したら今にも倒れそうだが、一歩一歩しっかりと歩を進めていった。柴原さんが歩いている最中、「もう戻りませんか？　そっちに家はないですよ」とやんわりと止まってもらえるように促すのだが、柴原さんはまったく意に介さず真っ直ぐに視線を向けて進んでいった。そして、10ｍほど進んだところで柴原さんは立ち止まった。柴原さんに「疲れてないですか？」と尋ねるも、首を横に振る。「こちらには家はないから逆の方に行きましょう」という私の提案に対して柴原さんから明確な反応は見られなかったが、逆方向に方向転換をし始めた。しかし、柵を使って逆方向に身体を向けるのは柴原さんにとって難しい動作で、私が柴原さんの手を取って導くことで柴原さんの身体を反転させた。そして、逆方向、つまり出てきた窓の方へ戻っていった。予想通り、車イスの置いてある窓付近で止まる気配はなく、そのまま進んでいった。依然柴原さんの足取りは衰えず、しっかりとした足取りで歩いていく。窓に面した部屋からスタッフがスタッフリーダーに「松本さんが云々」と話している声が聞こえる。スタッフリーダーが「あら～、ありがとうございます！」と言いながらベランダに出てきた。私は柴原さんを支えた体勢で、家に帰ると言ってベランダに出ていること、家に帰ると言ったときはなぜかベランダに出ようとすることを説明した。スタッフリーダーは柴原さんが家に帰ろうとしている背景には、家族が最近来ていないことがあるかもしれないことを匂わせて、屋内に戻って行った。

柴原さんはさらに進んでいくも、ある地点で立ち止まり引き返そうとした。私は先ほどと同じように柴原さんの手を取り反転を導く。そして、逆側に進んで行った。柴原さんがどこに戻ればいいのか困ったような顔をしていたので、「あそこの窓のところに柴原さんの車イスがありますよ」と声をかける。柴原さんが「あそこ」と指さしたので、私は頷いた。車イスが置かれている部屋の前まで柵をつたって歩いてきて、そこからは私が支えるかたちで、なんとか窓のサッシを越えて車イスに座ってもらった。柴原さんはいくらか疲れたようで、最後の方は足元がおぼつかなかった。しかし、「疲れましたか?」と尋ねると、「疲れとらん」と返答した。

フロアに置かれているテーブルの前に柴原さんを送り届けて、私は掃除に戻った。柴原さんは、いくらか名残惜しそうにしていたが、午前中私に声をかけることはなかった。昼食前になると、疲れたのか、テーブルに頭をつけて寝ていた。

柴原さんは家に帰るために、掃き出し窓を乗り越えて、ベランダに出た。ベランダを右に進み、家にたどり着かないことに気づいたのか、次は左に進んでいった。それでも家にたどり着くことはなく、屋内に戻り車イスに納まった。1か月半前の事例2-10と違い、この日は柴原さんの希望を叶えることができたのではないか。なぜなら、柴原さんの家にたどり着くことはできなかったが、できる限りのところまで進んでいった。そして、前回はベランダに出た後も繰り返し家に帰ることを求めていたのに対して、今回はベランダに出た後に筆者に声をかけることなく疲れて眠っていた。

同様の事例を、宅老所よりあいを運営する村瀬[66]が記している。キクさんが村瀬の腕を抱えて行き先が分からず、いつまで歩くのか分からないなか歩き続ける。30分歩き顔をゆがめて立ち止まる。村瀬が座ることを勧めると、歩き始める。60分歩き続けて、キクさんは疲れ果てて村瀬の腕を解放した。最後は2人で途方に暮れながらも心地よいものだったと結ばれている。

老いを理解することは、このような過程を経てはじめて可能なことではないか。しかしそれは、どういうことだろうか。

たびたび取り上げる通時的な行為の可能性の総体である生活空間の具体例として、レヴィンは夫婦の領域と移動を挙げていた[54]。夫と妻はそれぞれ空間を分割する領域の認識、そして自分が意図した移動と相手に期待した移動がある。しかし、相手は期待していた移動と異なる移動を行い、また空間を分割する領域の認識も違っている。夫婦は各々期待していなかった相手の移動を理解することが必要である。

同様に、高齢者が自らの欲求によって移動していくとき、非-高齢者である筆者や村瀬[66]は、高齢者の意図している移動や彼らが認識している空間の領域が分からない。ベランダを進むと家にたどり着くという柴原さんが認識する空間の領域がどうなっているのか、筆者には分からない。村瀬においても、キクさんがどこに向かって歩いていて、今どこにいるつもりなのか分からないだろう。まずは、非-高齢者が期待した移動とは異なる移動を高齢者は行い、空間を分割する領域の認識も違っている。

すなわち同じ物理的環境（地理的環境）にいながら、心理的環境（行動的環境）にズレが生じる。上記の夫婦においてはそのズレの理解を両者で行うのであるが、本書ではひとまず、非-高齢者の視点から高齢者との心理的環境のズレを理解してみよう。それが老いを理解する糸口になる。柴原さんが繰り返しベランダに出て家に帰ることを求め、ベランダに出た後にも力を尽くして歩いていたことから、彼女にとってベランダに出ることは家に通じていたのだろう。

軒下で外を向く

外縁の一つとして軒下が挙げられる。建物と都市空間について研究を行うゲール[23]は、広い平地や浜は縁のゾーンが埋まった後にしか利用されない調査結果を紹介したうえで、その理由として空間の真ん中よりも縁にいるほうが体をむき出しにせずにすみ、人の邪魔にならない、さらに背後が保護されているので、目の前の半円のゾーンを見ておけばいいことなどを挙げている。そして、広い空間に面した建物の外縁の有利な点について、広いところに出て行くことも、家の中に戻ることも、そのままそこにいることも自由にできることを挙げていた。

屋内と屋外を兼ねた中間領域として、日本の家屋にはかつて「縁側」[64]があった。縁側は人が腰かけて足が地面につく高さに設えられ、屋根を備えていて、障子の位置は軒先から後退した位置にある。

これから検討する特養の建物の外縁にある軒下は、雨に濡れずに外気に触れることができ、背面が狭く安全で、屋外に広がる風景を眺めることができる場所である。特養の居住者は、軒下をどのように使用しているのだろうか。どのような対象に出会い、対象との出会いに伴いどのような行為が生まれているのだろうか。

時間を過ごす

玄関先まで出て行くものの、空模様によっては屋外へ出て行くことに躊躇を覚えるときがある。そんなときには、建物の軒下や玄関の二重になっている自動ドアのあいだに留まって時間を過ごすことがあった。軒下で時間を過ごすことについて、2事例を紹介する。

【事例2－12】［091130］ 居室で、山内さんが気に病んでいることをひとしきり聞く。話が落ちついたところで、外へ出ることを私が提案すると、山内さんはその提案に応じる。

エレベーターで一階に降りて、玄関から外に出る。先ほどまで雨が降っていた。今は止んでいるのか、まだ降っているのか、その判断ができなかったので、山内さんが座る車イスも一緒に軒下から出てみる。山内さんは両手の手のひらを開いて上に向けて、雨粒が落ちてくるかを確かめている。雨は一旦止んでいるようだった。

構内から構外に出かける。散歩中、山内さんは心配して「雨が降り出さないだろうか」と何度か私に確認した。30分ほど散歩して、特養にもう少しでたどり着くというところで雨粒が少し落ちてきた。山内さんは、雨が降らなかったこと、天気が持ってくれたことをありがたく思っていると話す。構内に戻り、建物の軒下に入って、しばらく柵越しに見える車や歩行者を目で追ったりして時間を過ごした。

【事例2－13】［041126］　午前中、加藤さんが中央のフロアに向かって車イスを進めていた。私は近づいて行き先を尋ねると、食事に向かっていると言う。しかし加藤さんの食事場所は進行方向とは逆であった。そのことを伝えると、困った様子で「今、初めてだから分からない」と応じる。

午後、雨が降ってきたため外へ出ることは叶わなかった。そこで、軒下で外の空気に触れることと外の風景を見ることで加藤さんの気分が変わることを期待して、一緒に玄関に向かった。雨が降っているためか外気は冷たく、自動ドアが二重になっているそのあいだで外を一緒に見ながら、加藤さんの話を聞いて、しばらく時間を過ごした。

事例2－12では、軒下から屋外に出た際に、山内さんが手のひらを上に向けて雨粒が落ちてこないか確認していた。また、散歩をしているあいだに雨が降り出さないだろうかと心配して、雨に降られずに帰ってこられたことに感謝していた。

車イスは自動車のような屋根を持たない。雨の中を車イスで進むには、傘をさす必要がある。しかし、車イスに座る居住者が片手で傘をさすと、座位が安定しなくなる。また、傘をさし続ける腕力を居住者に期待することはできない。一方で車イスを押す筆者が傘をさすと、車イスを押す手が足りなくなる。雨が降ると、山内さんを含めた車イスに乗る居住者は屋外に出て行くことができない。外に出る際には、雨が降り出す心配を歩行者以上にしなければならない。

事例２‐12から明らかになるのは、一つに、雨は意識を向ける対象になりうることである。この当時気に病むことが多かった山内さんは、雨が降り出さないか心配をして雨粒が落ちてくるかを確認しているあいだは悩みを忘れていたように見えた。二つ目に、雨を遮ってくれて、外気に触れることのできる軒下という場所の価値である。山内さんとの構外への散歩の前後は軒下で時間を過ごしていた。雨に濡れたくはないが、外に出て外気に触れたいし、屋内とは異なる風景を見たいという良いとこ取りを実現するのが軒下という場所である。

次に事例２‐13を記録した当時、加藤さんは認識が混乱していて、また感情の起伏が大きくてやりとりが難しい時期であった。前週［041119］には夫や妹が亡くなったことを忘れていて、翌週の［041203］には訪れた兄に亡くなった妹の体調を尋ねて仰天されていた。事例２‐13では、いつも食事をしている席のある場所とは別の場所に向かっていたので違う場所であることを伝えると、２年以上居住している特養であるにもかかわらず「初めてだから分からない」と答えていた。この日の午後は雨が降って外へ散歩に出ることが難しかった。せめて外の空気に触れて、外の風景を眺めることで、加藤さんの気分が変わって認識の混乱や感情の振幅が小さくなることを期待して、玄関を出て軒下に出てみた。外の空気はとても冷たく、軒下から玄関の二重の自動ドアのあいだに戻って加藤さんの話を聞いていた。二重の自動ドアのあいだは、外の空気や風が直接建物の内に入っていかないための緩衝地帯である。軒下に比べると空気は冷たくなく、しばらく時間を過ごすことができた。

雨に向き合う

軒下で雨に出会う。雨は水である。水は水生動物にとって媒質であるが、陸生動物にとって物質であって媒質ではない[24]。陸生動物である人間にとっての空気と同様に、水生動物にとって水はいつも取り囲んでいる媒質であり、その外に出ることはできない。一方で、陸生動物にとって水は物質であり対象になる。

その水が雨として空から降ってくる。パラパラと降る小雨のときは抵抗が小さく、外へ出て行くことは可能である。一方で、大雨になると抵抗が大きくなり、その中を進むことは困難になる。大雨は、抵抗が大きいだけでなく、見通しを奪い周囲の景色を見えにくくする。その大雨は、建物の屋内や軒下であれば、しのぐことができる。そして、大雨を軒下から直接見ることができる。

紹介・検討するのは、建物の軒下で和田さんが雨と向き合っていた事例である。この事例は、軒下で雨をしのいでいた点では事例2-12および2-13と重なるものの、和田さんの雨と向き合う姿勢は後にも先にも見たことのない、強いものだった。

【事例2-14】［080628］　玄関の自動ドアを出ると外は大雨だった。雨が落ちてくる軒先まで進んで、「雨がずいぶん降っていますね」と私は和田さんに声をかける。和田さんは斜め上に視線を上げて落ちてくる雨を見ていた。軒下で車イスを移動させ、車イスを外に向けてタイヤにブレーキをかける。私は地べたに腰を下ろす。

「久しぶりですね。入院されていたから」と話しかけると、「入院して退院したと思ったら、また入

図２−１　雨に向き合う

院……」と和田さんは自嘲気味に力なく笑う。「お尻は入院される前に比べて、どうなんですか？」と尋ねたものの返答はなかった。「入院される前のお尻の痛みと、おできを取って退院された後ではどっちが痛いですか？」とあらためて尋ねる。和田さんは質問が理解できていない様子で、「覚えとらんね〜」と返す。

和田さんの目はしっかりと開いて、激しく降る雨の風景を見ていた。屋内ではここしばらくよく目を伏せている。目を開けているのがわずらわしいのか、見るものがないのか。ここでは目をしっかりと開いて前をじっと見据えている。雨が「強くなってきましたね」と声をかけると、和田さんは頷く。言葉はなく、最小限の応答だった。外の風景を貪欲に取り込もうとしているようだった。

お尻に痛みが走ったのだろう、目を伏せ顔

をしかめる。「痛いですか、帰りましょうか?」と提案するも、「我慢できんほどじゃない」と断られる。この後、目を伏せ顔をしかめるだけでなく、身体を傾け始めた。車イスの肘掛を握り締め、身体を前傾させ痛みを散らしているようだった。痛みが一旦引くと、和田さんは身体を伸ばし、あらためて雨を見据える。「帰りましょうか?」と何度か確認する。「まだ大丈夫」と答えたり、首を横に振ったりすることで返答する。5回目の痛みがきた後、辛そうにしているので、「そろそろ帰りましょうか?」と促すと、和田さんはこくりと頷いた。「早く戻りましょう」と声をかけて室内へ入って行った。15分程の屋外であった。

車イスに座っているときに顔をゆがめてお尻が痛いことを和田さんが訴えるようになったことは、事例2-14の1年ほど前［070723］から記録している。座っていられないので、楽しみだった食事が楽しみではなくなり、外に出る時間は短くなった。外に出た際には、会話することが減り、空をあおぎ見ていること、外の風景にじっと目を凝らしていること、それから風や空気を体感している様子を記録している［071019］。当初はお尻の筋肉が落ち、お尻の骨が車イスに当たって痛がっていると家族やスタッフから聞いていた。その後にお尻におできができていることが分かり、入院しておできを切り取った。入院中に筆者が病室を訪ねたときには、おできがなくなって、和田さんの体調はよさそうであった［080314］。

しかし、事例2-14の前日［080627］に、散歩に出かける約束を和田さんと交わしたのだが、外出は実現しなかった。この日は特養内で催された運動会に参加していたものの、和田さんはお尻が痛くて身体は強張り顔をしかめていた。スタッフやスタッフリーダーが車イスの背もたれを倒して身体を横に向けるなど姿勢を何度か変えたものの、和田さんはベッドで横になりたいと訴えて、居室に戻った。和田さんは姿勢を自ら変えることができなくなっていた。仰向けで寝ているとお尻が痛くなるので、ベッドの柵につかまり背中を起こそうとするのだが、姿勢を変えることはできない。ベッドサイドには体位交換のチェック表が掛けてある。やってきたスタッフに和田さんが自ら姿勢を横にできなくなっていることを確認した。※ 身体の老いが進んでいるのは明らかだった。それらの背景の中で実現した外出が事例2-14である。

この事例における和田さんの雨を見る姿は、筆者の心配を寄せつけない力強いものであった。このときの和田さんの姿や和田さんとのやりとりを、筆者は今でも思い出すことができる。激しく降る雨に向き合っていた。あのとき襲ってきた痛みに耐えながら雨に向き合う時間を懸命に延ばし続けていた和田さんの姿は、また出会えるか分からない雨や空や風や空気、そして周囲の景色との別れを拒んでいるかのような懸命な姿であった。屋内に帰ることを無理強いできない、彼女の気の済むまで居るしかない、居なければならないと思わせられる和田さんの姿であった。

事例2-14の後、居室に戻りベッドに横になった和田さんに「外に出てよかったですか?」と尋ねると、「よかと言いたかばってん(よかったと言いたいけれども)、そのことがよく分からん」と返ってくる。その返答の意図を尋ねたい、もしくは私のほうから質問をかみ砕いて再度どうだったか尋ねたい気持ちもあったが、和田さんを困らせるだけであることが予想されたので、それ以上は尋ねなかった。

和田さんはその後入院して、翌年の1月に亡くなった。事例2-14以降、筆者の知る限り、屋外に出ることは叶わなかった。軒下で雨に向き合う、これがおそらく和田さんの最後の屋外であった。大雨は抵抗が大きく、その中を進むことは困難である。大雨が降ると屋外に出られない。そんなとき軒下で目の前を雨が次から次へと地面に落ちてくる様子を見ていることは、他では代えの利かない場所の意味である。

屋内と屋外のあいだの境界領域を外縁と呼び、窓越しの外を望むこと、ベランダに出ること、軒先で外を向くことを取り上げ、それらの場所において出会った対象や行為について提示してきた。本格的な屋外にまだ出ていないにもかかわらず、行為の可能性の総体である外縁の生活空間は豊かである。肉体は屋内にありながら、ガラス窓越しに外を望むことができる。人間以外は人工物ばかりの屋内に対して、ガラス窓は木や花、果実、虫といった自然物を眺めることを可能にしてくれる。しかし、自力で遠くまで移動できない居住者にとっては、それら自然物に近づくことや手に取ることは叶わない。「見ているだけ」に留まる点でガラス窓は罪作りでもある。屋内にいて、触れることのできる自然は、屋内に入ってくる外気である。

また、建物の壁から突き出ているベランダに出ると、窓越しとは違い、屋外にある対象と距離は

※体位交換の始まりは、乳児の「寝返り」である。仰向けの姿勢しか取れなかった乳児が移動のできるうつぶせに姿勢を変える動作は、見る者を惹きつけるVitality（活力、元気）にあふれ、人生の夜明けを伝えている。一方で、和田さんが体位交換を自らできなくなったことは、見る者にVitalityが尽きつつあることを知らせ、人生の日暮れを予感させた。

あっても直接つながることができる。また、窓を出入口にして、ベランダを通って自宅に帰ろうとしていた。柴原さんは本気で自宅に帰ろうとしていて、その通り道がベランダであった。ベランダは事が起きる場所である。

そして軒下である。軒下に入っていると、外気に直接触れることや雨をしのぐこと、さらに雨に向き合うことができる。空から落ちてくる雨を横から直接眺めるのは、軒下という場所で実現する行為である。

この特養の外縁に際立った特徴はない。その外縁で佇むことを望む居住者、移動することを望む居住者、立ち去ることを拒む居住者がいた。外縁には多様な場所の意味が潜在しているのだろう。

次章では、いよいよ特養の建物を離れ、本格的に屋外に出て行く。居住者の移動に引き続き同行しよう。

二本足での直立歩行は乳幼児における発達の重要な一歩として精神医学、とりわけ精神分析において強調されてきた。[21][83] 二足歩行の価値を強調する一人であるマーラー[58]は、生後4～5か月から30～36か月のあいだを〈分離‐個体化段階〉と名づけて、四つの下位段階に分けている。第1段階は親に抱かれていた子どもが手足を突っ立てて身体を反らせるような親との隔たりを積極的に求め始める。第2段階では、子どもが直立歩行で自由に移動できることで、親との強力な共生関係から独立して、親からの〈分離‐個体化〉を一歩進めると考えられている。そして第3段階では、直立歩行による自由な移動により親から離れた後に、あらためて親に再接近する過程が想定されている。親から離れて、個と個として再接近するために直立歩行は欠かせないものであり、子どもの情緒的発達において重要であるとされている。そして、第4段階で二足歩行が完成する。

人間の二足歩行は、人生の始まりから終わりまで変わらず維持されているわけではない。二足歩行は人生の始まりである乳幼児期に形づくられる。二足歩行に至る過程は、大まかに、仰向けから寝返りを打つことでうつぶせの姿勢をとり、ずり這いやハイハイで移動を始め、座位をとれるようになり、つかまり立ちから二足歩行へと移行していく。大人のような安定した歩行になるには5歳あたりまで待たなければならない。[95]

歩行から車イスへの移行

人生のしばらくのあいだ安定した二足歩行を維持した後に、少しずつ二足歩行の安定性が低下していく。

20歳代から80歳代までの健康な男性を八つの年齢に分けて、「自分のペースで歩く課題（free speed walking）」と「速足で歩く課題（fast speed walking）」を計測して、年齢による比較が行われている。[67] 65歳を超えたグループは、他の年齢グループに比べて、歩行速度、歩幅が低下していた。また、歩行中に片足を振り出すことでもう片方の足で身体を支えている状態である足の振り出し（A）と、両足を地面に着いて身体を支えている状態である両足着地（B）の時間比率は、65歳を超えると、両足着地で身体を支えているBの時間比率が高くなる。つまり、歩行が軽やかではなくなっていく。その他に、80歳を超えると、歩行時のかかとの高さが他の世代に比べて低くなっていた。

この研究は男性のみを対象にしているが、20～30歳代の健康な女性（平均23・9歳）と60～80歳代の健康な女性（平均66・9歳）を対象に、「自分のペースで歩く課題」を計測して歩行の特徴を比較した研究もある。[29] 両者で違いが見られたのは、歩行速度、歩幅、重複歩距離（stride length）、足首の角度で、60～80歳代グループの数値はいずれも20～30歳代グループを下回っていた。なお重複歩距離とは、右足が地面から離れて、あらためて右足が地面に着く、そのあいだの距離を指す。歩幅が歩行中の右足と左足のあいだの距離であるため、重複歩距離は歩幅2歩分に相当する。
また、健康な高齢者と若者（平均年齢はそれぞれ68・0歳と24・6歳）の歩行パターンの解析を行い、高齢者の歩行の特徴として、①歩行のリズムは同じだが歩幅が狭くなること、つまり歩行速度が低下すること、②片足になる時間が短く、両足が地面に着いている時間が長いこと、③蹴り上げる力が弱いこと、④足全体で着地するようになること、いわゆるベタ足で歩くことが明らかになっている。[101] 蹴り上げる力が弱くなる運動レベルの変化を歩幅を狭くすることで安全な歩行に結びつけているように、これらの特徴が相互に連関することで、高齢者は歩行を維持していると考えられている。

身体の衰えが進むことで、一部の高齢者は歩行を維持できなくなり、それ以外の高齢者は歩行を維持していくわけだが――逆に歩行の維持によって身体の衰えが緩やかになる可能性もある――、年を重ねるにつれて転倒の可能性は大きくなる。東京消防庁管内で２０１８年に救急車で搬送された高齢者は８万１９５２人であったが、そのうち5万８３６８人（71・2％）が転倒でのケガによるものであった。また、人口に占める搬送者の割合を見ると、75歳から少し高くなり、80歳を過ぎるとさらに割合の上昇が急になっていく。[90]

トレーニング[79]や環境面の配慮[88]で転倒防止に対応することはいくらか可能であり、自立歩行を維持することの価値はいくら強調しても強調しすぎることはない。とはいえ、自立歩行を維持できなくなる時はいずれやってくる。自立歩行が維持できなくなったからといって、移動できなくなるわけではない。人間は道具を生み出すことに長けていて、道具を利用すれば、移動は維持できる。

自立歩行が難しくなった後、杖、歩行器（frame）、歩行補助車（rollator）、そして車イスといった移動補助器具（以下、補助器具）の使用は、年齢が高くなるほど増え、身体に不自由を抱える高齢者にとってとても重要になる。[56]

作業療法の研究チーム[44][56]は、補助器具を使用する一人で暮らす高齢のスウェーデン女性３人を対象に５年間の縦断研究を行っている。対象者が日々の典型的な作業をする場面にインタビュアーが同行して、作業や補助器具を使用する経験を質問し、補助器具の使用や作業するために重要な環境を記録する「体験的歩行（experiential walk）」の実施を含めた研究を通して、以下の点を見出している。①使用する補助器具は変わる。５年間のあいだに、自立歩行から杖を使用するようになり、杖から歩行器や歩行補助車を使用するようになった。②補助器具や周囲の環境への依存が大きくなる。補助器具は屋外での使用から屋内の移動や台所での調理・洗い物をする際の腰掛けへと作業に欠かせなくなった。また冷蔵庫に用があればテーブルにつかまり、冷凍庫に用があれば冷蔵庫につかまるように、壁や家具といった周囲の環境を利用しながら移動するようになる。③外に出る機会が少なくなる、もしくは出られる範囲が縮小する。環境のバリア（段差、スロープ、重いドア、路線バスの中で低床バスがいつ来るか分からないなど）やスタミナの低下によって、転倒や危険のリスクを感じるようになった。そして、屋外での自由な移動には、環境のバリアとスタミナの低下から助けてくれる他者を必要としていた。

日本で歩行補助車を使用している高齢者２０６名に外出状況についてヒヤリングを行った調査[1]によれば、転倒しそうになった状況として、車輪が段差にひっかかる、歩行補助車が下り坂で前方に進んでしまう、歩行者や自転車などを避けようとしてバランスを崩してしまうといったことが挙げられて

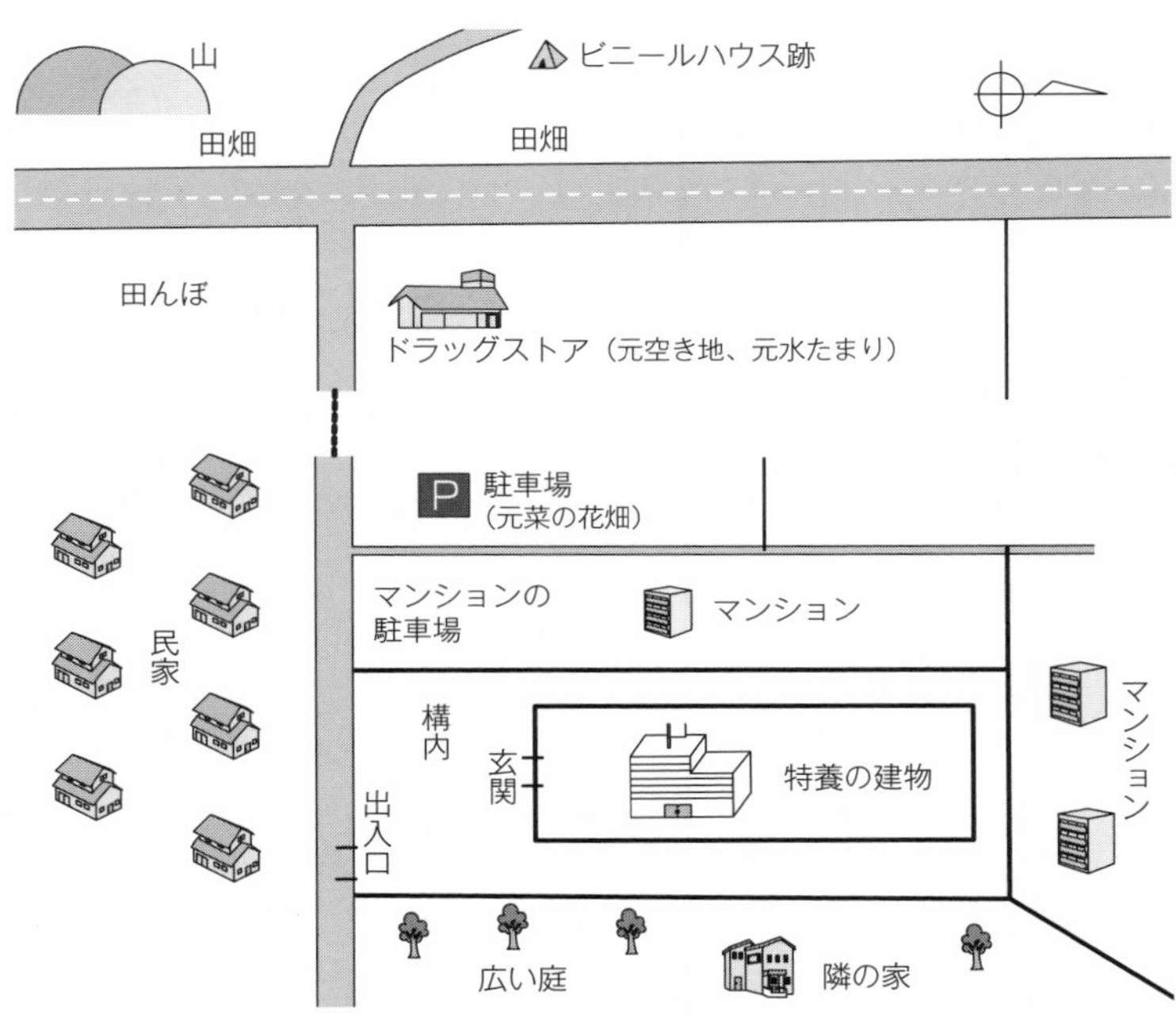

図３－１　近隣の概略図

いた。

特養の居住者においても、杖、歩行器、歩行補助車、そして車イスへと使用する補助器具の移行が――順番は様々ではあるが――見られた。杖を使っていても呼吸が苦しくなるため、長距離の歩行は難しかった。また、スウェーデンと日本の調査で明らかなように、補助器具を利用した一人での移動は転倒や危険のリスクが小さくなかった。そのため、特養の居住者が一人で特養の敷地内に出て行くことは時折見られたが、一人で敷地を出て行くことは筆者の知る限りなかった。屋外に出る際には、スタッフや筆者が付き添うのが通常であった。

本章では、居住者が筆者の押す車イスに乗って屋外に出て行く外出を取り上げる。車イスに乗ると、直立しているときよりも視点は低くなる。ただし、歩くときに姿勢が曲がり、下を向いてしまう居住者にとっては、座ることで前を向くことができる。また、車イスを押してもらうため、自分で足の向くままに進むことはできないが、自分では行けないような広い範囲に移動することができる。

車イスで外に出るときは、施設の建物を出て、施設の敷地（以下、構内）に留まる場合と施設の敷地の外（以下、構外）に出て行く場合があった。構内と構外はいずれも屋外であるが、それぞれの空間で出会う対象や実現する行為は違っていた。構内と構外の違いを念頭に置きながら、居住者が車イスに乗って外に出かけた際に出会った対象や対象との出会いに伴う行為を提示していくことが本章の課題である。なお車イスに乗って屋外に出て行くとき、訪れる予定の目的地はなく、外に出ることや散歩することが目的であった。

垂直と水平に出会う

ボルノウは、古代ギリシャの哲学者アリストテレスが『自然学』において、場所は上下、前後、左右のあいだに三つの次元（長さ、広さ、深さ）を持つと記したことにふれたうえで、上下、前後、左右について考察を行っている[13]。座標の中で水平方向である前後と左右は、人間の位置関係とともに変化する。ある人にとって右である方向が、他の人にとって左になる。今まで前方であったものが、自分が向きを変えると後方にあるようになる。一方で垂直方向である上下は、人間の身体とは独立して客観的に与えられている。というのも、私たちの足元に広がる地面は硬く、わずかに掘り下げることしかできない。また、空に向かって飛びあがっても、飛行機に乗っても、ロケットに乗っても、短い時間で地面に落下してくる。寝そべる、逆立ちするといった人間の身体の方向にかかわらず、上下は変わらない。本節では、屋内では出会えない、しかし構内と構外に出ると出会える垂直方向と水平方向について、事例を通して提示していきたい。

空

屋内では頭上に天井があって、空を遮っている。屋内から屋外へ、文字通り屋根の内から屋根の外へ出ることで天井がなくなり、頭上には空が広がる。構内に出ると、柵や建物によって水平方向への視線が遮られている。また、車イスに座っている居住者は歩行者に比べて目線がやや斜め上に向かいやすい。それから構内は狭いため、後に取り上げる構外のように活発に移動することはなく、ゆっくり時間を過ごしている。それらのことが合わさって、居住者の視線は上に向かい、空をあおぎ見ていることがよくあった。3事例を紹介する。

【事例3－1】［050826］　構内に出て、車イスをいつものように外に向けて停めると、和田さんは空をぐる～っと無言で見渡す。鳴いていたツクツクホーシのことを話題にしたことを最後に、私と言葉を交わすことなく数分間、和田さんは視線を動かして空を見回していた。目に映るものが新鮮なのだろうか、あちこちに視線を動かして眺めている。「あっちの方は雨が降るごたぁ（降るようだ）」とようやく声を出した。「そうですね。真っ暗ですね」と、遠くの山にかかっている大きくて黒い雲を指さして私は応答した。

【事例3－2】〔050910〕　中村さんと私は構内に散歩に出る。『特別養護老人ホーム』の看板を見て中村さんが発した疑問「何が特別やろか?」についてしばしやりとりしていた。双方答えを知らない正解の出ないやりとりに飽きたのか、中村さんは空を見て「飛行機が飛びよらんね～（飛んでいないね～）」と声を上げる。「風向きで今日はこっちを飛んでいないのかもしれません」と私が返答すると、中村さんから「欠航ということはないやろうけど」と返ってくる。「中村さん、雲が秋らしいですね。多くて厚くて」と私が話しかける。

【事例3－3】〔050428〕　川崎さんと私は構内に出る。川崎さんの話は、隣のマンションの駐車場に停まっていた自動車は燃費を食うという話から故郷に向かう船が揺れないように積んだ自動車の長さを測って左右のバランスをとっていた話へと展開した。その話につなげて、小型飛行機では左右のバランスをとるために乗客の体重を量って座席を決めていると聞いたと私が話をした。

すると、上空から飛行機が飛んでいる音が聞こえてきた。空を見上げると、薄雲のあいだから日の光が差していて、眩しくて目が開けられる状態ではなかった。そこで、片手で日差しを遮り、上空を見渡した。横を見ると、川崎さんも同じように手で日差しを遮って、眩しそうに空を見上げていた。飛行機は薄雲に覆われて見えなかった。川崎さんと私はもう一度片手で日差しを遮り飛行機を見上げることを繰り返したが、やはり雲に覆われて見えなかった。

事例3-1のように、和田さんが曇り空を見て、雨が降る予測をすることは、他の日［040916］にも記録している。また、和田さんが青空をあおぎ見て気持ちのよい日差しに包まれているとき、唐突に、白い肌を守りたいので日陰に入るよう求めることがあった［041217, 071019］。屋内は天井で空が遮られているので、大空をあおぐことから波及する経験、具体的に曇り空を見回して雨が降る予測をすることや青空をあおぎ見た後に白い肌を守るために日陰に入ること、それらにまつわるやりとりは生まれない。

空をあおぎ見るのは、空を飛ぶ飛行機を眺めるためでもある。上空を飛んでいた飛行機について中村さんから質問された［050513］。その約4か月後の事例3-2では、中村さんが空を見上げて、飛行機が飛んでこないことについて筆者とやりとりをしている。

さらに事例3-3では、上空から飛行機の音が聞こえてきて、川崎さんと筆者は同じように手で日差しを遮って上空を見上げていた。川崎さんと筆者は同じものを見て、同じポーズをとり、同じく眩しい表情をしていた。このとき2人は同じ対象を見ようとして同じ行為をしていたのである。人間を観察することについて記した麻生[5]は、観察時には観察対象者について記録することに加えて、観察者の周囲について記録することを求めている。なぜなら、観察対象者を取り囲んでいる環境は、観察者を取り囲んでいる環境と概ね同じだからである。事例3-3をはじめとして、居住者の頭上に広がる空は、筆者の頭上にも当然広がっている。空の下にいることは、空をあおぎ、雲や飛行機についてやりとりが展開し、空を同じ姿勢で見上げることへと居住者と筆者を導いていた。
これまで示してきたように、屋内では天井に遮られた頭上にある空に、構内に出ると出会えていた。空は垂直方向の上方向である。次に、垂直方向の下方向である地面との出会いについて、事例を通して明らかにしたい。

地面

特養の屋内は、段差をなくして、床を平らにすることで、足が上がりにくい高齢者の歩行や車イスでの移動を妨げないように設えられている。構内と構外に出かけた際に、居住者はどのような地面に出会っているだろうか。構内での事例から検討する。

【事例3-4】[030516] 夕方、香川さんと永井さんと私は構内に出る。永井さんの車イスは私が押して、香川さんは車イスを自分の手で進めていた。エレベーターで一階に降りると、ここはどこなのかと香川さんは尋ねる。また、玄関ホールでも物珍しそうに視線を動かしていた。玄関を出ると香川さんの車イスは地面に敷かれている点字ブロックにタイヤが取られてしまい、思うように進めない。その事態を香川さんは楽しそうに笑っていた。
構内をしばらく散策する。構内は排水のため敷地の外側に向かってわずかに傾斜がつけてあるため、屋内の平らな床と違って、香川さんの車イスは曲がって進んだり、滑ってしまったりとうまく進まなかった。また、停止した香川さんの車イスは徐々に後退していく。香川さんはいつもの屋内の感覚でいるため、私が注意して見ていて、車イスを後ろで支えたり、香川さんに代わってブレーキをかけたりしていた。香川さんはいつもの感覚でうまくいかないことや知らず知らずのうちに車イスが動いて私が止めたときに、とても楽しそうに笑っていた。先ほどまで屋内にいたときの表情と雲泥の差であった。

屋内では、平らな床と滑りにくい床材によって、車イスの移動はしやすく、停止時に車イスが自ずと動いてしまうことはない。しかし事例3-4のように、構内とはいえ屋外に出ると、わずかな傾斜により車イスがうまく進まないこと、それから点字ブロックにタイヤを取られることが起きてしまう。屋内とは異なる地面との出会いを、香川さんはとても楽しんでいた。一方、他の居住者の車イスのタイヤも構内の点字ブロックに取られてしまったことがあったが、こちらは楽しんでいなかった。

高齢者の屋外移動における「促進物（enabler）」と「障害物（barrier）」に関する研究で、スロープ（Ramp もしくは Curb Ramp）が取り上げられている。スロープは、階段や段差をなだらかな傾斜路にするために取り付けられているもので、日本では家の車庫と道路との段差に置かれているのをよく見かける。ある調査[17]ではスロープは歩行を促進させるものとして高齢者は報告していて、別の調査[73]ではスロープは障害になることを高齢者は報告していた。これらの研究から、同じ環境が高齢者の歩行を促進したり障害になったりすることが分かる。

先ほどふれた傾斜や点字ブロックを楽しんでいる居住者がいる一方で、楽しんではいない居住者もいた。人によって心理的環境は異なり、環境の意味はまるで異なることがある。

次に紹介・検討するのは、構外に出かけた際に出会う地面である。それは構内では出会うことのない急な傾斜や大きな段差、それから未舗装の道との出会いである。

【事例3-5】［050429］　和田さんと私は構内に出て話をしていた。道路を挟んで向かいの住宅の庭にツツジが咲いていて、それがきれいだと和田さんが話す。構外に出て近くで見てみようと誘うと、「手前が急に坂になっとう（なっている）。怖い」と話す。

特養の敷地の出入口には傾斜がある。筆者が歩いているときには気にならない傾斜であるが、車イスを押していると車イスがグンと加速しながら下っていく感覚がある。車イスに座っている和田さんの身からすると、加速しながら下っていくことが怖いに違いない。構外に出るためには、この傾斜を必ず通らなければならない。

構外でよく通る道にはグンと加速しながら下っていく傾斜がある。山内さんがこの傾斜を下る際に身構えていて、下りきったときに身体の力を抜いたような声を出したことがあった［190324］。これほど急な傾斜ではないが、これら以外にも構内では出会わない傾斜に構外では出会っていた。

【事例3-6】［090227］　田んぼの中を突っ切る舗装された道を進んでいく。なだらかな上り勾配になっている場所にさしかかり、山内さんの座る車イスを踏ん張って押している私に、山内さんが「重かろう」と申し訳なさそうに声をかける。川に突き当たり、田んぼと川に挟まれた未舗装の道を進ん

図３－２　未舗装路から舗装路に切り替わるアスファルトの段差

でいく。ガタガタとわずかに振動しながら車イスを進めるなか、前方に水たまりがあって、石が半分顔を出していた。「ちょっと揺れますよ」と山内さんに声をかけると、「かまわんよ」と応える。水たまりや石を回避するために、車イスは右に行ったり左に行ったりして大きく揺れながら進んでいく。未舗装の道が終わり、舗装された道に切り替わる境に、アスファルトを敷いた厚みの分の段差ができている。その段差を上るために、車イスの座席下にある横に延びる棒に私の足をかけてグッと踏み込んで、同時に背もたれの後ろに付いているハンドルを私の腕でグッと下に押すことで車イスの前輪を浮かせる。その前輪を舗装路にかけて、後輪をテコの原理で私の腕の力で持ち上げて舗装路に乗せた。

なだらかな上り勾配の舗装路をゆっくり進んでいく。ゆっくり上っていくと、少しずつ視界の風景が移り変わっていく。視界の風景がガクンガクンと急に変わる階段とは違っている。

次に未舗装の道を進んでいく。未舗装の道を進む際には、地面の凹凸や小石によってガタガタと振動が生じて時折車イスが跳ねることもある。舗装された道を車イスで進むときにも細かな振動は生まれているが、未舗装路の振動は大きく不規則である。そして、水たまりや顔を出している石を避けるため、右へ左へと蛇行しなければならない。未舗装の道をガタガタ、グネグネと進んでいくとき、車イスに座っている山内さんは地面に弄ばれているように見えることがある。

さらに未舗装路から舗装路に切り替わるときに、図3-2のアスファルトの厚みでできた段差を車イスで上っている。車イスの前輪を浮かせることは、車イスの操作として推奨されるものではないだろうが、段差を上る手段として車イスだからこそ可能な操作ではある。前輪が浮いて、身体が少しひっくり返り、後輪がテコの原理で持ち上げられる。段差を乗り越えるためには、車イスを押すこと以外の操作が必要で、その操作により車イスに乗る山内さんは屋内や構内では実現しない新奇な身体経験を得ていた。

ところで、事例3-6の翌日に山内さんが「昨日は足が痛かったやろう」と筆者の身体を心配していた。事例3-5ほど急ではないなだらかな傾斜路を上り、未舗装の道を進み、アスファルトの厚みでできた段差を上ることは、山内さん一人では叶わない。山内さんのいくつかの地面との出会いは筆者が同行することで実現している。そして、同行者がいるからこそ、山内さんは同行者の身体を心配している。事例3-6には、これら構外に出たからこそ得られる場所の意味が詰まっている。それでは、未舗装の道に関してもう1事例を紹介したい。

【事例3-7】［180330］　田んぼの中の舗装路を山内さんの座る車イスを私が押して移動しているとき、連なって立っている桜の木に赤と白とピンクの花が混じって華やかに咲いていることに私たちは気づいた。桜の花を近くで見るためには、舗装路を外れ足元の怪しい土と雑草の生えた下り坂を進んでいかなければならない。私が斥候として地盤の調査に赴いて、車イスで進めそうな最善のルートを確認した。山内さんの元に一旦戻った後に、「行きますよ」と声をかけて「はい」と山内さんから返答をもらう。舗装路から土と雑草の生えた下り道を車イスの前輪と後輪を動かしながら桜の木に向かって進んでいった。桜の木に近づくと、「きれいかね～」と山内さんは声を上げた。しばらく桜の木の下で花を眺めた後、往路と違う上りやすいルートで舗装路に戻った。

車イスは歩行に比べると地面に対応する柔軟性は高くない。そのため車イスは舗装路を移動することが通常で、未舗装路に入っていくことはまれであった。さらに事例3-7のように、道でさえない場所に入っていくことは、筆者が同行する限りはなかった。桜の木の近くで花を見るためには、舗装路を離れ、道なき道を進まなければならない。車イスで進むことのできない場所は多いだろう。しかし、事例3-7のように車イスで進んでいける道なき道はある。

ボルノウは著書『人間と空間』の中で、動物行動学におけるなわばりや住みかに関する研究を紹介した後に、人間と人間以外の動物との違いを以下のように記している。

「動物が（われわれがそれを理解できるかぎりでは）その空間にしっかりと結び付けられているのにた

いして、人間は自分自身の空間から内的に身を解きはなすことによって自分を自分自身の中にとりもどす可能性をもっており、そして人間は、まさに直接の空間的つながりからそのように自己を解きはなつことによって、内的自由を獲得するのである。[13]」(p.282-283)

多くの人間にとって自分自身の空間とは家である。家から「内的に身を解きはなす」とは、家を捨てて身一つになることではなく、家とのつながりを保ちながら家を出ること、すなわち外出する（ボルノウの言葉を借りれば、「さすらいあるく」）ことであろう。外出は直接の空間的つながりから自己を解き放つわけだが、自分自身の空間を離れることによって自分を自分自身の中に取り戻し、家と外の両空間を行き来できる自由を獲得する。

事例3－7における自分自身の空間とは舗装路である。舗装路との空間的つながりに縛られていることは不自由で、自分は舗装路だけを進み続ける者にとどまる。舗装路から未舗装路に出て行くことは、舗装路との空間的つながりから身を解き放ち、舗装路とつながりを保ちながら未舗装路に出て行くことになる。未舗装路に出て行くことはいずれ舗装路に戻ってくることであり、翻って舗装路での移動の快適さを知ることになり、舗装路とのつながりは保たれる。そして、舗装路と未舗装路いずれも進むことのできる自由を獲得する。

これまで車イスに乗る居住者が外に出かけて、地面に出会う可能性をいろいろ示してきた。構内では、屋内から取り除かれている地面の傾斜や点字ブロックに出会い、それらとの出会いをある人は楽しんでいて、別のある人は楽しんでいなかった。構外では、構内よりも急な傾斜、それからなだらかな長い坂道に出会っていた。急な傾斜を車イスで下りる際には身構え、怖さを感じかねない経験である。また、なだらかな坂道を上ることで視界の風景が連続的に少しずつ移り変わっていく。そして未舗装の道路を進むことで地面に弄ばれ、未舗装路から舗装路に切り替わる場所で新奇な身体経験を得ていた。さらに舗装路から未舗装路に入っていくことで、舗装路と未舗装路を進むことのできる自由を獲得していた。

水平方向

構内に出ると、柵や建物に遮られていて、見渡すことのできる水平方向が柵や建物をはじめとする構内にある対象に限られている。一方で、構外に出た際には水平方向への広がりに出会うことができる。構外に出て行くと、移動することで周囲が移り変わり、車イスに座っている居住者の視界に入る水平方向の風景は更新されていく。

【事例3－8】［170301］　田んぼを貫く舗装された道の途中、無人販売の棚があった辺りで山内さんの座る車イスを停めて山内さんと私は束の間佇んでいた。そよ風が吹き、ほの温かい光を浴びるなかで、山内さんは言葉を発することなく、周囲を見つめるともなくぼんやりと眺めていた。

【事例3－9】［140311］　午前中山内さんの居室にて彼女と向かい合って話しているとき、何かを話さなければならない、沈黙が許されないように私は感じていた。その後、山内さんと私は構外に散歩

図3－3　水平方向の風景

に出かけた。田んぼの舗装路に車イスを停める。風景が視界いっぱいに広がっていて、陸地と空が遠くまで見通せる。このときはお互いに話さなくていい時間であった。散歩から帰って、山内さんの居室にて、向かい合うのではなく、互いの身体の向きを斜めにする。そうすると、話さなければならない切迫感はずいぶんと減った。とはいえ、何も話さなくていいというわけではない。何かしら話題を探していた。

事例3-8と3-9では、移動の途中で田んぼの舗装路に車イスを停めて時間を過ごしていた。近距離に視界を遮るものはなく、図3-3に写るように、地面（田んぼ）、遠くの山、そして山の稜線の上に広がっている空のすべてが視界に広がっていた。構外に出て、水平に視線が抜ける場所に移動して、視界に広がる風景に向かっていると、お互いに話題を探す必要のない時間が過ぎていく。意識を向ける先に事欠かなかった。

一方、屋内で人と人が対面しているときは何かを話さなければならない。閉じた室内空間にいると、意識の向かう先は室内の対象に、特に人間に向かっていく。身体の向きを変えることで、話さなければならないという切迫感はずいぶん減るものの、会話するための話題を探そうとしてしまう。

媒質を渡り歩く

私たちを取り囲んでいる環境は物体と媒質に分けられる。[36] 媒質は取り囲んでいて抵抗がないことに加えて、一般に、物体は対象として知覚される一方で、媒質は対象として知覚されないところに違いがある。本項で検討したいのは、特養の屋内で多くの時間を過ごしている居住者が屋外に出る際に、光や空気をはじめとする媒質が物体にはならずとも抵抗を与えることがあり、また対象として知覚されうることである。

光と空気

媒質との出会いのなかから、まず構内における光と空気との出会いについて2事例を紹介したい。

【事例3－10】［041217］　午後和田さんと私は構内に出る。冬の時期、日本海側にあるこの地域では曇り空が多い。今日はめずらしく晴れていて、強い日光が照りつけて気持ちがよかった。「日に当たるのはありがたい」と言う和田さんと一緒に日光を浴びていた。しばらくすると、和田さんは腕を上げて手のひらを太陽に向かってかざして、日光を遮っていた。「白い肌は七難隠すと言うからね～」と日光を遮った理由を説明してくれた。

【事例3-11】［041001］　午後2時から始まる体操を待っていた和田さんを捕まえて、屋外に出ることを誘う。和田さんは「本当に連れて行ってくれるの?」といつものように確認をする。「誘っているのだから当然行きます」と私は答える。エレベーターを降りて、一階の廊下を玄関に向かって進んでいるとき、「今日の外はどうでしょうか?」と声をかけると、「暑かろう」と返ってくる。私は「暑いでしょうか?」とさらに返すと、「あの部屋におると、暑いも寒いも考えんでいい」と和田さんは話す。やりとりしているうちに玄関から外に出てしまった。外に出て、少し間を置いて溜息をつくように「気持ちいいね～」と和田さんはもらす。車イスを押している私の位置から和田さんの表情は分からなかった。そして、和田さんの十八番「空気がおいしいごた～（おいしいように思える）」が言い放たれた。

外に出た際に光や空気の違い――具体的には暑さや寒さ、眩しさ、屋内との違い――に居住者が言及したり行動に表したりした記録は多数に上った。

事例3-10で「日に当たるのはありがたい」と日光を浴びているとき、事例3-11で溜息をつくように「気持ちいいね～」ともらすとき、取り囲んでいる光や空気は和田さんに心地よさを提供し、対象として知覚されていた。この事例以外にも、玄関の自動ドアが開いたときに「暑いね～」と声に出した藤原さん、屋上に出たものの日光の強さに耐えられずただちに屋内に戻った柴原さんや東浜さん、それから桜を見に外へ出たものの「寒い」と言ってすぐに屋内に戻ることを求めた別の居住者のように、日光や外気は不快さを提供し、対象として知覚されていた。また、事例3-10のように、降り注ぐ日光は短い時間に限れば心地よいものだが、時間が長くなると望まれない対象になる。

日光や外気に出会うことの価値は、屋内と違う光や空気に出会うことにあると考えられる。事例3-11で、和田さんが筆者とのやりとりのなかで「あの部屋におると、暑いも寒いも考えんでいい」と話していた。屋内は、天井に遮られ、ガラス窓やカーテンを通した太陽光や照明の光で満たされ、寒暖はエアコンで制御され、そして生活の匂いが漂う空気が居住者を取り囲んでいる。屋内に居続ける限り、それらの光や空気に取り囲まれ、それ以外の光や空気を知らない。しかし、玄関を出れば、屋内とは違った光や空気に否が応でも取り囲まれる。屋内で取り囲まれていた媒質から別の取り囲む媒質へと渡り歩く。取り囲む光や空気の屋内と屋外における違いによって、居住者は取り囲む光や空気を対象として知覚する。天井や壁・窓で隔てられた向こう側に、屋内とは違った光や空気があることを知るのである。

風

次に取り上げる構内で出会う媒質は、空気に動きを与える風である。空気は媒質として物体や人間を取り囲んでいて、移動するときに通常抵抗はない。先に検討したように、屋内から屋外へ出た際に、外気が暑いときや冷たいときに、空気が対象になる。さらに空気は風を巻き起こす。そよ風は抵抗までに至らないが、強風は人間の移動を阻み、さらに強い風は人間を吹き飛ばす危険性を持つ。本項では、特養に居住する高齢者が屋外に出て風に出会った場面を紹介したい。まずは、そよ風に出会っていた事例である。

【事例3－12】［040916］　私と構内に出た川崎さんは、「あ～気持ちいい。いい風だ」と目を閉じて外の空気を堪能していた。「部屋の中の空気はあれだから」とも話していた。川崎さんは3週間ぶりの屋外であった。

【事例3－13】［160909］　私と一緒に構外を散歩しているとき、「いい風が吹きようでね～」と山内さんが声を上げる。私は車イスを押しながら、山内さんの髪が風でなびいていることに気づき、後ろからその様子を眺めていた。少し時間を置いて、日差しが強かったため、「暑いですか?」と尋ねると、「いいえ。風が吹くけん」と山内さんは答える。

事例3－12で、川崎さんは外の空気や吹きつける風を堪能していた。外の空気の質感や風の心地よさが川崎さんに快適さを与えていることに加えて、屋内との違いが外の空気や風の価値を生み出していたのだろう。川崎さんは「部屋の中の空気はあれだから」と話していた。屋内の空気は動きがあまり感じられない。事例1－9や事例2－5～2－7で紹介したように、換気扇で入れ換える空気、窓を通して入ってくる外気や風の経験はあるとしても、外の空気に取り囲まれ、風に吹きつけられる経験は3週間ぶりであった。多くの時間を過ごす屋内の空気と異なるからこそ、川崎さんにとって外の空気や風に出会うことは価値があるのだろう。

同様に事例3－13では、吹きつける風を山内さんは堪能していた。髪がなびくことは、風が吹きつけて身体の一部がささやかながら動かされる経験である。居住者の多くは能動的に動くことに限りがあるため、出会える対象には限りがある。しかし、風はやってくる。能動的に動けなくても出会うことができる。風は分け隔てなく人間に吹きつける。

また、事例3－13で、吹きつける風は心地よさを提供するだけでなく、強い日差しがもたらす暑さを和らげている。光の強い影響が空気を動かす風が吹きつけることで緩和されている。媒質を光と空気の二重に経験していると言っていいだろう。媒質を動かすそよ風は居住者に心地よい時間を提供してくれる。次に紹介するのは、強風が吹きつけた事例である。

【事例3－14】［030516］　夕方、香川さんと永井さんと私は構内に出る。永井さんの車イスは私が押して、香川さんは自分で車イスをこいでいた。日向にいると暖かいのだが、施設の建物で日光が遮られた日陰は寒くなってきた。「（建物で日光が遮られていない）逆側に行きましょうか」と声をかけ、2人に同意してもらったので玄関前を通って逆側に行こうと進んでいった。すると、ビル風の一種だろう、玄関前は強風が吹いていた。永井さんが「風が強い。帰ろう」と訴える。逆側に行けば暖かいからと説得したものの、永井さんが再度「風が強い。帰ろう。風邪を引く」と言い、香川さんも同様に訴えたので、そのまま玄関から屋内に戻った。

【事例3－15】［160308］　午後山内さんと私は屋外に出る。正面玄関の自動ドアが開いて、外に出る瞬間、山内さんの髪が膨らんで乱れ、「ワ～、ホゥ～！」と山内さんが声を上げるほどに風が吹きつけてきた。寒さを感じるくらいに強い風だった。

この特養の正面玄関前は、風の通り道になっているようで、暑い日には強風が涼しさを提供して、寒い日には強風がさらに身を縮こまらせる。事例3－14では、日向に向かっていたものの永井さんと香川さんから屋内に戻ろうと訴えられ、その訴えに応じた。事例3－15では、山内さんの髪を乱し、声を上げるほどに風が吹きつけていた。

強風は、目的地に向かって進むことを拒み、同じ場所に佇むことを許してくれない。抵抗の小さなそよ風とは違い、強風は大きな抵抗となり、居住者を含めた人間に対応を余儀なくさせる。強い風は人間が受け止めるだけでなく、事例3－14のように、人間に次の行為を要求することがある。

音と声

構内で出会う媒質として、光や空気以外に、音や声にふれておきたい。先に紹介したハイダーは、媒質として光、空気、そして音を挙げていた[36]。特養の構内は柵で遮られていて、また周囲は隣接する住宅に囲まれている。そのため遠くを見通すことはできず、見えるのは柵や住宅の表面までとなる。しかし、柵や住宅に隔てられていても、構外から音や声が聞こえてくる。具体的に事例を検討したい。

【事例3－16】［180715］　山内さんと私は構外に出た後に、構内に戻ってきて、車イスを停める。山内さんが「カァカァカァ」と声を上げる。鳴いていたカラスを真似たようであった。ふたたびカラスの鳴き声が聞こえてきたときに「カァカァ言っとるね～」と山内さんは私に話しかける。それから、「カラスがカァカァ。どこか巣があるんじゃないかね～」とさらに話す。

【事例3－17】［031017］　池田さんに散歩に行かないかと私が声をかけると、「行ってよかとね?」と遠慮がちに答える。「池田さんがよければ」と答えて構内に出た。池田さんが気に病んでいることについて話を聞く。池田さんは目がふさがってきていて、視界が狭く、視力も弱っている。それでも、紅く色づいた木の葉を見て、「きれいかね～」と声を上げたのは感慨深かった。敷地の奥に行くと、隣接するマンションの上の方から布団を叩く音が「パンパン」と聞こえてきた。その音を聞いた池田さんは見上げることなく、「布団干しがありよう（をやっている）」と嬉しそうに話す。

事例3－16ではカラスの声が聞こえてきて、山内さんはその声を真似ていた。この事例以外にも鳥の鳴き声やセミの鳴き声を居住者が聴いていたことがあった。事例3－17では、目がふさがり見えにくくなっている池田さんが布団を叩く音をキャッチした。紅い木の葉のように目で見ることのできる対象がある一方で、布団干しのように対象が視界に入っていなくても、音で対象に気づく場合がある。

音や声は、方向を選ばず、視界が隔てられた向こうからも聞こえてくる。これらの事例においても、視界の外から、また柵や建物で隔てられた構外で発した音や声であっても聞こえてきていた。構外への移動が簡単ではない居住者にとって、音や声は構内で出会える貴重な媒質である。
その一方で、柵で隔てられ、柵の向こう側に気軽に移動できないからこそ、構外から聞こえてくる音の源や声の主を特定できずに、音や声から想像し続けることを強いられることがある。

【事例3－18】［150303］　今日は雨が降っていて、構外に散歩に行けなかった。そこで、山内さんと私は玄関を出た軒下で時間を過ごすことにした。昼ごろ玄関から外に出ると、思いのほか寒かった。雨は小康状態になったので、軒下から出て構内を散策し始めた。そのとき、ガンガンと大きく異様な音が響いた。山内さんは何事かと思ったのだろう、表情が強張り、周囲を見回していた。垣根で隠れた道路にトラックが停まっていたことを私は確認していたので、そこから大きな音が鳴り響いていたのだろうと推測できた。私が移動して垣根の向こう側を確認すると、やはりトラックから荷を下ろしていて、その音が響いていたようであった。山内さんにトラックの荷卸しの音であることを教えると、得心がいった様子だった。しばらくすると、作業の様子が見え始めて、男性が台車に荷物を高く積んでいた。「施設の食材ですね」と私が話しかけると、「そうね。大変ね。他からちゃんと持って来ないかんから（持って来なければいけないから）」と山内さんは返した。

【事例3－19】［040924］　和田さんと私が構内に出ていたとき、遠くから子どもの泣き声が聞こえてきた。和田さんが「泣きようね～」と話しかけるので、「まあ、泣くぐらい元気ということですかね～」と話を合わせたつもりで私は返答した。しかし、私の返答は気楽すぎたようで、和田さんは迷いつつ「元気そうといえばそうばってん（そうだけど）…。かわいそか（かわいそうだ）」と沈んだ口調でぼつぼつと返す。

しばらくすると、子どもの泣く声が聞こえなくなった。「聞こえん（聞こえない）と聞こえんでどうだろうかと心配になる。親にどうかされたっちゃろうか（何かされたのだろうか）とか」と、子どもの身を案じる胸の内を和田さんは表情を硬くして私に伝えた。

事例3-18で、ガンガンガンと大きく異様な音が響いたとき、山内さんの表情は強張り、周囲を見回していた。音だけが聞こえて、その音源は特定できなかった。そこで一緒にいた筆者がすぐに移動して、音源を確認して、トラックの荷卸しの音であることを山内さんに伝えることで、山内さんの様子は落ちついた。

遠くから姿の見えない人の声が聞こえてくることもある。その声は姿が見えないために、前後関係や声の脈絡が分からない。事例3-19で和田さんは遠くから聞こえてくる子どもの泣き声をただ受け止めているだけだった。泣いている子どもの姿を見ることはできない。泣いている理由や泣きやんだ経緯を知ること、泣いている子どもを慰めることなども叶わなかった。子どもの与り知らないところで泣き声を受け止めているだけなのだが、和田さんは遠くにいる子どもの身を案じていた。

事例3-19のやりとりの後に、一般的な話として子どもが親から殺されてしまう事件を和田さんは嘆いていた。和田さんは幼少期に親戚の家に預けられていた経験や実の親が厳しかった経験を振り返ることがしばしばあり、弱い存在に自分を重ねて気遣うことはめずらしくなかった。このような和田さん個人の特徴が影響しつつ、事例3-18で山内さんは大きな音の原因を特定できたことと対照的に、事例3-19では声の主の姿が見えないがゆえに泣き声に想いを巡らせ続けなければならなかった。

音や声は、柵で隔てられた構内にも届き、居住者は音や声により対象の存在を知ることができる。ところが、音や声を出す対象が隔てられ、対象の場所に移動できないとき、届いた音や声の意味が定まらないままに留まるしかできないことがある。

これまで構内で媒質に出会うことについて検討してきた。構内で出会う光と空気は、屋内で取り囲む光や空気と異なっているために居住者は対象として知覚する。そして、空気は風として構内に入ってきて、そよ風は心地よい時間を提供する一方で、強い風は抵抗を生み、次の行為を要求する。また、柵で隔てられた構内に音や声が聞こえてくる。聞こえることで、見えなくても、音の源や声の主という対象があると認識できる。ただし、隔てられていても音や声が聞こえて音の源や声の主の存在を知ることができる一方で、対象の場所に移動できないため、音や声の意味が定まらないことがある。

構外で出会える媒質

屋内から構内に出て行き、いつもの媒質から新鮮な媒質へと渡り歩くことで、媒質は居住者に対象として知覚され、同行者との話題に上る。また、強い風が吹きつけることで、媒質は居住者の移動に抵抗を与えている。それではさらに構外に出て行った際、媒質とどのように出会い、どのような行為を生み出しているのだろうか。まずは2事例を紹介したい。

【事例３－20】［180330］　この日は春の日差しではなく、夏の日差しであった。山内さんと私は構外に出ていた。路地から出て田んぼを突っ切る道に入ったとき、山内さんがおもむろに「てぬぐいを被っときましょうかね」と、膝の上に乗せていたタオルを手で持ち上げていた。「暑いですか？」と私が尋ねると、「暑い」と即答する。照りつける太陽光が辛いようであった。山内さんからタオルを渡してもらい、頭にタオルをかけて、「後ろで結びましょうか？」と確認する。そうしてくれと返答があったので、後ろを結ぶ。タオルを被ると日差しが遮られるようで、それ以降暑いと言わなかった。

【事例３－21】［081212］　山内さんと私は構外に出た。畑に面した道路を移動していると、「セロリの匂いがする」と山内さんが言う。葉をみてセロリと気づいたと話す。私は気づいていなかったものの、嗅ぐと匂いがしてきた。山内さんは先日娘がセロリを薄く切って漬けたものを持ってきてくれたと話す。

事例３－20では、頭上から強い日差しが照りつけていた。照りつける強い日差しは辛く、山内さんは日差しを避けるために手持ちのタオルを頭にかけようとしていた。特養の屋内では天井に頭上を遮られて生活している。そのため、日差しを避ける機会はない。また構内であれば一時的に屋内や軒下に入って日差しを避けることができる。しかしこのとき私たちは田んぼの中の舗装路にいて、日差しを遮るものが周りになかった。また、年を取り、髪の毛が細くなり、髪の毛の量が減ることで、日差しがきつく感じるようになっていたのかもしれない。そこで山内さんは手持ちのタオルを頭にかぶり日差しを遮った。構外を移動していたからこそ、山内さんは手持ちのタオルを日差し避けに利用する行為を創造したのである。

事例3-21の構外に出かける前に、構内にて、以前山内さんがここで金木犀の香りがしていたと話していたと私が確認して、山内さんはここで金木犀の香りがしていたことがあったと返答していた。特養の敷地において植物の香りが漂っていることはある。ただし施設に隣接するマンションの敷地に立っている金木犀の香りが漂うことはあっても、セロリの香りが漂うことはないだろう。なぜなら、セロリが生えていた畑は特養から離れているからである。構外に出て移動しなければ、セロリの香りを嗅ぐことは叶わない。その他に、田んぼの中の舗装路を進んでいるときに、草を燃やす煙の中を通過しなければならないことがあった[170301]。特養の敷地に煙が立ちこめていたら大事である。構外に出て長い距離を移動しなければ、煙たい匂いを嗅ぐことや煙に覆われて移動を邪魔されることはなかった。

ところで、ブラジルで地域住人の外出に同行したヤレドとオリベイラ[39]によれば、外出時に出会った香りや匂いは後のインタビューでは言及されなかった。香りをはじめとする媒質は、物体に出会うことに比べると言葉にしにくいのかもしれない。

媒質の性質は移動に委ねられている

本章の「風」で取り上げたように、媒質の性質は風が吹くことで変化する。そして、媒質の性質は屋内から屋外に移動することで異なる媒質を渡り歩いていたように、人間が移動することに委ねられている。構外での2事例を通して検討したい。

【事例3－22】［190324］　山内さんと私は構外に出て、ゆっくり移動している。路地から田んぼを突っ切る道路に出ると、視界が一気に開ける。「あ～風が、強か～」と山内さんは間を空けて二度声を上げる。建物に囲まれている路地と違い、田んぼは遮るものがなくて強い風が吹きつける。風が冷たかったので、「早く進んでいきましょう」と声をかけて、足早に進んでいく。途中突風が吹きつけることがあって、「あ～風が～」と山内さんは悲鳴のように声を上げる。寒かったのだと思う。

【事例3－23】［140310］　構外に出て私は山内さんの車イスを押しながら、「前回来た1月は寒くて速く歩いてしまったけど、今日のように暖かいとゆっくり歩くことができます」と話す。「陰に入ると寒い」とドラッグストアの建物の陰に入ったときに山内さんから返答がある。さらに移動して、道路を横断して、田んぼの中の舗装道路に入っていく。道路の途中で車イスを停めて、「日向はいいですね」と私が声をかけて、山内さんは「そうですね」と応答する。一旦入った路地を抜けて田んぼを突っ切る道を進んでいるときには、風が吹きつけて寒さを強く感じた。「ここでは立ち止まりません。早く行きましょう」と私は山内さんに声をかける。

田んぼを抜けて建物の陰に入ると、山内さんが「建物があると風が吹かないね。陰に入ると風が吹かないね」と話しかけるので、「ほんとほんと！」と私は強く同意する。さらに「建物の陰に入ると暖かいですね」と言うので、「そうですね！」と再度強く同意した。

図３－４　田んぼに抜ける路地

事例３－22と事例３－23では、いずれも図３－４の路地から田んぼに出て行くと強い風に吹きつけられていた。強い風は移動に対する抵抗になる。路地では周囲の建物に遮られて抵抗なく進んでいけた。周囲の建物に協調して風が遮られている路地の空気から、だだっ広い環境に協調して強い風が吹きつける田んぼの空気へと渡り歩くことになった。また、事例３－23では、建物の陰に入ると日の光は遮られていた。

生態心理学の歴史をまとめたヘフト[37]によれば、環境を対象と媒質に分けたハイダーが注目したのは、個人が距離の離れている対象を知覚しうるのはなぜかという知覚理論の中心的問題であった。対象が物理的刺激となり、個人は物理的刺激を直接知覚していると一般には考えられている。しかしその説明は個人と対象との離れた距離を説明できていない。そこでハイダーは、個人は対象を直接知覚しているのではなく、対象に協調する媒質を介して対象を知覚していることへと説明の基盤を切り替えた。私たちは対象に協調する光を介して遠くの対象を見ている。この発想を引き継いで精緻化したのが、広く知られているギブソンの「生態光学」[24]である。取り囲む光や空気は周囲の環境に協調していて、取り囲む光や空気を通して周囲の環境を私たちは知る。事例3-22と3-23の空気に注目すると、抵抗のない空気から風を遮っている路地を、強い風が吹きつける抵抗の大きい空気からだだっ広い田んぼを知覚する。私たちが移動して、周囲の環境に協調する光や空気が変質することで、周囲の環境の移り変わりを知覚することができている。

事例3-23をさらに分析することで移動と媒質について理解を深めたい。前半でドラッグストアの建物の陰に入って「寒い」と山内さんは口にしていた。そして後半に建物の陰に入って「暖かい」と山内さんは言った。二つの発言のあいだに急速に気温が上がったのではない限り、建物の陰の寒暖は変わらないはずである。両者で異なるのは、陰に入る手前の寒暖だと考えられる。前半は暖かな場所から日陰へ入り、後半は風の吹きつける寒い場所から日陰へ入った。つまり光や空気といった媒質は、ある媒質の中から別の媒質の中へと渡り歩くことで、寒く感じることもあるし、暖かく感じることもある。

ハイダー[36]は人間の知覚における媒質の存在を明示し、対象との関係を説明した。さらに媒質は対象と違い、通常は抵抗が小さく、人間は媒質の中を移動できる。対象に協調する媒質の性質は、人間を含めた動物が移動することで変質すると考えられる。先に取り上げていた「光と空気」では、屋内から出る機会のあまりない居住者が構内（屋外）に出たときに、光や空気を対象として知覚していた。屋内そして光や空気を対象として知覚するのは、屋内で取り囲まれていた媒質から別の取り囲む媒質へと渡り歩いているからと説明した。この屋内から構内に人間が移動することで媒質が変質したのと同じように、構外を移動していると周囲の環境に協調する媒質は変質して、周囲の環境の意味は変転していた。媒質の性質および場所の意味は、人間の移動に委ねられていると言えるだろう。

構内で出会う対象

居住者が屋内を出て、屋外を移動することで、取り囲んでいる媒質の性質が変質して、場所の意味を知覚していることを前節で明らかにした。次に注目するのは物体である。

私たちは形ある個物、いわゆる物に取り囲まれている。物には人間を含めた自然物や人間の手が入った人工物がある。1章でふれたルビンの壺の「図と地」のように、取り囲んでいる物は地であり、取り囲んでいる物の中の一つを私たちは知覚して、次の瞬間に別の一つを知覚する。取り囲んでいる物の中から特定の物へ焦点化することが図化である。それでは、屋内を出て構内や構外に出かけたとき、取り囲む環境の中から居住者はどのような対象に出会うのだろうか。また対象との出会いにどのような行為が伴うのだろうか。

これも1章でふれたイッテルソンの環境知覚論における「取り囲まれていること」の水準はここである。私たちは取り囲まれている物の中の一つを対象として知覚する。

環境は居住者を取り囲んでいるので、それ自体として把握することはできない。私たちにできるのは、出会っている対象や対象との出会いに伴う行為から、居住者を取り囲んでいる環境を帰納的に、あるいはアブダクティブに推論することである。よって、ここでは構内に出かけた際に出会った対象や対象に出会ったときの行為を提示することから、構内で居住者を取り囲んでいる環境を明らかにしていく。はじめに検討するのは、構内に備わる物である。

備わる

構内の中心には五階建ての特養が入っている建物がそびえたつ。屋内から出て、構内をウロウロしたり佇んだりしているときに、居住者が建物を眺めたり、屋内をのぞき込んだりしていることがある。あらためて考えてみると、屋内にいるとき、建物は居住者を取り囲んでいる。そのため、自分がいつも中にいる建物を対象として眺め、その屋内をのぞき込むためには、建物の外に出なければならない。2事例を紹介したい。

【事例3－24】［030516］　構内に出た香川さんは先ほど出てきた玄関の方向を指し、「あっちが玄関?」と何度も私に尋ねる。また、建物の上の方を指して、「この上は人に貸しているの?」と繰り返し尋ねる。ケアハウス（四・五階）と特別養護老人ホーム（二・三階）の違いを香川さんに分かるように説明することが私には難しく、「貸している」とだけ答える。

【事例3－25】［021011］　柴原さんと私は一階に降りて、外に出て、構内をウロウロしていた。柴原さんは指さしで行きたい方向を伝える。柴原さんは外の風景にあまり興味を示さない。むしろ、特養の建物の一階に惹きつけられていた。普段二階にいて、一階にいることがあまりないからだろうか。うろついているあいだずっと一階の室内、特に外から見える厨房の方を気にしていた。そして、窓を開けて車イスから立って食堂に入ろうとするが、歩行での移動は難しい。そこで、玄関から屋内に戻って食堂に行ってみようと提案すると、柴原さんは明確に同意してくれたので、玄関に向かった。屋内に入り、食堂に入る。柴原さんは食堂の一角にある厨房がやはり気になるようなので、厨房に近づく。柴原さんが満足した様子を見せたので、食堂を出て、エレベーターで二階に戻った。

外に出たときに、事例3－24と3－25のように建物を眺めて、建物について言及することや、屋内をのぞき込んでいることが見られた。屋外に出て、取り囲んでいた建物から離れることで、建物や屋内が対象になる。とりわけ屋内で時間を過ごし、屋外に出る機会がない居住者にとって、外側から見た建物や屋内は見慣れた対象ではなく、新奇で惹きつけられる対象なのだと考えられる。

次に取り上げる構内に備わる物は、自動販売機や自動車といった人工物である。玄関を通って屋内を出る手前、つまり正確には屋外ではないのだが、屋外に出るときに缶や紙パックに入った飲料の自動販売機の前を通過する。二階に居住している高齢者の多くにとって、屋外に出るときが自動販売機に出会う限られた機会であった。ここで取り上げる中村さんは、屋外に出る際に自動販売機を利用したことはなかった。それにもかかわらず、中村さんは自動販売機に惹きつけられていた。

【事例3－26】［041210］　中村さんと私は構内で時間を過ごし、玄関から室内に入って、二階に帰るためにエレベーターに向かっていた。すると、中村さんが体を後方に向けてひねり「あそこ、あそこが見たい」と自動販売機を指さした。自動販売機を見たい理由を尋ねると、中村さんの娘さんが訪ねてきた際、この自動販売機で飲み物を買ってくると言う。自動販売機は2台並んでいて、向かって右側の紙パックの飲料が入っている販売機の前に車イスを停めると、「ふ〜ん、オール100円なんやね〜」と中村さんが口に出す。「オール」という言葉が中村さんに似つかわしくなくておかしかった。「コーヒーも二種類あって…」と話を続ける。私は上段から「コーヒー、紅茶、野菜ジュース、オレンジ、グレープフルーツ、ミックスジュース」と陳列されている飲料を紹介した。中村さんは「野菜ジュースもあるったいね（あるんだね）」と感心する。次に左側の自動販売機の前に移動して、「お茶もあるったいね〜」、「あっ！ビールもある」と中村さんは楽しそうに私に話す。

中村さんの娘さんが紙パックのコーヒーを持って中村さんの元を訪ねてきたことを、事例3-26の7か月ほど前に記録している［040423］。その紙パックのコーヒーもこの自動販売機で購入したのだろう。その後に自動販売機に出会ったもう1事例を紹介したい。

【事例3-27】［050906］　私が中村さんの座る車イスを押して、エレベーターを降りて、屋外に向かって玄関を出ようとしていたとき、中村さんが急に身体の向きを変え、「やっぱりないね、ていねいコーヒー」と唐突に口にする。発言の意図を尋ねると、自動販売機を指して『ていねい珈琲』という名前の紙パックに入ったコーヒーが売り切れていることを話す。「なんでないんやろ〜」と声を出す。

「売れてしまっているんですかね～？　娘さんが来るときもないんですか？」と私が話を続けながら外へ出る。

後にこの特養で「個人外出」という個人の希望に沿って外出することが行われていた際、中村さんはコーヒーが好きということで、近くにある喫茶店に出かけたことがあった［080627］。『ていねい珈琲』はコーヒー好きの中村さんにとって、娘が買ってきてくれる特別なコーヒーで、そのコーヒーが入っているからこの自動販売機に惹きつけられていたのだろう。なお筆者が同行しているときに、藤原さんや山内さん、それから川崎さんがこの自動販売機で缶コーヒーを購入していたが、自動販売機に興味を惹かれている様子は見られなかった。惹きつけられる対象は人それぞれ、心理的環境は人それぞれである。

さて、自動販売機の前を通過して、玄関を通って屋外に出る。玄関を出て左に向かうと駐車場が設えられている。そこには訪問者やスタッフの自動車が停められていた。居住者と屋外に出た際、それらの自動車について言及することがしばしばであった。2事例の紹介を通して、自動車に出会う背景について検討したい。

【事例3－28】［040130］　中村さんと私は屋外に出て、駐車場付近をウロウロする。中村さんは駐車場に停まっているスタッフの自動車を見るのは初めてで、どの自動車も大きいと驚いていた。軽自動車でも大きく感じるようで「これで十分大きいね」と話す。知らなかった世界を知ったときのように、前のめりで自動車に注目していた。

【事例3－29】［050408］　川崎さんと私は屋外に出る。駐車場に停まっている自動車を眺めながら、私は「この車は軽のわりに大きいですね」と言い、川崎さんは「この軽は小さいな」、「これは（スタッフの）〇〇さんの車だ」とつぶやく。さらに、玄関横の訪問者用の駐車場に停めてあった自動車について川崎さんが尋ねるので、「それは（居住者の夫である）〇〇さんの車ですよ」と返答する。

駐車してある自動車は動かない。動かないので、居住者が能動的に接近することができる。また、どの自動車もタイヤが四つあって、ドアがあって、窓があってと概ね構成は同じであるが、形は少し違っている。話題がしぼられるため、自動車の形についてあれこれと話題にすることができる。先に検討した飲料の入っている自動販売機も動かない。そして、自動販売機は形や機能が概ね同じであるが、入っている飲料が異なっているため、あれこれと話題にすることができる。

これまで構内に備わる物として、自動販売機と自動車といった人工物を取り上げてきた。次に取り上げるのは、構内に備わる植物である。

【事例3－30】［050527］　中村さんと私は屋内を出て、構内をめぐっていた。ツツジやなでしこに興味を示していたが、最も惹きつけられていたのは花壇に植えてあるトマトやきゅうりであった。この菜園は一階にあるデイサービスで世話をしている。「わ～、ふとなったね～（太くなったね～）」とトマトやきゅうりの大きくなった姿に驚いていた。「幹が太くなっていますね」と私が指さしながら声をかけると、「背が伸びて、花も咲いとう（咲いている）」と返す。「1週間空いただけで…2週間空いただけでね〜」と、前回見たときから成長したトマトやきゅうりの姿を噛みしめていた。

【事例3-31】［140912］構外への散歩から帰ってきて、構内で山内さんと私は佇んでいた。そのとき、3分ほどだったろうか、言葉を交わさない時間があった。居心地が悪い感じはしなかった。「風が気持ちいいですね」と私が声をかけると、山内さんは同意した後に「この木、大きくなりましたね」と紅葉の木を指して言葉を続けた。彼女は紅葉の木を眺めていたようだった。

事例3-30で草花に興味を示していた中村さんは、前回よりも大きくなっていたトマトやきゅうりに最も惹きつけられていた。事例3-31にて、山内さんは筆者と3分ほど言葉を交わさないあいだ、後の発言から察するに、紅葉の木を眺めていたようであった。

植物を眺めることは高齢者に限った営みではない。しかし、筆者の経験の限りであるが、外へ出た際に高齢者が植物を眺めていることは多く、また眺めている時間は長い。

植物と動物の区別について、自然科学者でもあった文豪ゲーテは、以下のようなことを記している。

「ほとんど区別できない親近関係から植物および動物としてしだいに現れてくる被造物は二つの正反対の方向に完成され、植物は最後に樹木において永続的かつ不動の状態に、動物は人間において最高

の運動と自由の状態に到達するのである。[25]」(p.30)

動物の特徴は、名前が表している通り、動くことにある。一方の植物の特徴は、ゲーテの言葉を借りれば、永続的かつ不動に、いつもそこに在ることだろう。動く人間と動かない植物、お互いの特徴を引き出し合っているのが、動く人間が動かない植物に会いに行く行動だろう。

建築家である平田[38]は、「無関係の関係」という言葉で人間と植物の関係を表現している。まず、樹木がつくりだす場所に私たちが快適さを感じたり、一定の時間を過ごしたりすることから、人間にとって樹木は積極的な関係を取り結ぶことのできる環境だといえる。他方、樹木は光合成のための最大の受光面積を得るために合理的・即物的原理によって自立して自身を形づくっている。よって樹木は人間のことを配慮して自分自身を形づくっているわけではない。そこで、もし人間が樹木のつくりだす環境に快適さを覚えるとしたら、人間の活動とはまったく無関係な水準で合理化される原理が、結果として人間にとって積極的な関係を取り結べる環境を生んでいるのではないか。そして、人の快適さを志向してつくり込まれた空間がしばしば人を辟易させることと対照的に、植物の内包する原理は、「無関係の関係」とでも呼べそうな、ポジティブな意味での無関係性、すなわちこの他者性ゆえに人間は、そこに生み出される環境に自由や快適さを感じるのではないか。以上が、平田による「無関係の関係」の骨子である。

植物に限らず、先ほどふれた自動販売機や停車している自動車も、動かず、対象として眺めるために作られていないため――美しいスポーツカーは眺めることが想定されているだろうが――、居住者が能動的に接近することができていたことから、「無関係の関係」を形成していたと言えそうである。

ところで、居住者は、自動販売機や停車した自動車のような人工物と違って、植物に接近した際に手を伸ばすことが見られた。車イスに座った姿勢から構内にある花壇や鉢植えに手を伸ばすので、腰から背中にかけて身体を伸ばすことになる。人類学者ホールに倣えば、植物を眺めていることは目、耳、鼻といった「遠距離受容器」による知覚、そしてここで扱う手を伸ばす行為は皮膚、粘膜、筋力といった「近接受容器」による知覚である。[30] 植物に手を伸ばす行為について、2事例を検討したい。

【事例3－32】［030926］　午後、構内に出て、藤原さんと私はしばらく話をしていた。今日は秋晴れで、日陰にいると過ごしやすかった。建物の逆側に移動するために、建物の玄関前を通過しようとしていた。そのとき、藤原さんが「これは何ですかね～？　スミレですかね～？」と鉢から伸びる背の高い紫色の花が先についた植物に興味を示す。藤原さんの問いかけに、「色としてはそうですかね～。スミレですかね～」と私は返答した。鉢植えに近づき、藤原さんは花に手を伸ばしたのだが、車イスが離れていたために手は花に届かなかった。そこで私は、鉢植えが置かれていた縁石ぎりぎりに車イスを寄せた。すると、藤原さんは手を伸ばし、花を手で触っていた。手をすぐに離すことはなく、花をしばらく触っていた。

【事例3－33】［050513］　屋外へ出ると、構内に並べてある鉢植えの多くは花を咲かせていた。そのためだろう、中村さんは鉢植えの方に顔を向けていた。「みかんの木に花が咲いとう（咲いている）」と言うので、私は中村さんの座る車イスを鉢植えぎりぎりまで近づけた。中村さんは、身体を最大限前傾させ、顔を花に近づけ、手で枝を引き寄せ、懸命に花の香りを嗅ごうとする。しかし、どうやら香りを嗅ぐことはできなかったようで、花を手で一輪ちぎり、その花を自分の鼻に持ってきて花の香りを嗅いだ。「みかんの匂いがしよう（している）！」と言うので、花を渡してもらって嗅いでみると、みかんの皮の渋みが確かに匂った。

植物は人間が手を伸ばして触ろうとすることに対して、伸ばした手を撥ねつけることや避けることはない。とりわけプランターや鉢植えの植物は、人間が鑑賞したり手を伸ばし触れたりするために植えられている。プランターや鉢植えの植物は、人間が手を伸ばす能動性を発揮させる受動性を備えているといえるだろう。

事例3－32の同日の午前中、特養に新しいソファーが備え付けられた際、座ることを望んでいない藤原さんがスタッフに無理やり座らされたことがあった（松本の論文[61]で事の顛末を報告している）。身体に不自由があって特養で生活している居住者は受動的な経験を強いられることがある。手を伸ばし触れることを許容する植物は、あのときの藤原さんにとって能動性を発揮できる貴重な対象であった。

高齢者から離れるが、子どもの兄弟関係における能動と受動に関して、保育の実践者であり研究者でもある津守は、実例に則して以下のようなことを記している。[94] 兄弟が同居する場面で、年少の子どもが手を出すという能動の行為が、年長の子どもから斥けられるという受動の行為として体験されることがある。能動性を発揮することを妨げられた年少の子どもは、大人を相手に能動性を発揮する、もしくは物との関わりで能動性を発揮する。物は自分を拒否することはないし、大人も――「いつも、みんな」ではないが――自分の能動性を受け止めてくれる。

手を伸ばし植物に触ることに加えて、匂いを嗅ぎ花を摘んでいた。事例3-33ではみかんの木が植わっている鉢植え近くまで近づいた中村さんが、車イスに座る身体を最大限に前傾させ、懸命に花の匂いを嗅ごうとしていた。この事例では手で花を一輪摘み、その花を自分の鼻に持ってきて匂いを嗅いでいた。

人間を含めた動物と出会ったとき、不用意に近づくことや触ることはできない。手を伸ばして毛をちぎることは通常やらないし、相手も許さないだろう。また自動販売機や自動車の一部を壊すことは、強盗目的以外ではやらないはずである。紙などの例外を除けば、人工物は通常硬い。匂いを嗅ぐために花を摘むことや雑草を抜くといった居住者の行為は、対象が動物や人工物であれば実現せず、対象が植物だからこそ実現した行為であった。

柵越しに出会う

構内で車イスに座る居住者の視点から水平方向を見渡すと、特養の入る建物と柵で囲まれている。そのため構内から構外に身体を向けて佇んでいるとき、見ることができるのは柵越しに見える対象か、柵の上に見える対象である。

この特養は図3-1に示したように、正面玄関前（南側）は道路に面していて、玄関を出て左側

（東側）は個人宅の広い庭に隣接しており、右側（西側）は特養の開所当初は空き地であったが、後に集合住宅（マンション）が建設された。そして特養の裏（北側）には集合住宅が隣接している。住宅地の中に特養は建っている。居住者が柵越しに、また柵の上に見える周囲の住宅の変化に注目して、言及することがよくあった。2事例を紹介したい。

【事例3－34】［030822］　藤原さんと私は玄関を出て、右に曲がり、車イスを停めて、腰を落ちつけようとしているときだった。「看板がなくなっとう（なくなっている）」と藤原さんが声を出す。隣接するマンションに垂れ下がっていた「入居者募集」の垂れ幕が外されていた。垂れ幕は外されたものの、何本もの「入居者募集」の幟は柵越しに見えていて、藤原さんは「入居者募集」と幟の文字を読んでいた。

【事例3－35】［050513］　中村さんと私は屋外に出て、敷地の奥の方へ移動しているとき、柵の上に見える集合住宅のベランダを見て、「鯉のぼりがまだ立っとう（立っている）」と声を出す。私は相槌を打ち、「まだ5月ですからね」と返すと、「5月中は立っとるんやろう（立っているんでしょう）」と返答がある。そして、「布団が干してある」と言うので、「今日は気持ちいいでしょう」と私は応える。「ベッドがあるごた～（あるようだ）」と言うので、「なんで分かるんですか?」と尋ねると、「マットが干してある。セミダブルかね～」と返ってくる。さらに、「ここはどのくらいの広さ?　3DK?」と各部屋の広さや間取りを尋ねられたので、「2LDKじゃないですか?」と当てずっぽうに返した。私の返答に対し、「小さいんやね」と言う。

紹介した2事例では、垂れ幕が外されたり、鯉のぼりが飾られていたり、布団やマットが干されていたりと、環境のささやかな変化に居住者は気づいていた。特養の周囲は住宅に囲まれているので、音や声といった媒質が届くことはあっても、住宅の向こう側を見通すことはできない。構内において目につくのは、いきおい住宅の表面における変化となる。事例3－34では藤原さんの「看板がなくなっとう」という発言で、それ以前に垂れ幕がかかっていることを見ていたことが読み取れる。そして、事例3－34の翌週［030829］に構内に出た際も、「入居者募集」の看板がなくなったことを藤原さんは口にしていた。この集合住宅が建てられた後に、藤原さん以外の居住者も、幟や駐車場の自動車の台数を見て、部屋が埋まっているのかと話題にしていたことがあった。構内から見える広告物が居住者の興味の対象になりうるのである。

事例3－35においても、集合住宅の表面の変化に中村さんが注目していた。それは、節句の時期だけベランダに飾られる鯉のぼりや天気のいい日中だけベランダに干されている布団やマットであった。まず、節句（5月5日）を過ぎた5月13日は、中村さんが「鯉のぼりがまだ立っとう」と声に出すタイミングにふさわしかった。まだ飾られている鯉のぼりと出会うことで、中村さんは節句の時期を意識している。認知症のスクーリング検査ＭＭＳＥ（Mini Mental State Examination）の質問項目「今日は何月何日？」では、抽象化された数を脈絡なく突然答えることを求められる。それに対して、鯉のぼりは今が5月や節句であることを表示する具体物である。また、鯉のぼりは提供された物ではなく、中村さんが取り囲む環境の中から自ら探索して注目していた。

それから、布団やマットがベランダに干してあることから、ベッドがあること、ベッドの大きさ、部屋の間取りと屋内の見えないことに想像が広がっている。外部から見える住宅の表面に位置する玄関や庭、ベランダから住宅内部での生活を想像することはめずらしいことではないだろう。特に布団やマットをはじめとする生活の道具は、住人の生活を想像することに導く。構内から見える住宅の表面の変化は、居住者にとって屋外に出て出会うことのできる対象の一つである。

次に検討するのは、居住者が柵越しに出会った人間を含めた動物である。自動販売機や駐車した自動車、それから植物のように動かない対象とは違い、人間を含めた動物は動く。そのため、柵越しに出会うのは、見ている私たちと柵越しに見られている対象が、その場所にいるタイミングが合わなければならない。その点で、後に紹介する構外にて出会う人間と同様に、柵越しに出会う人間を含めた動物とも交わるのは束の間であった。３事例を紹介したい。

【事例３－36】［040924］　和田さんと私は構内を散歩していた。玄関から見て奥に隣接するマンションで改修工事をしていた。和田さんは工事の様子をじっと見ていた。作業員がとても高い場所で作業していることを怖く感じると和田さんは話す。

【事例３－37】［040430］　中村さんと私は玄関から構内に出て、右側に進み、隣接する奥のマンションのベランダに飾ってある鯉のぼりについてやりとりした後、玄関に戻るために車イスを動かし始めた。すると、右手の金網越しに、つまり隣接するマンションの中を子どもとその母親らしき女性が歩いていた。子どもがこちらに気づいて、「バイバイ」と声をかけてきた。子どものあいさつに対して、中村さんは「バイバイ」と返す。「かわいいですね」と私は中村さんに声をかける。

【事例3-38】［150912］　構内に出て、隣接する個人宅の柵近くに山内さんと私は腰を落ちつけ、柵を通して見える広い庭の木々について、大きくなったとか、これは桜の木だとか、さるすべりの木は先っぽにしか花が咲かないとか取りとめのない話をしていた。そんなときに、茂みからひょいと鶏が出てきた。1羽と思っていたら、2羽目が出てきた。私はとても驚き、隣にいる山内さんに鶏が出てきたことを伝えると、鶏を確認して「チャボだね～」と平然とした様子で応答する。白黒の毛がきれいな丸々と太った立派な鶏だった。「放し飼いだといいね。いい卵を生むじゃろ」と山内さんは言う。「放し飼いだと、卵をどこに生むのか分からないのですか?」と私が尋ねると、「おそらく決まったところに生むのでは」と返ってくる。そんな話をしている最中に、なんと鶏は3羽目がいることに私は気づいた。「3羽いるんだね」と、またも平然とした様子で山内さんは応答した。

事例3-36のように柵越しに見える人間を構内から一方的に眺めていることが多く、事例3-37のように柵の向こうから声がかかり応答することや、こちらから柵の向こうに声をかけることは少なかった。事例3-37の子どもが大人のルールの中で生きていれば、面識があると声をかけなければならないし、面識がないと声をかけてはいけない。[27] この子どもには、話しかける相手と話しかけない相

図3－5　柵越しに見えた鶏2羽

手の分け隔てがまだないのだろう。その恩恵に与ったのが、事例3－37の中村さんと筆者だったというわけである。大人が身にまとう常識をこの子がまとっていなかったために、私たちはあいさつを交わすことができた。

そして鶏に出会った事例3－38である。この事例では筆者が大騒ぎをしていた。この家の庭は広く、居住者と構内に出た際、眺めていることがよくあった。その庭で見かけたことがなかった鶏が突然姿を現したのである（図3－5）。山内さんがかつて鶏と小鳥を飼っていたことをこの出会いの前に聞いたことがあった［090227］。筆者は普段鶏肉をよく食べているが、生きている鶏はついてはわずかな経験しかなかった。鶏に慣れていない筆者と慣れている山内さんの経験の違いが、鶏との出会いに対する反応の大小につながっているのかもしれない。

それにしても、庭の豊かな草木の中を3羽の鶏が移動すると、あちらこちらで鶏の姿が草木に隠れたり現れたりする変化があって、眺めていて飽きなかった。知覚心理学者ギブソン[24]による「遮蔽縁（occluding edge）」の概念を通して考えると、動いている動物が草木の後ろに隠れるとき、私たちは動物を遮蔽した草木との縁の変化を知覚している。鶏を見ていたことの面白さは、鶏が動くことで、周囲の草木との縁が変化していくことにあった。筆者は動物単体に惹きつけられていたというより、動く鶏と周囲の動かない草木がつくりだす縁に魅せられていた。

構内から見える隣接する住宅の変化やタイミングよく柵越しに出会えた人間を含めた動物について、事例を通して検討してきた。構内では柵に囲まれて、居住者は見える対象が限られているからこそ、柵の外の変化に気づきやすいのかもしれない。

構外から入ってくる

構内で出会う対象として、備わる物や柵越しに出会う物を先に取り上げた。次に取り上げるのは、構外から入ってくる物である。特養では、居住者による通勤・通学といった日常的な出入りがないため、構内に入ってくる物は多くない。そのなかで、構内はアスファルトが敷き詰められ、自動車が出入りしている。まず構内に入ってくる自動車に出会った1事例を検討したい。

【事例3－39】［170705］　食料を載せた業務用トラックが敷地の奥に入っていき、厨房に荷物を搬入して、今度は引き返してきた。隣接する集合住宅の方向を金網越しに眺めていた山内さんの車イスを、トラックを避けるために、車イスの向きを変えずに金網の方に私が移動させた。そのため、トラックは山内さんの背後を通ることになった。山内さんの身体は硬く、ひねることができないため、首を少し後ろに回すもののトラックの通過を目で追うことはできない。背中越しにトラックの気配を感じながら、じっと通り過ぎるのを待っていた。

自動車は大きな図体を持ち、柔軟性がまるでない。構内に出て居住者と佇んでいるとき、業務用トラックや特養の自動車が近づいてくる。そのとき、避けなければいけないのは必ず私たちのほうである。自動車が変形したり、人間がぶつかったとき自動車が撥ね返されるほど軽かったりすれば、人間が避ける必要はない。しかし、自動車は重く、図体の大きな剛体で、まるで柔軟性を持ち合わせていない。事例３-39では、筆者の気の利かなさにより山内さんの背後を業務用トラックが通ることになった。その際、敷地の端っこで身を固くして通過を待たなければならない。屋内では、自動車ほど重く、大きく、柔軟性のない物体に出会うことはない。自動車が構内に入ってくるからこそ、楽しい体験ではないが、身を固くして通過を待つような対象に出会う。

ところで、事例３-39の自動車は業務車両で構内に入る許可を得ている一方で、許可を得ずに構内に入ってくる物がある。

【事例３-40】［040827］　山内さんと私が構内に出ていたとき、一人のスタッフが数人の居住者と一緒に屋外に出てきた。そのスタッフが、鉢植えのみかんの木に青虫がいることに気づき、周囲にいた居住者に青虫がいることを伝えるも、反応は芳しくなかった。

山内さんとの散歩を終えて、次に和田さんと構内に出かけた。外にいた居住者とスタッフの横を通り過ぎ、「和田さん、面白い物があるんですよ」と私が声をかけながら、鉢植えのみかんの前にたどり着いた。和田さんはそのとき車イスに身体を深く沈ませて、ぼんやりとした様子だった。鉢の置いてある方向を私が指さすと、和田さんは指さした方向を見ようとする。しかし、焦点が対象に合っていないようだった。青虫の色がみかんの木の保護色になっていて、和田さんには見にくかったのかもしれない。

焦点が合わない目線を少し動かしていると、ある瞬間焦点が対象に合ったのだろう、和田さんはビクッと身体を強張らせ、顔を引きつらせた。気が動転していることがただちに私に伝わった。「和田さん、青虫嫌いなんですか!?」と慌てて尋ねると、「嫌い、とても嫌い」と困惑した顔で応えた。急いで車イスを鉢から離しているときに、私は和田さんに謝った。気が動転した余韻が和田さんには残っていた。

事例3-40で和田さんが青虫に出会い、ビクッと身体を強張らせ、顔を引きつらせていた。同じ日加藤さんに青虫を見るか尋ねると顔をしかめた。さらに別の日［040916］に中村さんに青虫について尋ねると、「ダメ、嫌い」と返答があった。このように虫に拒否反応を示すことは、高齢者においてもめずらしくないようである。

ブラジルで地域住民の外出に同行したヤレドとオリベイラ[39]は、アナという女性が蜂に気づいて、蜂の色に目を輝かせていたことを報告している。また、麻生[6]は、日本の女子大学生に「怖いもの（恐怖症）」について書くよう求めるとゴキブリが一番多く挙げられたこと、一方で幼稚園児がゴキブリを捕まえ持ち帰ろうとした観察事例を紹介している。多くの大人にとって拒否反応を示すゴキブリであるが、一部の子どもにとっては魅力的な存在として映っているようである。

ゴキブリを含めた虫に拒否反応を示すこと、もしくは魅力を感じることの背景の一つとして、人が虫に哲学者デネットの言う「志向的な構え」[20]を適用していることがあるだろう。志向的な構えとは、私たち人がある対象（人間、動物、人工物を問わず）について、主体的に活動を選択する合理的な活動体と見なして解釈することである。浜田は、[33]心理学者ファンツ[22]が赤ちゃんを対象に実施した選好注視実験を取り上げて、平面に○を書き、その○の中に二つの黒点を書き込んだだけで、私たちは他者からの志向性のようなものを感じる可能性を記している。私たちは虫が自分を志向する他者と見なしている。だから、虫に拒否反応を示す人がいる一方、虫に惹きつけられる人もいるのだろう。和田さんがビクッと身体を強張らせ、顔を引きつらせていたことから、青虫から「志向的な構え」を受け止めていたに違いない。虫は許可を取らずに構内に入ってくるので、居住者と出会うことができる。

構内に入ってくる物として最後に取り上げるのは、人間である。施設を訪ねる人は多くない。居住者の多くが遠方から入居していて、またこの施設が都市郊外に位置して交通の便がよくないため、知人が訪ねてくることは頻繁ではなかった。そのなかで知人に出会い生まれた相互行為を2事例紹介したい。

【事例3－41】［050513］　中村さんと私は構内に出て、右手のマンションをしばらく眺めた後、正面玄関の方へと戻っていった。正面玄関前を移動していると、居住者の家族である中年の女性が特養の敷地に入ってきて正面玄関に向かって歩いてきた。その女性は私たちに気づき、にこやかな表情で「お元気ですか?」とあいさつした。「元気です」と中村さんは返答する。「お散歩ですか? いいですね」とその女性がさらに声をかけてきたことに対して、中村さんは頷いたうえで「毎日よく務められんしゃあね（務めていますね）。毎日大変やろうに」と感心している旨をはっきりと伝えた。女性は謙遜していたが、「毎日よく務められんしゃあ」と中村さんは繰り返していた。

【事例3-42】［040618］ 和田さんと私は屋外に出るためにエレベーターで一階まで降りて、一階の廊下を玄関方向に歩いていた。すると、トイレから歩いて出てきた女性が和田さんに声をかけた。その女性は和田さんに見覚えがあって声をかけたと話す。「分かりますか?」と声をかけられた和田さんは「分かります」と返答していた。トイレの前で、しばらくの時間、和田さんは足がいうことを聞いてくれないことをその女性に話していた。

人に声をかけるときには理由がいる。その理由の一つが、相手を知っていることである。事例3-41では、構内に入ってきた居住者の家族と中村さんが言葉を交わしていた。事例3-42では屋外に出る途中、一階の廊下で和田さんはトイレから出てきた女性から声をかけられ、言葉を交わしていた。このように、相手が自分の知り合いである場合、相手に声をかける理由になる。もし相手が自分のことを忘れていたとしても、自分は知人だと思っているので声をかける理由になる。

事例3-42で「分かりますか?」と声をかけられて、和田さんは「分かります」と返答していた。

和田さんは相手を気遣うところがあって、相手のことを分かっていなかった可能性がある。そのことを含めて、事例3-41の中村さん、事例3-42での和田さんが、知人に会ったときの対応をしっかりと務めていたことは新鮮であった。

屋内を離れて、構内で再会する

人間は自然物で、動く。車イスに乗る居住者は、誰かに車イスを押してもらうとき、屋内から離れることができる。筆者の押すことのできる車イスは1台だけである。そのため、筆者と屋外に出る際、居住者は筆者と1対1で話していることが多い。

しかし、一部の居住者が車イスを自分の手で進められたころには、構内に複数の居住者が出てきて、居住者同士のおしゃべりが生まれ、その輪の中に筆者が加わることが時折あった。2事例を紹介する。

【事例3-43】［030321］　午後加藤さんを誘って構内に出た。玄関ホールで合流した川崎さんとすでに構内に出て植物を見て回っていた山内さん（当時、川崎さんと山内さんは自分で車イスを進めることができていた）、そして加藤さんと私の4人で輪になって会話が始まった。一階にあるスタッフ用の食堂を眺めながら、加藤さんが食事をしていたスタッフを指して誰なのかと尋ねる。4人とも分からずにあれこれやりとりをしていた後に、別のスタッフの話題に移る。川崎さんが女性スタッフの2人が似ていて見分けがつかないと手を使って髪型を身ぶりで示しながら話を切り出す。山内さんは川崎さんの意見に同調する。私にとってそのスタッフ2人はまったく似ておらず、見分けがつかないという川崎さんと山内さんの見え方は共有できなかった。

さらに、他のスタッフが話題に上るものの、川崎さんが名前を聞いても誰であるのか分からず、そのスタッフの説明を山内さんが川崎さんにしていた。そのやりとりを見ていた私は「名前覚えていないんですね！」と茶化す。山内さんは「人数も多いし、覚えられないわよ。はじめは紙に書いて覚えていたけど、忘れてしまった」と答えて、川崎さんから「すぐに忘れちゃうんだよ」と返ってきた。加藤さんは２人の返答に頷いた後に「でも、最近の若い人は皆さん美人よね」と言う。さらにスタッフの年齢の話になり、それぞれ想像する年齢を言い合い、おしゃべりは盛り上がっていた。

この会話が一息ついたとき、山内さんは建物の東側に向かった。残った川崎さんと加藤さんと私は会話をもう少し続けた後に、屋内に戻った。

【事例３－44】［040514］　松さんと山内さんと昼食を終えた後に構内へ出ることになった。山内さんは手の装具の具合がよくないなか、自分で車イスを進めていた。私は足元のおぼつかない松さんの歩行を支える。出かけようとしていたとき、二階のエレベーターホール前で、川崎さんに会った。外に行かないかと誘うと、天日干しをしているベッドのマットを待っているから後で行くと返ってきた。

松さんと山内さんと一緒に構内に出て、松さんは西側に備え付けられているベンチに座った。道路を挟んで向かいにある家の前に植木屋の自動車が停まっていた。私が「〇〇さんのところは、よく手入れされていますね」と話すと、この地域が地元である松さんが「〇〇さんという名字はここら辺には多い」と教えてくれる。

外に出て間もなく川崎さんがカメラを抱え、自分で車イスを進めてやってきた。山内さんが「風が気持ちいいね」と声をかけると、松さん、川崎さんは同意する。川崎さんはさらに「俺なんて、ここに布団敷いて寝たいぐらいだよ。全然違うもん」とやや大げさに表現する。川崎さんが話すことが多く、松さんは体を揺らして笑っている。山内さんも控えめに笑っている。これほどおしゃべりが弾むことはめったにない。

他の居住者の行動や来歴が話題に上った。そこから川崎さんが自分の行動について「自分が最近ボケてきたように感じる」とつなげた。具体的に、息子の妻の名前を忘れたり、孫の名前を忘れたりすると言う。そして、息子のところに電話して息子の名前を尋ねることがたびたびあると話す。川崎さんが面白おかしく話すもので、松さんはケラケラ笑っていた。

事例3-43と3-44いずれも、筆者を含めた4人の構内でのおしゃべりは弾んでいた。川崎さんの話術の巧みさが、おしゃべりが弾んだ一因だろう。ただし、屋内でのおしゃべりは川崎さんがいたとしても弾むことはあまりない。どうして屋外でのおしゃべりは弾んだのだろうか。

一つに、屋内では口に出すことがはばかられる話題を大いに口にすることができるからである。事例3-43でスタッフの見分けがつかないことやスタッフの年齢が話題に上っていた。事例3-44では他の居住者の行動や来歴を話題にしていた。筆者がスタッフではない気楽さもあって、屋内にいるスタッフや居住者のことを周りの目を気にすることなく声に出してやりとりしていた。スタッフや居住者が行き交う屋内では、このような話題は口に出しにくいはずである。

おしゃべりが弾んでいた二つ目の理由は、居住者同士で共有できることが多いことがある。事例3-43で、スタッフの見分けがつかないことや名前が覚えられないことを川崎さんと山内さんは口にし、そのやりとりを聞いていた加藤さんも頷いていた。事例3-44で「風が気持ちいいね」と山内さんが声をかけると、松さん、川崎さんは同意していた。めったに屋外に出ない居住者が天気のいい日に外へ出たとき、風に吹かれて心地よさを感じる。その経験は屋内とは違っていて、川崎さんに言わせれば「布団敷いて寝たいぐらい」の心地よさなのである。彼らよりも若く頻繁に屋外に出ている筆者は、スタッフの見分けがつき、名前は覚えていて、屋外の風や日差しに対する彼らほどの敏感さはない。同じ程度に年を取り、屋内での経験を共にしている居住者同士だからおしゃべりが弾んだのだろう。

社会学者ゴッフマンが著書『アサイラム』[26]の中で、施設に入る人々について以下のようなことを記している。

「言うまでもなく、被収容者は退所するとすぐに、市民社会の住人たちが通常まったく問題にしない――たとえば、新鮮な空気の鋭い匂い・自分の望むときにお喋りができること・一本のタバコに火をつけるのにいくらでもマッチを使えること・四人用のテーブルを独り占めしてスナックを食べられること――市民社会の住人という身分に伴う自由の諸相や様々な愉しみに驚くほど鋭敏なところを示すものだ。」(p.73)

この記述は、屋内を離れ構内に出た際に、おしゃべりを楽しみ、心地よい風を堪能していた事例3

－43と3－44と重なるところがある。屋内という閉じた空間を離れ、屋外に出てくることで、ゴッフマンの言葉を借りれば、「市民社会の住人という身分に伴う自由の諸相や様々な愉しみ」の一部を得ることができる。それは裏返せば、屋内でそれらの自由や愉しみを得ることが難しいことを表している。

それでは次に、屋内を離れ構内に出た居住者が、同様に屋内から構内に出てきたスタッフと再会したときのやりとりを取り上げたい。居住者が構内で、スタッフと会釈やあいさつを交わすことはよくあった。さらに構内では、スタッフは嬉しそうな表情で近づいてきて、くだけた口調で話しかけてくることがあった。交わされる会話の内容には、屋内では交わされることのないものが含まれていた。具体的に、スタッフが仕事を終え、帰宅しようと職員用出入口を出たところで出会い、しばらく時間を過ごした2事例を紹介する。2事例は同日の出来事である。

【事例3－45】［050520］　午後2時過ぎ、川崎さんと私は構内に出る。日が傾き始めて、建物の陰になった東側から日の当たる西側に移動しようとしていたそのとき、東側にある職員用出入口からスタッフWが出てきた。勤務を終えて、帰宅するためにバス停に向かっていた。携帯電話でメールの確認をしていたスタッフWに「携帯電話はいくらするの?」と川崎さんが話しかける。「またいくらですか?」と苦笑しつつも、スタッフWは大まかな値段を教える。川崎さんが息子に携帯電話を持たせてくれと頼んだものの断られたことを私から説明する。スタッフWもその顛末は知っていた。「川崎さんが携帯電話を持ちたい気持ちは分かるけど、川崎さんが持つと料金が大変なことになりそうと息子さんが思うのも無理はない」とスタッフWは意見を述べる。川崎さんはその意見にしぶしぶ同意した後に、特養に公衆電話を付けてくれと頼んだことがあることを話す。スタッフWと私には初耳だった。NTTに相談をして利用者が少ないことが見込まれるため設置を断られたと、事務スタッフから説明があったと川崎さんは話す。「川崎さん以外、ほとんど電話しないもの」とスタッフWは応じた。川崎さんは自分以外の人間が電話しないことに納得がいっていなかったものの、新たに「緊急時にどうしたらいいのか？」と別の問いかけをした。私は「緊急ってどういうことですか？　緊急のときはスタッフが救急車を呼んでくれるでしょう？」と返し、スタッフWは「どこか遠くに行っているのならともかく、大体この辺りにいるんだから」と付け加える。川崎さんが問いかけた「緊急時」がどのような事態を指しているのか明らかにされないまま、「救急車に乗っていくのいやだな〜」と川崎さんの話は逸れていった。スタッフWは「そうですよ」と合いの手を入れた後、思い出したように「そうだ！　川崎さん、3時までに帰ってくださいよ。リハビリしてくださいよ」と伝える。それに対して川崎さんは、リハビリが嫌いなこと、リハビリの先生の目を逃れるためにいろいろと画策していることを吐露する。川崎さんの主張を聞いたうえで、今日はリハビリを受けることをスタッフWは促す。

その後、病院には公衆電話が設置されている話、居住者の一人の夫が携帯電話を持っている話、コーヒーメーカーの修理を頼んだ話、水でコーヒーの味が変わる話、働いていた店の経営者の話と川崎さんは話し続けた。川崎さんがずっとしゃべるので、「川崎さんどうしたんですかね。先週もよく話していましたし」と私が尋ねると、スタッフWは「よく話すね」と同調した。やりとりを聞いていた川崎さんは「寂しいのかな」と寂しそうでもなく応える。「そう言えるからいいですよね」と私は伝える。立ち話の時間は30分ほどになり、スタッフWはバス停に向かい、私たちは建物の西側に移動した。二階に戻った川崎さんはリハビリを行っていた。

【事例3－46】［050520］　山内さんと私が構内に出たとき、午後4時を過ぎていた。正面玄関を出て東側に進んだところで山内さんの車イスを構外に向けて停めて、私は横で地べたに座りこんで並んで世間話をしていた。そこへ仕事を終え、歩いて自宅に帰ろうとしていたスタッフCが私たちのところに立ち寄って、山内さんを挟んで私と逆側に、山内さんに身体の正面を向けて、山内さんを横から直視するような身体配置で座った。

今日ある居住者が検査で「何か思いつく言葉を一つ言ってください」と尋ねられて、「天皇陛下万歳」と返答したのだとスタッフCは話す。私は大笑いして、「〇〇さんは冗談で言ったんですかね？本気で言ったんですかね？」とスタッフCに尋ねると、「どうでしょうね～」と答える。その居住者の年齢の話をしていると、山内さんが自分の小さなときには『修身』に『勅語』というものがあったと話に加わる。勅語には「朕が思うに～」といった文章があって、天皇の影響は強かったと話す。スタッフCはまるで知らなかったようで、首をかしげていた。私も詳しくはないものの、修身というのは今でいう道徳のようなもので、天皇を大事にしろ、親を大事にしろといったことが書いてあったらしいと説明をして、スタッフCに納得してもらった。そんな話をしていると自動車を取りに来た別のスタッフがこちらに歩いてきて立ち止まって、しばらく山内さんが話す「勅語」の内容や、天皇誕生日に学校へきれいな服を着ていかなければならなかった話を聞いていた。山内さんは先ほど（事例3－

45）の川崎さんほど怒涛のように話しているわけではなかったので、キリのいいところでやりとりを切り上げることができた。

川崎さんは元来新しいものが好きで、当時広がりはじめていた携帯電話を持つことを望んでいた。スタッフからサービスステーション内に置かれている電話を外部との連絡に使用していいと言われていたものの、川崎さんの希望は施設の外と気兼ねなく連絡をとることだった。川崎さんが述べていたように、大きな病院のロビーには公衆電話が置いてあることが多かった。当時筆者も公衆電話を設置して外部と連絡をとれたほうがいいと思い、スタッフリーダーに提案をした。しかし実現はしなかった。このような経緯があり、川崎さんが携帯電話の所有を望むことは必然であった。

事例３-45で、勤務が終わり帰宅途中のスタッフＷが携帯電話を目の前で使用し始めた。屋内では勤務時間中のスタッフが携帯電話を使用することはない。スタッフが携帯電話を使用しているチャンスを川崎さんが見逃すはずはなかった。川崎さんはスタッフＷに携帯電話を持つことについて探りを入れる。しかし色よい返事が得られなかった。そこでスタッフＷは自分が携帯電話を持つための味方にはなってくれないと判断したのか、川崎さんは話題を公衆電話の設置を要望したことに切り替えた。

途中スタッフＷからリハビリに参加するように促された後は、川崎さんは自分の近況をスタッフＷと筆者に話し続けた。普段これほど長い時間スタッフと立ち話をすることはない。いろんな話をした結果、携帯電話が持てるようになったわけでも、公衆電話の設置が約束されたわけでもなかった。しかし、屋内を離れて、スタッフと携帯電話の話題をはじめとしてあれこれとおしゃべりできたことは、川崎さんにとって充実した時間であったはずである。充実したおしゃべりの時間が、普段参加に積極的でなく、嫌いで、逃れるためにいろいろ画策をしていると話していたリハビリの参加に川崎さんを向かわせたのかもしれない。

事例3‐46では、スタッフCが筆者と同様に地べたに座りこんだ。地面に腰を下ろすと、視点が車イスに座る山内さんよりも下になる。勤務時間中にスタッフが床に座りこむことはまずない。スタッフに勤務中座りこんでいる時間はないし、もし座りこんでいたらサボっていると見なされかねない。筆者は仕事の義務もなければ、責任も持たされていないので、座りこむことができる。スタッフも勤務時間外であれば、地面に腰を下ろして、スタッフCが提供してくれたような屋内では話せない話題を居住者とやりとりすることができる。その話題は、山内さんの幼少期の経験を語ることへとつながっていった。昔話をすることを促されて披露するのではなく、スタッフCの話題につなげて自ら幼少期の経験を語っていた。その山内さんによる幼少期の話を、別のスタッフも加わって聞いていた。

勤務時間中のスタッフは、屋内ではいろんなルールに則っている。事例3‐45で携帯電話を使うこと、事例3‐46で地べたに座ること、そして両事例にて居住者と長い時間おしゃべりすること、これらができないことはルールの一例である。屋内でスタッフが則っているルールは、屋外に出るといくらか緩む。屋内と同じように接することは、屋外でのふるまいとしてふさわしくない。屋外では屋内よりも緩んだルールがルールである。屋内を離れて、構内でスタッフとやりとりすることは、ささやかながら特養の居住者にとって得がたい時間である。

構外で出会う対象

「人間が技巧をこらしたもっとも美しい庭の近くか、それともディズマル大湿地か、どちらかに住むように提案されたなら、私はためらわず湿地の方を選びます。」（ソロー[87] p.85）

アメリカの思想家ソローが著書『歩く』に記した文章である。住む場所として、人間が技巧をこらして設えた美しく安全で快適な庭よりも、人間の手が入っていない危険で快適ではない湿地を選ぶとソローは記している。構外に出て行くことは、ソローにおける湿地に当たるのではないかと筆者は考えている。一方の構内は、美しくはないが、安全で、快適で、移動が容易である。しかし、人間が設えた限られた空間で過ごしていると退屈になり、その空間に飽き足らなくならないだろうか。構内の外には、見知らぬ環境が——仮に知っていたとしてもわずかしか知らない環境が——どこまでも広がっている。移動が容易ではなく、危険や不快な出来事に出くわす可能性があったとしても、構外に出てみたいものではないだろうか。

それでは、構外ではどのような対象に出会っているのだろうか。対象との出会いにはどのような行為が伴っているのだろうか。まずは植物を取り上げる。

出会える植物

構外に出たときに居住者が出会った植物は、左にまとめたように、構内に比べて格段に多種であった。これら以外にも、筆者には分からなかった植物との出会いが多くあった。

藤、金柑、桃の花、水仙、高菜、ほうれんそう、キウイフルーツ、タンポポ（白、黄色）、大根、カーネーション、ダリア、柿、紅葉、イチョウ、桜、ツツジ、なでしこ、ボケ、里芋、かぼちゃ、小菊、大葉、白菜、梅、オクラ、芋がら、菜の花、米（稲穂）、ナス、苦瓜、イチジク、猫じゃらし、あざみ、セロリ、にんにく、玉ねぎ、きゃべつ、グリーンピース、落花生、ねぎ、ズッキーニ、彼岸花、山茶花、ブロッコリー、ごぼう、冬瓜、つわぶき、野草

植物は動かないので、これらの植物に出会うために居住者は構外に出て、会いに行かなければならない。居住者が構外に出かけた際にどのように植物に出会い、その出会いに伴いどのような行為が生まれているのだろうか。２事例を紹介したい。

【事例３－47】［090228］　田んぼの中の舗装道路を移動しているとき、隣接する畑に転がっていた不思議なものを私が見つけ、その正体を山内さんに尋ねた。山内さんは「里芋の親」と答え、自分でガードレールにつかまり、グッと身を乗り出して里芋の親を見ていた。ガードレールにつかまったまま、里芋の親を含めた周囲をしばらく眺めていたので、車イスを動かすことができなかった。

【事例3-48】［140911］　田んぼの中の舗装道路を移動中、咲いていた彼岸花についてひとしきり会話した後に、茎が伸びきった2メートルほどある背の高い作物に私は目を惹かれた。あれは何かと山内さんに尋ねると、山内さんが「オクラ」だと教えてくれる。続いて、「『畑のレンコン取ってきて』と言っていた」と話す。若いころ子どもたちに畑から取ってきてもらうように頼むとき、そのように伝えていたのだと説明する。「こんな大きいのは初めて見た」と山内さんは時間を空けて繰り返しつぶやく。ガードレールの上を両手でつかみ車イスに座ったまま身を乗り出して、オクラの茎を覗き込んでいた（図3-6）。

山内さんが身を乗り出して作物を眺めていた。里芋は親芋の周りに子芋が生り、一般に食べているのはやわらかい子芋である。事例3-47で「里芋の親」と呼ばれていた親芋は、子芋が収穫された後に畑にそのまま放置されていた。また、レンコンは放射状に空洞を持ち、蓮の根として水の中で育つ。事例3-48で山内さんが「畑のレンコン」とオクラを呼んでいたのは、オクラは畑で育ち、レンコンと同様に放射状に空洞を持つからである。「陸レンコン」とオクラを呼ぶこともある。このオクラの茎も放置され伸びきっていた。

人間の手によって栽培された里芋の親とオクラはいずれも畑に放置されていた。これら畑の作物は人の手が入った人工物である。ていねいに手入れされていれば、農作業を行う人たちの仕事を称えて、反対に放置されていれば、その状態のままにしている人たちの背景をあれこれ詮索すること——兼

図3-6　伸びきったオクラの茎を身を乗り出して眺める

業、高齢化、代替わりなど——がよくあった。作物を見ることは間接的に携わる人たちについてあれこれ話題にすることにつながっていく。

そして、作物は自ら成長する自然物でもある。「構内で出会う対象」で紹介した「無関係の関係[38]」と同様に、植物の日々自然に成長する姿が山内さんを身を乗り出すほどに惹きつけたのかもしれない。天に向かって伸びていた稲穂［150910］が、2日後の［150912］には目に見えて頭を垂れていた。この変化は筆者にも明らかで、山内さんは田んぼの横を移動しているとき、稲穂が傾いていることを繰り返し5度ほど口にしていた。移動しているとき、稲穂が重くなって傾いていく変化は、人の目を惹きつける。

構外に出て行き、植物の生えている場所を訪ねると、自ら変化する自然物であり、かつ人の手の入った人工物である植物に出会う。構内に比べて、多くの種類の植物に出会うことができる。

交わる人間

記録に残された構外における人間以外の動物との出会いは、水たまりで泳ぐおたまじゃくしと川べりに立つ鳥のみであった。構外に出ていた居住者と筆者の注意が動物に向かっていなかったのか、それとも移動範囲に動物はあまりいないのか。

ところで、構外を移動しているとき、人間に出会うことも少ない。次章（4章）の冒頭で紹介するように、都市郊外では日中に人間が出歩くことがそれほど多くないのだろう。人間に出会うときは、すれ違うか、それともあいさつや言葉を交わすかいずれかである。すれ違う事例は、ゴッフマン[27]の用語を借りれば、一瞬ちらりと見る程度の「焦点の定まらない相互行為」に当てはまるだろう。居住者が車イスに座って移動している際に、すれ違う人と「焦点の定まらない相互行為」が実現しているはずだが記録に残っていない。これには理由が二つ考えられる。一つには、車イスを押している同行者による観察の限界である。すれ違っているとき、車イスを後ろから押している同行者（筆者）の視点からは、居住者がちらりと見ている微細な動きを観察することは難しい。言葉や身ぶりを伴う行為でなければ背後から観察できないため、一瞬ちらりと見る程度の「焦点の定まらない相互行為」は記録に残っていないのだろう。二つには、一瞬ちらりと見る程度の「焦点の定まらない相互行為」とは、多数の人が行き交う都市空間での行動様式を表していて、すれ違う人があまりいない都市郊外にはあまり適さない行動様式である可能性がある。それでは、構外で居住者はどのように人間に出会っているのだろうか。あいさつや言葉を交わしている事例を検討したい。

【事例３－49】［120304］　田んぼの中の舗装路を進んでいるとき、年配の女性が犬を連れて向こうから歩いてくる。山内さんと私はやり過ごそうと立ち止まっていると、犬が路端で何かを見つけたようで私たちのいる手前で立ち止まる。私は「こんにちは」とあいさつする。山内さんは「よ～肥えたワンちゃんだこと」と、うわずった声で驚きを表す。飼い主の女性は「私も肥えていて。歩くけどそれでは足りません」とほがらかに応答する。山内さんは車イスで視線が低いからか、犬だけを見ていた。女性と犬は私たちとすれ違い、離れていった。

【事例３－50】［050513］　中村さんと私は構外から構内に戻ろうと移動していた。そのとき、３人の子どもを連れた母親と私たちは接近した。子どもの一人はベビーカーに乗っていた。中村さんは「かわいいね～」と感情が口からもれ出たような小さな声を発した後に、「こんにちは。かわいいですね」と母親に声をかける。母親は「この２人は双子なんですよ」とベビーカーに乗っている子どもと歩いていた子どもを指さした。「えっ、双子なんですか⁉　ずいぶん体の大きさが違いますね」と私が返すと、「そうなんです。違うんですけど、双子なんです」と気を悪くする様子もなく応えてくれた。そして、友人がやってきたようで、母親は私たちにあいさつをして去っていった。私たちも、あいさつを返して、構内に移動した。

二つの事例はいずれも面識のない相手とあいさつや言葉を交わしていた。事例３－49では、犬が立ち止まらなければ、犬を連れていた女性とは一瞬ちらりと視線を交わす「焦点の定まらない相互行為」に留まっていたかもしれない。立ち止まっていた私たちの前で犬が立ち止まったことで、あいさつを交わさなければならなくなった。人間の空間利用を考察したホール[30]による分類を参考にすると、人間と人間がすれ違うときに「社会的距離」――特別な努力をせずに相手に触れたり触れようとしたりできない――から「個体距離」――相手を抱いたり捕まえたりできる――へ距離が縮まることで束の間お互いに身構えて、再度社会的距離へと離れていくなかで緊張を解いていく。この過程がスムーズに進行すれば、一瞬ちらりと視線を交わす程度の「焦点の定まらない相互行為」に留まってかまわなかった。しかし、私たちが立ち止まっていた場所の手前で犬が立ち止まってしまい、両者は個体距離の持続を強いられた。そこで両者の身構えた緊張を解きほぐすために、当時の筆者は犬を連れた女性にあいさつをしたのだと思われる。

また、事例3-49で筆者が女性にあいさつした後に、山内さんが犬について女性に話しかけていた。動物観についてまとめた濱野[34]において、家庭内で飼育されている犬は、主に飼い主が優位個体となり、犬は飼い主に従いながら、信頼感をもって家庭という群れの中で集団生活をしていると考えられている。飼い主に限らず、人間は犬に対して優位個体としてふるまうように思える。山内さんは犬に対する優位個体として、飼い主とのあいだで犬を話題にしやすかったのではないだろうか。

同様に、事例3-50では、中村さんが面識のない女性に声をかけていた。その際には、「かわいいね～」、「こんにちは。かわいいですね」と子どもを話題にして声をかけて、その母親は困ったそぶりも見せずに応答してくれた。事例3-49における飼い主や事例3-50における母親のような成人とのあいだで、面識のない人間と接近して会話しながら焦点を共有して維持する「焦点の定まった相互行為」を展開することは難しい。一方で、犬や子どもを話題（焦点）にすれば、「焦点の定まった相互行為」を展開することが可能である。

そして、二つの事例で出会った人間に共通するのは、周りにいたのは、居住者と筆者だけだったことである。構外に出て、私たちが移動している経路で人とすれ違うことはそれほど多くない。人がたくさん歩いている都会の道では、「儀礼的無視」[27]が機能する。一方で、田舎道では人間と出会うことが少なく、出会った人間を無視するほうが緊張を強いられる。

筆者はかつて都市部の住宅地で、在宅高齢者が普段行っている外出に同行する研究を行っていた。[60]ある夫婦が日課にしていたウォーキングに同行した際に発見したのは、場所によって出現する行為が違うことであった。早朝自宅から歩いて数分のところにある小高い山の上に設けられているウォーキングコースでは、すれ違うウォーキングをしている人たちとあいさつを交わしながら早足で歩いていた。その後、山を下りて一般道に沿った歩道に入ると、足取りが緩やかになった。また、歩道を歩いているのが通勤・通学の人が多いためか、あいさつを交わすことはなくなった。この山の上のウォーキングコースと山の下の歩道における足取りの早さやあいさつの有無の切り替えが、先ほどふれた都市郊外の道と都市の道に対応している。イッテルソンの言葉を借りれば、「舞台（arena）」が異なっている。[42]

訪れる場所

序章でふれたように、場所の意味は暗黙で当然のこととされ、喪失や変化において顕在化する。人間にとっての場所は揺るがないときには意識されない。場所が意識されるのは、対象との出会いや行為が喪失したり、変化したりするときである。ここでは、構外を移動しているときに居住者が場所を意識した2事例を取り上げて、場所について検討したい。

【事例3－51】［170905］　山内さんの座る車イスを私が押して、田んぼとドラッグストアに挟まれた道を進んでいた（図3－7の⑴）。左手にある田んぼの稲穂が立派に育っていることを話題に話した後に、山内さんが唐突に「土地が空いとったけどね～」と残念そうな声を出す。私は何を言っているのか分からず、「えっ？」と間抜けた声を出した。あらためて「土地が空いとったけどね～」と言われて、何かを指しているのか分からず、「ここ？」と右にあるドラッグストアを指さすと、「そう」と答える。私は山内さんの意図が分かり、「そうですね～」と同意する。

今現在ドラッグストアが建っているこの場所は、山内さんが「土地が空いとったけどね～」と言った通り、かつて空き地であった。このドラッグストアが建てられた後、山内さんと筆者がドラッグストアの建物を初めて目にした［120304］に、そのまま建物に入って店内をめぐった。事例3－51の5年半前である。そして、ドラッグストアを初めて目にする前、さらに3年8か月ほどさかのぼると、この空き地について以下のような記録が残っている。

【事例3－52】［080627］　昼ごろ山内さんと私は構外に出て行く。幹線道路に出る手前、道路に面し

図3－7　⑴ 現在のドラッグストア（東から西方向へ撮影）
⑵ かつての空き地と水たまり（西から東方向へ撮影）

た右手の空き地に大きな水たまりがあった（図3－7の⑵）。私はその水たまりにおたまじゃくしを見つけて、山内さんに見るように促す。水たまりにいたおたまじゃくしを見た後、「これがカエルになって」と山内さんが話をふくらませて、会話が弾んだ。

この空き地には、雨が降った後に限らず、常時水たまりがあった。その水たまりの一つにおたまじゃくしが泳いでいるのを筆者が見つけて、山内さんに見るように促すやりとりがあった。その後に、空き地にドラッグストアが建てられ、水たまりは埋められた。そして長い時間が経った事例3－51で山内さんがかつてあった空き地のことを口にした。山内さんの唐突な発言に筆者は意表をつかれ、山内さんが何を指しているのか分からず、間抜けた声を出してしまうほどだった。実は、筆者はこの空き地をずっと忘れていたわけではない。［130808］にかつて空き地だったドラッグストアに面した道路を山内さんと移動しているとき、なくなった水たまりを思い出して、「山内さんと水たまりの話をすることは——昔話以外には——もう叶わないのだろう」と記している。事例3-51で山内さんが話しているのは、ドラッグストアが建つ前にあった空き地のことで、空き地にあった水たまりのことを思い出していたのは筆者であった。

場所の意味は喪失や変化の後に顕在化する。ドラッグストアが建つことで覆い隠されてしまった空き地、そして埋められてしまった水たまりはもうない。空き地や水たまりがなくなった後に、かつてこの場所を訪れていたこと、空き地や水たまりを眺めていたことを意識する。場所に埋め込まれた私たちの前意識的・潜在意識的な身体は「ボディ・サブジェクト[80]（body subject）」と呼ばれている。このように現地を訪れるなかで喪失や変化を意識した経験を、もう1事例検討しよう。

【事例3-53】［130808］　山内さんの座る車イスを私が押して田んぼの中を移動している途中、木陰で休憩していた。そのとき山内さんがカーネーションのビニールハウスがなくなっていることに気づいた。山内さんの身体は田んぼの方を向いていて、ビニールハウスは背後にあったので死角になっていたように思えるのだが、とにかくなくなっていることに山内さんが気づいた。私は確認をしに、背後にある木々のあいだに入っていった。ビニールハウスは確かになくなっていた。

事例3-53では、ビニールハウスが忽然と姿を消したことに山内さんが気づいた（図3-8の⑴）。このビニールハウスは特別なかたちをしていたわけでも、特別な機能を持っていたわけでもなかった。山内さんと筆者、そしておそらく持ち主以外にとっては、注目することさえない周囲の環境の一部と言えるだろう。しかし、山内さんと筆者にとって、構外に出て移動しているときに繰り返し注目して話題に上り、移動中の目印となる「ランドマーク[57]（land mark）」の機能を担っていた。山内さんが初めて言及したのは以下の事例である。

【事例3-54】［081213］　山内さんがビニールハウスでカーネーションが栽培されていることに気づく。「正月用に出荷するのだろうか？」と私に尋ねた。「正月にカーネーションということはないでしょう。バレンタイン用ではないでしょうか？」と返答すると、「でも花が開いているやつもあるからバレンタインまでもたないのでは？」と山内さんから返ってくる。「たしかにそうですね。このカーネーションどうするのでしょうね？」と私は応答した。

新しいビニールハウスではなかったので、ずっとあったのだろう（図3-8の⑵）。カーネーションを栽培していることに気づくことで、はじめて山内さんと筆者の注目がビニールハウスに集まった。カーネーションは母の日に渡すものと思いがちであるが、バレンタインに意中の相手に渡すこともある。どの時期に出荷するカーネーションであるのか、2人だけでやりとりを続ける限り正解は分からない。この後、ビニールハウスで栽培されていたカーネーションに関するやりとりは繰り返された。そして、事例3－53で、ビニールハウスが姿を消していることに山内さんは気づいた。ビニールハウスがなくなって落ち込んだり取り乱したりすることはなかった。

ビニールハウスがなくなったことに気づいて、次にビニールハウスの跡地を訪れたのは半年後［140310］であった。跡地に面する舗装路を通り過ぎるとき、筆者は山内さんの様子をうかがっていたのだが、ビニールハウスがあった方向に視線を向けることはなく、言及することもなかった。具体物がなくなってしまうと、あったことを忘れてしまうものかと考えていた。しかしその後、「小屋」について山内さんが口にした2事例を紹介する。

【事例3－55】［150910］　田んぼの中の舗装道路を山内さんと私で移動していると、「ここらへんに小屋がなかっただろうか？」と山内さんが独り言のように問いかける。山内さんが「小屋」と言ったものがもう少し先に行ったところにあったカーネーションを栽培していたビニールハウスのことを指していたのか確証はなかった。けれども、それはカーネーションを栽培する小屋だったと私は返答した。「カーネーションを作っていた小屋があったね～」と山内さんから返ってきた。

【事例3－56】［150912］　田んぼの中の舗装道路を山内さんと私は移動していた。カーネーションのビニールハウスがあった場所にさしかかったとき、山内さんは思い出したように「ここらへんでカーネーションの小屋があったような…」と私に問いかけた。

図3-8　⑴ ビニールハウスの不在
⑵ 在りし日のビニールハウス

構外に出た際に、しばしば話題となり、私たちにとってランドマークの役割を担っていたビニールハウスが姿を消した。その後ビニールハウスについて山内さんが探す様子も口にすることもなかったのだが、2年ほど経った事例3-55で「ここらへんに小屋がなかっただろうか？」と山内さんは筆者に問いかけた。山内さんは以前ビニールハウス内のカーネーションや育てている人間のことを話題にしていて、ビニールハウスのことは話題にしていなかった。そこでかつてあったビニールハウスを「小屋」と表現した可能性が考えられる。

そして事例3-55の2日後、事例

3-56ではビニールハウスのあった場所で、「小屋」がないことを山内さんは筆者に問いかけていた。これはかつて繰り返し注目して話題にしてきたビニールハウスの記憶がよみがえってきたと理解できるのか、それとも2日前のやりとりによって記憶が更新されたのか、どちらであるのか判別はできない。いずれであっても、この場所を訪れた際、山内さんと筆者のあいだでビニールハウスがかつてあったと思い出話をすることはできるものの、かつてのようにビニールハウスの中を覗き込みながらあれこれとおしゃべりすることはもう叶わない。この場所を訪れたとき、ビニールハウスは繰り返し話題に上っていた。構外の場所の意味の一つがなくなってしまった。

歴史をつくる

車イスに乗った居住者が屋内から構内・構外に出て、水平や垂直、媒質、対象や場所に出会っていること、そしてそれらに出会うことに伴う行為を紹介・検討してきた。それらの出会いや行為は、刹那的なものではなく、居住者と車イスを押す筆者とのあいだで歴史をつくることがあった。歴史をつくることについて、一連の事例を紹介して検討したい。

すでに紹介した事例3-40［040827］で、青虫を見た和田さんが身体を強張らせて嫌がり、見るように促した筆者が謝っていた。はじめに、その後の経過を紹介したい。

【事例3-57】［041001］　構内で和田さんと並んで佇んでいるとき、イモ虫が足元にいることに私は気づいた。和田さんが怖がりそうなので、足でイモ虫を遠ざけた。私の不審な動きに気づいた和田さんはどうしたのかと尋ねる。すでに遠ざけたことを前置きしたうえで、イモ虫がいたことを話すと、のけぞるように全身を強張らせ、「いや〜っ」と声を上げた。あらためて向こうに追いやったことを伝えるも、和田さんは眉間にしわを寄せて怖がった。イモ虫ではなくダンゴ虫であったことに私が気づき、その間違いを伝えると「虫自体がえずい（怖い）」と、和田さんは苦笑いしながら話す。この「えずい」というめったに聞かない方言の響きに私は笑ってしまった。私が笑ったことにつられて、和田さんも笑っていた。

その後、和田さんは蛇よりも青虫が嫌いであることを、右手の側面を使って青虫の伸び縮みする動きを真似て見せたうえで、特にその動きが嫌いであることを説明してくれた。さらに、幼いころ田んぼで畑仕事を手伝っていると、「ヒル」が靴下の中にまで入ってきた話を四、五回繰り返した。和田さんが話を繰り返すので、「嫌いなわりに何度も話しますね」と私が皮肉ると、「嫌いばってん、見たかろうが（見たいものだろうよ）。怖いものみたさたい」と和田さんは破顔一笑で応答した。和田さんの絶妙な応答に私は笑い転げてしまった。

【事例3－58】［041015］　構内に出ると、「イモ虫はおらんやろ?」と和田さんは苦笑いしながら私に尋ねた。「虫が好かんたい。蛇のほうがまだよか」と私が返答をする間もなく和田さんは話し続けた。「嫌いなんですね。そっち（虫のいた方向）には行きませんよ」と私は返した。構内の散策を続けているあいだ、和田さんはイモ虫の話を続けていた。

【事例3－59】［050527］　和田さんと私は構内に出て、敷地の奥に進み、マンションを眺めていた。和田さんがおもむろに「虫はおらんやろうね～」とクシャッと笑顔をつくりながら話し始める。右手の人差し指と親指で形のようなものを示しながら，「私は虫けらが嫌いで。あの縞模様が…。友達とかが可愛いとかいうばってん（けれども）、可愛いはずがなかろうが～」と続けて話す。立て続けに話す和田さんに「思い出しました!?」と私は苦笑した。車イスを反転させて、「この季節、虫はいないですよ」と和田さんに話しながら、その場所から離れた。

ことの始まりである事例3－40において、筆者が和田さんの視線を青虫に誘導していた。青虫と和田さんの出会いは、「青虫」と「和田さん」の二項で出会っていたのではなく、両者を結びつけた「筆者」を加えた三項で出会っていた。そして、事例3－57でも、和田さんに気づかれないように筆者がダンゴ虫を遠ざけていたものの、ダンゴ虫を和田さんが気づいてしまい、筆者とダンゴ虫の二項に、第三項として和田さんが加わった。ダンゴ虫をめぐる和田さんと筆者のやりとりは、和田さんが口にした「えずい」という方言の新鮮な響きや手を使って青虫の動きを真似たチャーミングな動作、さらに虫の話題を和田さんが繰り返すことに対する私の皮肉への和田さんの絶妙な応答が続いて、虫を対象にした和田さんと筆者のやりとりは大いに盛り上がった。

事例3－58は屋外に出た和田さんが虫を警戒していたと理解できると同時に、2週間前の事例3－57における楽しかったやりとりの余韻から虫を話題に持ち出したととらえることもできるだろう。事例3-58の1か月後［041112］にも、屋外に出た際に、和田さんが虫の話をしていたことを記録している。和田さんは虫が嫌いであるにもかかわらずである。

そして、事例3-40から9か月経った事例3-59で、屋外に出た和田さんはおもむろに虫がいないかと話し始めた。和田さんがクシャッと笑顔をつくっていたのは、和田さんにとって嫌いな話題を口にしているのではなく、楽しい話題を口にしていたからであろう。和田さんは虫が嫌いだけれども、その虫を話題にした筆者とのやりとりは楽しかった。そのため、和田さんは虫を話題にしたのではないだろうか。

事例3-40から事例3-59に至る虫をめぐる和田さんの新たな歴史は、同行者である筆者と一緒につくっていた。始まりは筆者が青虫を見ることへと促して、その後虫をめぐるやりとりを繰り返していた。虫をめぐる和田さんの歴史は、同行者である筆者がいなければあまり意味をなさない。和田さんと筆者によってつくってきた個別の歴史だからこそ、盛り上がるのだろう。

この一連の事例は、和田さんの車イスを押して、屋外に同行することで出会った対象を2人だけで共有し、その共有した経験を重ねていくことにより、対象をめぐる和田さんと同行者とのあいだで個別の歴史をつくっていたことを表している。

「場所を知っていくことは記憶と連想の見えない種をそこに植えていくことだ。」（ソルニット[81] p.26）

歩くことについて記した著書『ウォークス』にソルニットが記していた言葉である。場所を訪れ、その場所の何かを知ることとは、「記憶と連想の見えない種をそこに植えていくこと」で、後に実る出会いや行為の種を植えている。ただし、その種は、後に実ったときに種を植えていたことが分かるのであって、植えているという自覚はない。和田さんに青虫を見せたことが、後に和田さんが虫についての繰り返し話題に持ち出すことにつながると、筆者はまったく予想していなかった。どの対象との出会いや行為が種であるのかは、後に対象との出会いや行為が実ったときに初めて知ることができる。よって、種を植えているときにはどの種が実るのか予想できないので、できるだけたくさん種を植えて、すなわちたくさんの対象と出会い、後は待つしかない。

ところで、エピソード記憶は日常生活で生起した時間や場所に関連する諸事情の記憶で、言葉の意味や科学的事実のような時間や場所と関係しない一般的情報である意味記憶と区別されている[46]。意味記憶とエピソード記憶のどちらが長く記憶に留まっているのかについて、記憶の内容が違うのでただちに比較することはできない。そのうえで、和田さんが筆者と一緒に対象に出会ったエピソード記憶には、長く記憶に留まることではなく、対象や場所に繰り返し出会うことで記憶が更新していくことが期待される。そして和田さんと筆者が構内で虫をめぐるやりとりを繰り返していたことは、和田さんと筆者のそれぞれに留まる記憶を超えて、あらためて対象に出会い場所を訪れた際に片方が意味を見出すともう片方が応じてしまう、そんな対象や場所に潜む歴史をつくっていくことであった。

本章では、車イスで屋外に出かけていくことに注目してきた。天井や壁に囲まれ、自然物は人間だけで、居住者間の関係でままならない状況に陥ることがある屋内環境から、空や地面、見通しの開けた水平、異なる媒質、植物、人間を含めた動物、屋内から出てきて再会する人間、そして繰り返し訪れる場所といった屋外環境へと移動していく。居住者はいつも環境に取り囲まれているのだが、屋外に出てさらに移動することで取り囲む環境を渡り歩いていく。そして、取り囲む環境の一部に出会い、その対象との出会いに伴い行為が生まれていた。さらに、屋外に出ることを繰り返すことで、居住者と車イスを押す同行者とのあいだで対象や場所にまつわる歴史をつくっていた。これら出会った対象や実った行為、そしてつくった歴史が、居住者にとって場所の意味を新たに創造していることを表していた。

また、知覚できる対象は取り囲む環境に限られるので、移動することで取り囲む環境は移り変わり、知覚できる対象は入れ換わっている。すなわち、屋外に出て移動することによって、出会える対象、対象に出会うことに伴う行為の機会を更新している。この出会える対象や行為の機会の更新は、行為の可能性の総体である生活空間を更新していることになる。

居住者は特養に生活の拠点を移す際に、以前の住居で張りめぐらせていた場所の意味の多くを手放している。そして、1章で検討した特養の屋内空間において、屋内における生活空間、すなわち屋内における行為の可能性の総体が、手放した場所の意味に対して、十分ではないことを指摘していた。

2章と3章で提示してきたのは、屋内に落ちつくことに加えて、外縁や屋外に出て行くことで、たくさんの場所の意味を新たに創造できることである。老いの時間は、それ以前の時間に価値を高く見積もっていたことの維持、低下や喪失の補償にかかずらうのではなく、場所の意味を新たに創造して、生活空間を更新していくことができる。

次の章では、自動車に乗って遠くに出かける居住者の移動に同行する。自力で移動できない特養の居住者にとって、自動車に乗って遠くに行くことが一般的だろう。同行を続けよう。

4章　自動車で出かける

1960年代にカープ[16]が初めて高齢者と環境に関する大規模データの収集・分析を行った。[96]カープによる先駆的な研究の一つが、アメリカ・サンアントニオで700名ほどの高齢者を対象に行った歩行の頻度、屋外歩行の目的地、居住地と歩行頻度の関連、歩く際の問題などに関するインタビュー調査である。居住地と歩行頻度の関連に注目すると、「毎日歩いて出かける」と答えた住民は、都市中心部の住民の50％に上ったのに対して、新郊外（new suburbs）の住民は1％にも満たなかった。また、出かける手段として「歩くことは決してない」と答えたのは、都市中心部の住民が5％にとどまったのに対して、新郊外の住民では50％がそのように答えた。居住地が異なることによる歩行頻度や出かける手段の違い、とりわけ都市郊外に住む高齢者が歩いていないことは目を引く。

それでは、都市郊外において選択されている移動手段はどのようなものがあるだろうか。オーストラリア・ブリスベン郊外に住む57～87歳の13名にGPS（Global Positioning System 全地球測位システム）を装着して、GPSに記録された移動軌跡と質問紙を用いて、移動手段と目的地、それから移動手段ごとの距離を調査している。[106]1週間の調査期間中、1キロメートル以上歩いたのは3名で、4名は屋外を歩くことがなく、それ以外の6名は数百メートルの歩行にとどまった。移動に利用したのは主に自動車で、移動すべてが自動車だったのは5名、移動距離の90％以上が自動車であったのは4名、70％以上が2名、すべて歩行が1名、自動車は使わずバイクと公共交通機関が1名であった。すべて自動車で移動した5名と90％以上の距離を自動車で移動した4名の計9名の平均年齢は74・2歳、70％以上の2名と自動車に乗らなかった2名の平均年齢は66・2歳で、前者の年齢のほうが高かった。わずかな人数であり確定的なことは見出せないが、年を取ると歩いて移動することが難しくなり、車イス代わりに自動車を運転し続け、車移動への依存が高まる傾向があるのかもしれない。

取り上げた二つの調査と年代・地理・文化の脈絡が違うものの、筆者の通う都市郊外に位置する特養でも同様に、スタッフや家族が居住者と屋外を出歩くことはあまりなく、自動車で出かけることが通常であった。この特養の近隣には居住者が利用可能な公共交通機関は通っていない。スタッフの通勤手段は自動車や原付スクーターが多く、その他は歩いて10分ほどの場所に停留所があるバスの利用であった。家族も同様に自動車、原付スクーター、バスで来訪していた。家族が高齢で歩行に不安を抱えていて、日常の移動を自動車に頼っていることは少なくなかった。

家族との外出は、帰宅、結婚式への出席、知人との面会、墓参りを記録している。スタッフとの外出は、病院、買い物、バスハイク、個人外出を記録している。バスハイクは、大勢の居住者とスタッフが貸切バスに乗って、花見や観光地に出かける小旅行である。個人外出は、２００８〜２０１２年に続いていた月に1回居住者の希望する場所に少人数で出かけることであった。居住者の希望により、カラオケ、喫茶店、回転寿司、親類宅などに出かけていた。

特養の立地条件、スタッフの通勤や家族の来訪の手段に加えて、居住者のスタッフや家族との外出は遠出することが多いため、特養から目的地まで直接移動するには自動車が便利である。3章で検討した車イスで屋外を出歩くことは筆者とのあいだでもっぱら行われていたことで、スタッフや家族は自動車に乗って居住者と出かけることが通常であった。

ショッピングセンターに買い物に行く

筆者は、居住者が自動車に乗って外出する中で、買い物とバスハイクに同行したことがある。本章では、はじめに、同行した買い物とバスハイクの中から、[040521]に出かけた買い物の全行程を提示する。特養を出て、ショッピングセンターをめぐり、特養に帰ってくるまでの行程を9の場面に区切って、他の外出時の事例を適宜挟みながら分析・検討していきたい。1時間半から2時間ほどの記録で、事例としては長尺である。しかし、この時間の中でショッピングセンターに移動し、買い物を済ませ、特養に帰ってくることは、居住者、スタッフ、同行している筆者にとって慌ただしく、あっという間に過ぎる時間であった。

【事例4】[040521]　**場面1**　午後山内さんと私は構内に出ていた。屋内に戻ろうと玄関に向かっていると、川崎さんが玄関から出てきた。川崎さんが買い物に出かけるために玄関に出てくる頃合いであることを私は知っていた。というのも、私たちが屋内に戻るために玄関に向かう少し前、山内さんと私のいる目の前で、川崎さんの担当スタッフが自動車を玄関前に移動させようとしていた。しかし、そのスタッフにとって初めて乗る自動車で、サイドブレーキの位置が分からず、私が自動車に乗って教えた。その経緯があったので、川崎さんが間もなく買い物に出発することを私は知っていた。

そして、川崎さんが買い物に出かける様子を山内さんと自動車の後方から見ていた。見送りにやってきた別の階のスタッフリーダーがスタッフに「〇〇さん、大丈夫？」、「できたら私が行けたらいいんだけど」と声をかけていた。「男の人に代わってもらったらいいけど」と話していたので、「（今日唯一勤務している男性スタッフ）〇〇さんは腰が痛いってさっき言っていました」と私が伝えた。スタッフリーダーは困った表情をしていたので、「私でよければ行きましょうか？　いないよりはいいでしょう？」と声をかけた。少しあいだがあって、スタッフリーダーは思い切った様子で私に買い物に付いていくことを依頼して、私は引き受けた。

山内さんを二階に送って再度下りてくることを約束して、一旦その場を離れた。山内さんが「いいよ。自分で行けるから」と言うので、一階のエレベーターの手前まで車イスを押していき、後は自力で戻ってもらった。

場面２　車イスをトランクに入れて、川崎さん、担当スタッフ、そして私の３人が車に乗り込み、スタッフの運転で自動車は出発した。自動車が進んでいくと、川崎さんがこれまで買い物に出かけていたときの経路と違うことに気づいて、目の前に広がる風景が違うと口にする。それから、川崎さんはドアに付いているスイッチを押して窓の高さを調整していた。手先がうまく動かず、調整に苦労していたが、それでも諦めず調整しようとしていた。

ホームセンターとスーパーが併設するショッピングセンターに到着して、自動車を出入口近くに設けられている身障者用の駐車場に停車した。私が自動車から車イスを下ろし、スタッフが川崎さんの移乗を介助して、川崎さんは車イスに収まった。川崎さんに「何を買うんですか?」と尋ねると、手に持った手帳をこちらに突き出した。小さな手帳には小さな字でビッシリ書かれてあった。ページ上部にホームセンターで買うもの、線を引いてその下にスーパーで買うもの、スーパーで買うものの一番下に「揚げ物、イカ天」など惣菜が記してあった。

場面3 スタッフが買い物カートを押し、私が川崎さんの車イスを押すことになった。ホームセンターに入って、はじめに向かったのは下着売り場だった。「トランクスが一番いいんだけれど、パットが落ちてしまうから」と説明する川崎さんは、尿漏れ防止のパットが落ちないボクサーパンツを探していた。名前が書けないから黒は避けて、グレーをカートに入れた。次は修正ペンを探しに移動する。修正ペンは、10種類ほどあって、どれがいいのか迷ってしまっていた。川崎さんは左片半身麻痺で左手がほぼ動かないので、右手だけでキャップを外せる修正ペンを私が勧める。「値段はいいから(気にしなくていいから)」と、川崎さんはそのペンを選んだ。それから、乾電池を探しに電気用品売り場に向かった。携帯電話コーナーに通りかかった際、「携帯電話ですよ」と私が川崎さんに声をかけると、そちらに顔を向けて「ほ～」と関心を示していた。乾電池コーナーに到着して、マンガンかアルカリか、8本入りそれとも12本入りと、川崎さんは手に取って選んでいた。単三の乾電池を選んだ後、さらにカメラ用の乾電池の購入を望んだが、どれが自分のカメラに合った乾電池なのか分からず、次回買い物に来るときにカメラを持ってくることになった。

場面4　その後、売り場が近い水を選びに行くことにした。買い物に出かける前に特養の廊下で川崎さんに出会った際、「今日何を買いに行くんですか？」と尋ねると、「水を買いに行く」と話していた。今日の買い物の一番の目当ては、コーヒーを淹れるための水であった。施設の蛇口から出る水はカルキのせいか塩っぽい味がすると川崎さんは話す。売り場にはペットボトルに入った水が数種類置いてあった。川崎さんは値段の一番安い水を選んで、3箱運ぶことを求めた。スタッフは2リットルの水が6本入った箱を持ち上げてせっせとカートに移した。次は、水が置かれていた場所に近い食品売り場でアメを探す。あまり迷わず、川崎さんは2袋を選んだ。それから同じ食品売り場でコーヒー用の砂糖を探す。8グラムずつ小分けにしてあるものが欲しかったと話すが、陳列棚にあったのは5グラムずつ小分けにした砂糖であった。50本入りを1袋カートに入れた。砂糖を探している最中に、川崎さんは缶詰が欲しいと言うので、缶詰を吟味する。缶詰は棚の一角にあるだけで、種類は多くなかった。川崎さんはそのなかから選ぼうとしていたが、スタッフが後ほど行くスーパーには種類が揃っているからと助言して、川崎さんは助言に従い手に持っていた缶詰を陳列棚に戻した。

場面5　食品売り場を離れて、今度はフック、紐、そして爪切りを捜す。金属製のフックを見つけた。金属製のフックだと引っかける予定であるベッドの手すりからすべり落ちてしまう可能性を川崎さんは懸念した。スタッフが店員を捕まえて金属製以外のフックがないことを確認して、川崎さんは購入を諦めた。そして物をつるすための紐、細くて強い紐を川崎さんは望んだ。紐を探しているときに、一旦諦めていたプラスチック製のフックを私が見つけて、カゴに入れた。目当ての物を探していて私が見つけたとき、川崎さんから「目がいいな～！」とたびたび褒められた。紐は川崎さんが気に入るものがなかった。さらに、川崎さんは小型の包丁とまな板を望んだ。明太子などを切るときに使うと話す。それに対して、居室に包丁を持ち込むことは特養では許されていないとスタッフが説明する。川崎さんは折りたたみ式のナイフをサービスステーションに現在預けているものの、小さくて使いにくいと話す。川崎さんは、サービスステーションに預けても構わないので、包丁を購入したい旨をスタッフに伝えるも、スタッフは困った顔をしている。ダメとは言わないが、イイとも言わない。川崎さんが「いいや」と折れて、まな板だけカートに入れる。

場面6　化粧品の売り場に向かう。川崎さんはT字のカミソリを大量にカートに入れる。カートに入れた量にスタッフは驚く。安いT字のカミソリは歯がすぐにダメになるので大量に購入すると話す。次に爪切りを探すのだが、女性用の爪切りしかない。店員に尋ねて、爪切りの置いてある場所を教えてもらう。左半身が麻痺している川崎さんの左手の指は巻きついていて、爪が伸びると自分の手に食い込んでしまう。かといって短く切りすぎると深爪になるので、できるだけやすりで爪を削る必要がある。そのため、川崎さんの爪切り選びの条件はやすりが付いていることであった。しかし爪切りはケースに入れられて陳列されているため、どれにやすりが付いているのか見分けられなかった。店員に説明してケースを開けて確認する許可をもらい、私がケースを開けてやすりの有無を確認する。やすりが付いている爪切りをカートに入れた。

場面7　駆け足ながらも長い時間が過ぎた。最後にパジャマを探しに行く。冷房に備えて少し厚手のパジャマを所望していたが、陳列されているのは薄手のものばかりで、川崎さんが今着ているパジャマと変わらなかったので購入しなかった。

これでホームセンターでの買い物は終了した。会計をするために、レジに向かう。購入したものは、ボクサーパンツ、水、プラスチック製のフック、単三乾電池、修正ペン、アメ、砂糖、まな板、爪切り、T字型カミソリで、合計８０００円弱だった。

購入した品物を袋に詰める。スタッフから、時間がないので荷物は自分が自動車に乗せておくので、隣接するスーパーに先に行ってくれと求められる。スタッフの求めに応じて、川崎さんの車イスを押し駐車場を横切ってスーパーに向かう。川崎さんがスーパー入り口辺りを指さして、「ここ辺りにね、え〜と、回転焼きの店があったんだよ」と話す。

場面8　スーパーに入店すると、川崎さんは缶詰売り場に行くことを望んだので、そちらに向かう。川崎さんは缶詰を10缶ほどカゴに入れた。缶詰を選ぶと、川崎さんは率先してレジの方に向かう。レジに向かう途中、黒糖アメの袋をカゴに入れる。レジ付近では、焼き菓子を手にとって吟味していたが棚に戻した。次に、「こっち」と川崎さんは果物売り場に向かうことを求めて、そちらに進んでいく。川崎さんの手帳には「果物」と書かれていたが、果物には関心がないようで通り過ぎる。果物売り場の先にある惣菜売り場に向かっていたようであった。惣菜売り場に向かっている途中、漬物が置いてあることに川崎さんは気づき、車イスを止める。たくあん、イカの塩辛、きゅうりの浅漬けなど漬物をカゴにいくつも入れていた。漬物売り場に煮豆が置いてあった。川崎さんは煮豆を手にとりながら、「(居住者の) 小久保さん、煮豆くれとか言うんだよ。最近は慣れちゃって、ラッキョはないかとか言いやがる。家族が来たときに言えって言うんだけど」と話し始めた。川崎さんは直接顔を合わせている小久保さんに腹を立てることがあるが、目の前にいない小久保さんの話をする様子は嫌そうではない。川崎さんは煮豆をカゴに入れずに陳列棚に戻した。

場面9 惣菜売り場にたどり着き、惣菜を見て回った。お寿司のコーナーでは、握り寿司の容器を手に取り、しばらく見て、結局戻した。そして、レジに向かった。会計を済ませて店を出たときに、川崎さんが「ここ辺りに…」と言いかけると、「回転焼きの店でしょう!?」と店の外で合流したスタッフが先に言った。ホームセンター前の駐車場まで移動して、川崎さんを自動車に移乗し、車イスをトランクに乗せて、帰路についた。川崎さんは、メモに書いてあるものすべては買えなかったけれども、満足している様子だった。

場所としての移動の車中

現代の自動車はガソリンをはじめとする燃料を動力に変換させることで、高速でかつ遠くに移動できる。地面はアスファルトで固められ、交通事故による死傷者が絶えなくても、私たちは自動車の利便性を享受し続けている。とりわけ都市郊外や地方に居住する高齢者にとって、自立歩行が難しくなった後の移動手段として自動車を簡単には手放せないだろう。また、本書で注目している身体に様々な不自由を抱える高齢者が遠出するためには、誰かが運転する自動車に同乗しなければならない。それでは、居住者において自動車で移動する車中とはどのような場所なのだろうか。本項では、移動の車中で出会う対象や行為を、前章で検討した車イスで出歩くこととの相違を意識しながら、事例を通して検討する。

風景は移り変わり、身体は動かない

場面2では、いつもとは違う風景が広がっていることを川崎さんが話していた。また、［030514］には自動車で移動していると、右手にRという介護施設が見えてきた。川崎さんが「ここにRがあるのか」と確認するように話して、Rには病院に入院中同室だった人が入居していることを川崎さんはさらに話した。長い距離を移動できる自動車に同乗しなければ、居住者がこれらの風景や対象を見ることはできない。

そして、自動車に同乗して風景や対象を見る経験は特殊である。人間を含めた動物が見ることを研究したギブソンによると、動物が能動的に移動する際（始動・停止・後退すること、方向転換すること、接近することなど）には絶え間ない運動の視覚的な制御が必要であることと対照的に、受動的な輸送には運動の視覚的な制御が伴わない。[24] 受動的な輸送の際には、動いているという視覚的感覚を得てい

る一方で、自分が動いていることを視覚的に制御していないというわけである。人間を含めた動物は、自ら能動的に動き、自分の身体の動きと周囲の変化を一緒に見ている。しかし、自動車に同乗した移動では、風景は移り変わり、見えなかった対象が見えるものの、自分の身体は動かない。たとえば、乗っている電車が停車しているとき、すぐ横に別の電車が停まっている。自分の電車が進み始めたと思ったら、実は横に停まっていた電車が逆方向に進み始めていたということがある。これは能動的に移動して自分が動いていることを制御しているときには起こりえない思い違いである。

このような受動的な輸送は、車イスに乗る居住者においても当てはまる。居住者は筆者をはじめとする他者に車イスを押してもらい、移動するために身体を動かすことはない。

「座席にくくりつけられた乗客にとって、旅行とはもはや行動と知覚とが密接に結びついた運動の経験ではなく、動かないことが強いられ、知覚が剥奪される経験になってしまった。」(インゴルド[40] p.129)

これは人類学者インゴルドが著書『ラインズ』にて徒歩旅行と輸送を比較した後に記した文章の抜粋である。インゴルドによれば、徒歩旅行は絶えず動いている状態で成長や発達や自己刷新といった進行中の過程で、一方の輸送は目的地指向で、ある位置から別の位置に横断して人や物資を基本的性質が変化することなく運搬することである。インゴルドが徒歩旅行に肩入れをしているのは明白で、上掲の文章は自動車で輸送される乗客の旅行は、動かないことを強いられて、運動と密接に結びつく知覚が剥奪された経験であると厳しい。

輸送に関するギブソンとインゴルドの説明は的を射ている。しかし、自立歩行が難しくなり、能動的な移動ができなくなった居住者にとって、輸送されるしか移動の手段はない。輸送であっても得られることに価値を見出すことはできないだろうか。

筆者がかつて行った自宅で暮らす高齢者を対象にした「外出時の立ち寄りに関するアンケート調査」[59]の回答アンケートの中で、Aさんが以下のことを記していた。

「車で送迎してくださいますので、立ち寄りません。各家庭に植えられている花を眺めるのが大好きです」

Aさんは膝を悪くしていて、段差で転倒して足の骨にひびが入ったために、週に3日治療とリハビリのために整形外科とデイケアに送迎車で通っているとアンケートに記していた。同乗者が乗車や下車をするために送迎車が停車をする。その際に、Aさんが各家庭に植えられている花を束の間眺めている様子がうかがえる。

Aさんは送迎車に乗っているので、自分の足で立っておらず、また行く方向の選択は運転手に委ねていて、各家庭に植えられている花には送迎車に乗って接近している。送迎車から花を眺めているのは、自ら移動する能動的な移動ではなく、受動的な輸送により実現している。ただし、車中から花を眺めているのはAさんの能動的な行為である。各家庭の前に自動車が駐車する際、花を眺めるために身を乗り出していたかもしれない。能動的に移動できない人たちにとって、受動的な輸送がなければ、能動的な行為や身を乗り出す姿勢を取るほどの対象には出会えない。徒歩旅行のような能動的な移動ができなくなり、受動的な輸送になったとしても、外に出て行く価値はある。

屋内空間の移動

場面2で川崎さんが窓の開閉ボタンと格闘していた。自動車に頻繁に乗るわけではないため、車中が探索する対象になる。窓の開け閉めの調整に苦労したのは、手先がうまく動かせないことに加えて、慣れていなかったからかもしれない。

自動車は一つの空間である。床と天井を備え、ドアと窓を持つ。空間の空気の暖かさ・冷たさを調整するエアコンが付いていることは、自動車が空間であることをよく表している。「土足厳禁」にしている自動車は、車中が自宅の空間の延長なのかもしれない。

自動車と違い、車イスは床・天井がなく、ドアと窓を持たず、エアコンは付いていない。車イスで屋外を移動するとき、頭上には空が広がっていて、地面が常に見えている。また、周囲が遮られていないので、内部と外部の隔たりはない。車イスでは、外気に取り囲まれ、音や匂いが届く。一方、自動車の頭上には天井があって、地面は見えない。また、窓を開けないと外気、音、匂いに直接触れることはない。

さらに、自動車は高速で移動する点で特殊な空間である。移動中にドアを開けて屋内空間から外に出ることは狂気の沙汰といえるだろう。自動車の屋内空間に一度入ると、目的地に到着するまで休憩を除いて外に出ることは通常ない。

先に一部を抜粋した著書『ラインズ』の中で、人類学者インゴルドは以下のことを記している。

「周遊旅行（ツアー）は目的の連鎖から成り立つ。各々の停留地に到着し、彼を運んできた乗り物が一時停止すると、ようやく旅行者が動き始める。」（インゴルド[40] p.165）

場面2における川崎さんのように、自動車に乗る者にとって車中は探索する対象であるが、自動車の屋内空間は狭い。インゴルドが記すように、居住者は運んできた自動車が一時停止して、目的のある停留地に到着することで、車中よりも大きな空間や場所で動き始める。これが典型的な自動車での移動である。

一方で車イスに乗って屋外を出歩くとき、明確な目的地がない。移動によりゆっくり周囲の環境が移り変わる中で、気になった対象があれば気軽に停まることを求め、その対象をしばらく眺めたり、その対象に手を伸ばしたりする。車イスで出歩くことは、受動的な移動で身体の動きがないため、歩行ではなく輸送と表現することがふさわしいが、インゴルドが指摘する目的の連鎖から成り立つ周遊旅行ではなく、線（ライン）をかたちづくっている。

次の項では、自動車で向かった目的を持った停留地であり、かつ車中より広いショッピングセンターでの買い物について検討していく。

目的地で移動する

先にふれたインゴルドが記しているように、目的地に到着して、乗り物が停止すると、ようやく旅行者は動き始める。事例４の目的地はホームセンターとスーパーが併設するショッピングセンターで、生活に必要な商品を購入することが目的であった。目的地で移動することについて、ここではショッピングセンターで買い物することに絞って検討する。

大きな屋内空間の移動

ホームセンターとスーパーは自動車や特養に比べて、大きな屋内空間である。通路は広く取ってあるので、車イスでの移動が可能である。頭上には天井があり、足元には床があり、周囲には壁がある。大きいとはいえ、屋外と違い、移動の範囲には限りがある。

大きな屋内空間には、たくさんの商品が陳列されている。いつもいる空間とは違うので、いろんな対象に目移りするほど出会える新鮮な体験である。場面８では、川崎さんはスーパーのレジ付近で焼き菓子を手にとって吟味していたが棚に戻していた。また、漬物売り場で煮豆を手に取って、煮豆にまつわる話をした後に、棚に戻していた。場面９では握り寿司を手にとった後に戻していた。このように購入に至らずとも、取り囲む環境を眺めて、その一部の対象に手を伸ばし、包装やシールに印字されている文字情報を読むといったあれこれ探索する行為が生まれる。ただし、商品の多くは包装されていて、木の葉のようにちぎったり破損させたりしてはいけない。

大きな屋内空間を移動すると、周囲の環境は移り変わり、場面3にある当時普及し始めていた携帯電話のように見慣れない物に出会うことがある。また、時間の間隔を空けてショッピングセンターを訪れると、春が訪れると顔を出す「新緑」に出会えることと同様に、「新商品」に出会うことができる。

ショッピングセンターにはたくさんの商品が陳列されているが、屋内空間には商品しかないととらえることもできる。商品しかないので、商品を眺めて手に取っていれば空間における姿勢・行為として様になる。よって、楽であり、退屈でもある。3章における屋外での移動が退屈しないのは、周囲の環境が多様であるからだろう。

次に検討するのは、ショッピングセンターに陳列されているたくさんの商品の中から居住者が選ぶ商品（対象）が、老いや特養の特徴を示していることについてである。

対象が老いや特養の特徴を示す

事例4の中に示されている老いは、まず場面3における下着の選択である。川崎さんは好みで下着を選ばずに、老いの過程で起こりやすくなる尿漏れのパットを固定する機能でボクサー型のパンツを選んでいた。同じく場面3では、左片半身麻痺によって左手と右手で協力してキャップを外すことが叶わないので、右手だけでキャップを外すことのできる修正ペンを選んだ。場面6でも、やすり付きの爪切りを探していたのは、左手の麻痺により爪が自分の身体に食い込まないように爪を切らなければならないのだが、切りすぎると深爪になるため、ある程度のところまで切って、その先はやすりで削る必要があるからだった。このように、選択する商品に老いの特徴が示されている。

特養に居住する特徴は、まず場面3で下着の色を選ぶときに黒を避けたことが挙げられる。特養では居住者の衣類をまとめて洗うため、衣類に名前を書くことが求められる。集団で生活しているがゆえに、川崎さんをはじめとする居住者は私物に、次の5章で注目した『テプラ』で名前シールを作って貼ることや直接名前を書き込むことをよくしていた。また、場面7で厚手のパジャマを探していたのは、特養が空調を自分だけのために調整することのできない集団生活の空間だからであろう。

次に、保存が利き、ストックできる商品を選んでいたことが、特養の特徴を表していた。場面4では川崎さんが缶詰を吟味して、ペットボトルの水、アメ、袋入りの砂糖をカートに入れ、場面8では缶詰を大量に購入していた。関連して、[030521]には山内さんがスーパーで瓶詰のウニを探していた。居住者が缶詰や瓶詰をよく買い求める理由は、簡便で調理をする必要がなく、保存が利くためである。特養では、三度の食事は欠かさず提供される。レクレーションの一環としてスタッフの調理を手伝うことはあっても、居住者が一人で調理する機会はほぼない。身体の衰えにより調理することが難しく、また居室に調理機器は備え付けられていないからである。川崎さんの手帳に書かれてあった「揚げ物、イカ天」や「果物」、それから場面9で手にとっていた寿司は、調理する必要がない食品である。ただし、日持ちしない。そのため、それらはスタッフが神経を尖らせる食品で、居住者は早々に食べなければならない。居住者が缶詰や瓶詰をよく購入するのは、保存が利き、居室にストックできるためであった。その他に購入していたペットボトルの水、アメ、袋入りの砂糖も保存が利くものである。

老いや特養の特徴をよく表しているもう一つの対象が、場面3で川崎さんが購入していた乾電池である。他の居住者の買い物においても乾電池を購入していた。乾電池の用途はラジカセやカメラである。事例4は今から16年前になるが、特養の居室のメディア環境はテレビがアナログ放送からデジタル放送に変更された程度で、大きくは変わっていない。居住者がこぞって乾電池を購入するのは、使い慣れていることに加えて、道具ごとに付属しているコードやバッテリーを使い分けることに比べて、限られた種類の乾電池を選んで入れるだけでいいので、様々な道具に使える汎用性が高いことがあるだろう。また、先ほどの缶詰や瓶詰と同様に、保存が利き、ストックできることも利点である。

このように、特養を離れて、ショッピングセンターをめぐるなかで取り囲むたくさんの商品から選ぶ対象に老いや特養の特徴が示されている。

離れることによる再創造

場面8で、川崎さんが煮豆を手にとりながら、居住者の小久保さんの話をし始めた。直接顔を合わせているときは小久保さんに腹を立てている川崎さんが、目の前にいない小久保さんの話をしている様子は嫌そうではなかった。その理由として、3章の「構内で出会う対象」で紹介した建物から離れることで建物や屋内を対象化できるように、屋内から離れることで屋内の生活空間（行為の可能性の総体）を対象化できることが考えられる。離れることによる生活空間の対象化は、自分が屋内にいたときの意味を再創造することにつながる。具体的に、屋内にいるときには小久保さんが豆を求めるのは腹の立つ行為であるが、離れることで腹立たしさがいくらか和らぐ。さらに時間が経てば、「じいさんの思い出深い行為」になるかもしれない。屋内で腹を立てた後、屋内からしばらく離れていると、腹を立てるほどのことではなかったように思えてくることがある。屋内から離れることは、屋内の生活空間を対象化して、屋内にいたときに見出していた意味の再創造につながることがある。

スタッフの存在

居住者を構外に連れ出すことは、スタッフの思いつきでただちに叶うことはなく、事前に計画的な準備が必要である。場面1では川崎さんの担当スタッフが自動車の準備をしていた。この外出は事前に川崎さんに伝えられ、担当スタッフのスケジュール調整をした上で実行されたものだった。居住者数名であれば、事前の準備は込み入ったものにならないが、人数が多くなると準備は長くかかり込み入ったものになる。[041029] にバスを貸し切ってショッピングモールに家族と大人数で出かけたことがあった。その際には、1か月前の [040923] にすでに準備が始まっていて、家族への案内、バスの手配、経路の選択、現地での駐車場の確保、それからスタッフ自身のシフトの調整など、当日に向けてスタッフによる準備が行われていた。事前の準備に始まり、構外に自動車で出かける当日には、多くの仕事がスタッフに降りかかってくる。

サポート役

事例4の川崎さんは［040827］に筆者と屋外に散歩に出かけた際、「買い物に行くときには女性のほうがいい」と話し始めた。男性スタッフのほうが荷物を持ってくれるし、先月［040702］には買い物に付き添ってくれるのがある男性スタッフであることを喜んでいたので、女性スタッフのほうがいいと川崎さんが話したのは筆者には意外だった。真意を尋ねると、女性は買い物に関心があり，「自分も見ている」ので長い時間の買い物ができる一方で、男性は「大雑把」に「たーっと見てしまう」ので長い時間の買い物は期待できないと話す。この男女の違いが的を射ているか筆者には判断できないが、買い物に連れて行くスタッフの性別の適性を語るほどに、川崎さんにとって買い物で引き出すスタッフからのサポートが重大な関心事であることが分かる。

スタッフの仕事は、特養内での身体介護や生活援助をはじめ多岐にわたるうえに、買い物に居住者を連れ出すことでさらに増える。場面2でスタッフは慣れない自動車を運転して、ショッピングセンターを往復していた。さらに現地でのサポートがいろいろと求められる。場面2では自動車から車イスへの川崎さんの移乗を介助して、場面4では川崎さんが買い求めた2リットルの水が6本入った3箱をスタッフがカートに移し、また缶詰は種類が揃っているスーパーで選ぶことを助言していた。場面5では、スタッフが店員に金属製以外のフックはないのかと確認していた。

場面9でスーパーの外に出た際に、川崎さんが回転焼きの店のことを口にしようとしたとき、スタッフが先取りして言った。担当スタッフは川崎さんの買い物を繰り返しサポートしているので、3章で和田さんと筆者が青虫の歴史をつくっていたように、川崎さんと担当スタッフも回転焼きの店の歴史をつくっていたのだろう。また、普段から居住者の買い物に行った際の希望を聞いている担当スタッフは、買い物が居住者にとって貴重な機会であることをよく知っている。場面7ではホームセンターで購入した品物を袋に詰めた後、時間が足りないからと荷物をスタッフが自動車に運んでいた。スタッフが自動車に荷物を運ぶのは、用意されている外出の時間が短く、急いでいるからである。居住者が商品の入った袋を運ぶことは難しいため、ホームセンターで買い物を終えてスーパーに移動するあいだに一旦スタッフが荷物を自動車に運ばなければ、スーパーで大きな荷物を抱えることになって機動力が削がれ、十分な買い物ができなくなってしまう。限られた時間の中で居住者の希望をできるだけ実現して、気持ちよく特養に戻り、平穏に生活を送ってもらうことをスタッフは望んでいる。特に川崎さんは外出時間を延ばすようにスタッフと頻繁に交渉していて、幾度か時間が足りないと怒っていた。スタッフが特養に戻る時間をぎりぎりまで延ばすことや買い物に不満を抱えた居住者をなだめることが見られた。居住者が不満を抱えて買い物から帰ることは、スタッフにとって仕事がやりにくい事態になり、その事態は次の買い物まで続くのである。居住者の充実した買い物は、スタッフにとって、今後の仕事のやりやすさに直結する。

このように居住者がホームセンターやスーパーで買い物をする際には、車イスを押すだけでなく、多岐にわたるスタッフのサポートが必要で、それらのサポートにスタッフは対応しなければならない。

ゲートキーパー役

スタッフは居住者の買い物を多岐にわたってサポートしていて、買い物に行った後の居住者の満足や平穏な生活を期待していた。とはいえスタッフの役割は、居住者の買い物の満足のためのサポート役にとどまらない。スタッフは居住者が購入する商品の量や特養に持ち込む商品の適切さを判断するゲートキーパー（門番）の役割も買い物時には担っている。場面5で川崎さんが小型の包丁とまな板の購入を望んだ。それに対して担当スタッフは、居室に包丁を持ち込むことが許されていないことを伝えた後は、困った顔をし続けていた。川崎さんがサービスステーション前のテーブルで明太子や漬物を麻痺のない右手にナイフを持って切っていることを担当スタッフは知っているはずである。小型の包丁を購入するうえで、現在使用している折りたたみ式ナイフが小さくて使いづらいことは合理的理由になるだろうし、居室に持ち込むのではなくサービスステーションに預けても構わないと約束することは購入を妨げる理由をなくしている。

小型の包丁の購入を認める、もしくはスタッフリーダーに購入の可否について相談すると、スタッフのあいだで大きな話題になるだろう。小型とはいえ包丁を特養に持ち込むことに抵抗を示すことはありえる。また、サービスステーションに預けても構わないとする川崎さんの約束がどの程度守られるのかは分からない。それまでの折りたたみ式のナイフを預けていた実績を筆者は知らないのだが、川崎さんがなし崩し的にルールを守らなくなることがあることは知っていた。担当スタッフが小型の包丁の購入をただちに認めるとは考えにくかった。一方で、購入を認めなければ川崎さんの包丁の必要性を知っている担当スタッフが自ら川崎さんの望みを絶ってしまう。何かしらの判断を下すことが即座には難しく、川崎さんの辞退を待ったのかもしれない。担当スタッフのことをよく知る川崎さんは、これ以上交渉しても小型の包丁を購入することは叶わないと判断したのか、自ら購入を諦めた。

川崎さんはこの特養の居住者のなかでは、買い物でたくさんいろんな物を買って帰る人であった。名前のシールを作る「テプラ」「腕時計」「ポラロイドカメラ」を含めてたくさんの物を買ってくるので、買い物した後にはスタッフが商品をチェックしていた。ただし、商品を購入する際や購入した商品をスタッフがチェックして可否を判断されるのは、川崎さんだけではなかった。門田さんはお腹がみるみる出てきていて、食事制限が必要であったため、買い物中に「カップラーメン」「お菓子」「寿司」「冷やし中華」などをカゴに入れる際に、スタッフとのあいだで激しい攻防が見られた。

居住者の買い物において、スタッフはサポート役を担う一方で、商品購入や特養への持ち込みの可否を判断するゲートキーパー役を担っている。この商品購入や特養への持ち込みの可否の判断は、様々な商品にわたるため、スタッフ個人の判断に委ねるところがある。たとえば、「お菓子」をめぐる攻防で、居住者が「たまごボーロ」をカゴに入れたときにスタッフは拒むどころか、好意的な反応を示した。おそらくポテトチップスのような油をたくさん使ったお菓子と違うという判断なのだと想像するのだが、スタッフによる線引きではある。

また、事例4から約2か月後［040716］に、行く予定であった買い物が実現していないことを嘆いていた川崎さんが、筆者に自動車を運転して買い物に連れて行ってくれと求めたことがあった。私はスタッフではないので、自動車を運転して買い物に連れて行くことはできないと返答した。落胆した川崎さんに筆者は何ができるかを考えて、10分ほどのところに当時できたコンビニエンスストアに連れて行っていいかとスタッフリーダーに問い合わせた。筆者の提案の仕方が悪かったのかもしれないが、スタッフリーダーの返答は、川崎さんのわがままの多くはすでに受け入れていて、コンビニエンスストアに一人だけ連れて行くことは許されないというものだった。また、当時2週間に一度買い物に出かけていたことを指して、川崎さんは「買い物依存症のようなところがある」、「集団生活には向いていない」とまで言われて散々だった。

スタッフリーダーを含めた特養の外で生活している人たちの多くは、2週間に一回以上買い物に出かけているだろう。それでも「買い物依存症」とは言われないはずである。川崎さんが一度の買い物で購入する量も、自宅で暮らしている人たちに比べればずいぶん少ないはずである。これらスタッフリーダーの発言は言葉の綾だったとしても、スタッフリーダーによる居住者のあるべき姿を想定して、居住者の買い物を管理しようとする姿勢は明らかにあった。

その後も川崎さんは買い物に出かけていた。上記のスタッフリーダーと筆者とのやりとりの7か月後［050311］、筆者が特養に着くなり、スタッフから川崎さんが介護タクシーで買い物に出かけるときに筆者が付いていくことを望んでいると声をかけられた。川崎さんに直接話を聞くと、スタッフの説明と少し違っていた。川崎さんが望んでいたのは、特養のスタッフが買い物に付き添ってくれないときに利用していた介護タクシーの運賃が高いため、通常のタクシーを呼んで、筆者と一緒にショッピングセンターをめぐって安く上げることだった。通常であれば自分勝手な提案だと受け止めるだろうが、筆者は研究者である。川崎さんと2人で買い物に行き、近くで買い物の様子を観察できることは悪くない提案であった。あらためてスタッフに川崎さんの依頼を説明して、スタッフリーダーと相談してもらったが、いい返事は得られなかった。筆者は介護の専門資格を持たず、特養と雇用関係にもないので、何か起こったときに責任が取れないというもっともな理由であった。また、川崎さんに対しては、介護タクシーで買い物に行くこと自体を再考すべきとスタッフリーダーは考えていた。この3か月半後［050812］には川崎さんと家族、そしてスタッフとのあいだでケアプランの話し合いが行われた際、スタッフリーダーから買い物の回数を月に1回程度にすることや食事をコレステロールが少ないものにするように心がけることが提案された。川崎さんは食事の件は了承したうえで、買い物については「いろいろと買いたいものが出てくるんだよ。この前も、駅裏の……○○カメラだっけ⁉ ポラロイド欲しくなるんだよな」と、スタッフリーダーの提案を受け入れようとしつつも簡単ではないようだった。

この章では、自動車に乗って遠出した1事例を取り上げて検討してきた。移動の車内は、能動的な移動ではなく、動かないことが強いられる。また、車中は一つの空間で、車イスで移動する経験とは取り囲む環境や目的地の有無が違っている。

ようやく目的地に到着して、大きな屋内空間を移動し始める。この場所で出会った対象や出会いに伴う行為は、行為の可能性の総体を広げる生活空間の更新につながっている。陳列してあるたくさんの商品に取り囲まれて、居住者はその一部を眺め、手を伸ばし、包装やシールに印字されている文字情報を読むといった対象との出会いとそれに伴う行為が生まれる。陳列してある商品は入れ替えがあるため、訪れるたびに新たな対象に出会うことができる。

そして、取り囲むたくさんの商品の中から川崎さんが手に取る商品は、川崎さんにとってショッピングセンターにおける場所の意味を表していて、川崎さんの心理的環境を垣間見ることができる。具体的に、グレーのボクサーパンツ、片手で開けられる修正ペン、乾電池、ペットボトル入りの水、袋入りの砂糖、缶詰、やすり付きの爪切り、厚手のパジャマ、そして包丁をめぐるスタッフとのやりとりが、川崎さんに限らず、老いる者や特養に居住する者の心理的環境を教えてくれる。

これらの自動車による遠出は、スタッフや家族がいないと実現できない。スタッフはサポーターとして居住者の遠出を支えると同時に、ゲートキーパーとして居住者の新たな対象との出会いや行為の可能性を制限することもあった。

これまで2～4章を通して、外縁や屋外に出て行くことに注目してきたが、外に出て行くことは必然的に帰ってくることを伴い、屋内での前後の時間をつくっていく。次の章では、屋内に帰ってくることを取り上げる。さらに居住者の移動への同行を続けよう。

5章　屋内に帰ってくる

「行ってきます」、自宅をはじめ今いる場所から離れるとき、多くの人がこの言葉を口にする。"I will be back"、英語では同じ状況でこの言葉を口にすることがある。今まさに出かける状況で、帰ってくることに言及している。

「私が私の休止点からはなれるということ、および、このはなれることが一時的なものとしてとらえられていて、私は後で出発した場所にふたたびひきかえすということが重要である。」（ボルノウ[13] p.56）

ボルノウが著書『人間と空間』で記した言葉に倣えば、私たちは休止した場所からしばらく離れる、そしてその場所から離れることが一時的であると私たちはとらえていて、後でふたたびその場所に引き返す、このサイクルが重要である。家を離れてふたたび帰ってくること、もしくは特養から出かけてふたたび帰ってくることは、このサイクルの一つとして挙げることができるだろう。

1章でフロアに出て居室に帰ることを検討した。3章では車イスで出かけること、4章では自動車で出かけることに注目して、屋外に出かけた際に出会う対象や対象に出会うことに伴う行為を明らかにした。しかし、屋外に出かけた際に出会う対象や生まれる行為は、居住者が外出することの価値の一面に過ぎない。外に出かけることには帰ってくることが伴う。その場所から離れるのは一時的で、ふたたび帰ってくることが予定されているから、居住者は出かけることを楽しみにできる。もし一度出かけた後にふたたび帰ってこない可能性を見越しているのであれば、居住者の外出はむしろ悲愴なものだと想像する。屋外に出かけることは、屋内に帰ってくることが予定されているから価値がある。そして、ボルノウの記す「休止点」がただの点以上に重要な場所として価値を持つようになるのは、外に出かけてふたたび帰ってくるサイクルが繰り返されてきたからと考えられる。

この章で取り上げるのは、屋外に出かけた後、すなわち屋内から離れた後に、ふたたび屋内に帰ってきた後の時間、そしてあらためて屋外に出かけるまでの時間である。特養の居住者は屋内にいる時間がとても長い。病院での診察といった必要な外出以外の時間は、すべて屋内に居続ける人も少なくない。屋外に出かけることは、屋内に帰った後の時間にどのように波及するのか、次に屋外に出かけていくまでの時間にどのように波及するのだろうか。屋内に帰った後に出会った対象や対象に出会うことに伴う行為から、屋内に帰ることについて明らかにしていきたい。

外に出た後の時間

居住者が外出を終えて、屋内に帰ってくる。本節では、「外出の余韻」、「外を持ち帰る」、「屋内にあらためて出会う」に分けて、出会った対象や行為を通して、帰ってきた後の時間を明らかにしていく。

外出の余韻

外に出て帰ってきた後に、外出の余韻が居住者の行為に明らかに表れていることがある。2事例を紹介する。

【事例5－1】［040514］　午後、バスハイクに出かけていた一行が帰ってきた。中村さんが娘さんの押す車イスに乗ってエレベーターから降りてきた。「ただいま！」とハリのある力強い声で、満面の笑顔を浮かべてあいさつをした。中村さんは娘さんと一緒に居室に戻った。

その後、車イスに乗った島田さんと小久保さんもエレベーターから降りてきた。2人はフロアに残り、おやつを食べていた。島田さんは「いただきます！」と、いかにも機嫌のよさそうな大きな声を出していた。スタッフの一人が「島田さん、機嫌がいい」と笑っていた。別のスタッフが「どうでした?」と尋ねると、「よかった」と、顔をクシャッとまさに破顔一笑という顔をして笑っていた。「よかったね」と、そのスタッフは声をかけて離れていった。その後に私が島田さんに近づき、耳元で同じように「どうでしたか?」と尋ねると「よかったよ」と答えたので、「どんな感じでした?」とさらに尋ねると即座に「別世界じゃね！」とはっきりと答えた。その後にも、他のスタッフから「どこを見た?」と尋ねられ、少し考えた後「海！」とはっきりと答えていた。いずれの質問にも、楽しそうにハキハキと島田さんは答えていた。それを見ていたスタッフが「いつも見る顔が違って見えるんやろ〜」と、いつもの島田さんと様子が違うことを表現していた。

【事例5-2】［030919］　午前中、東浜さんの娘さんが訪ねてきていた。東浜さんは娘さんに、「来たとね（来たのか）」と声をかけていた。しかしそれ以降口から言葉が出ることはなく、表情もあまり変わらなかった。娘さんに羊羹を差し出されて、「懐かしいでしょう?」と尋ねられても反応がなかった。補聴器から聞こえていないのかもしれないが、反応がないのは解せなかった。

昼前に娘さんが東浜さんを散歩に連れ出した。30分ほど経って、屋内に帰ってきたとき、東浜さんは歯をむき出しにしてニカッと満面の笑みに変わっていた。東浜さんがニコッとかすかに笑うことはたまにあるが、ニカッとこれほど笑う顔を見たのはいつぶりだろうと思った。

バスハイクは、複数の居住者が家族と一緒にバスに乗って出かけることである。車イスで移動できる行楽地を訪れることが多かった。事例5-1では、バスハイクから帰ってきた中村さんが「ただいま!」、島田さんが「いただきます!」と笑顔でハリのある大きな声を発していた。特に当時の島田さんは、食事をとることがままならず、また夜中に叫び続けることが止まらず、周りの人間にとって口から出てくる言葉を理解することが難しい状態であった。その島田さんが機嫌よく帰ってきて、筆者を含めた周囲からの問いかけにハキハキ答えていたことは、見ている側からすると戸惑うほどの変貌であった。

事例5-2では、娘が来ているのに東浜さんの表情があまり変わらず、一言しか発せず、また懐かしいはずの羊羹を食べても反応がなかった。東浜さんがわざとつれなくしているとは思えないので、おそらく自分の娘だと分かっていなかったのではないか。そこで娘は東浜さんの気分を好転させる一計を案じて、東浜さんを散歩に連れ出した。すると、東浜さんの表情は大きく変わって帰ってきた。屋外に散歩に出かけて、東浜さんが満面の笑みを浮かべるほどに充実した時間を過ごして帰ってきた。娘が誰であるか東浜さんが分からないとしても、娘は東浜さんに充実した時間を提供することができていた。

外に出ているときの体験を、「外に出ると、スーッとするもんね。気持ちいいから」[山内 040116]、「外に出ると体がスーッとする」[加藤 040409] と、居住者が筆者に話したことがある。屋外に出ることで、3章や4章で提示したような出会いがあり、屋内にいるときに澱のように溜まった何かをスーッと浄化してくれて、居住者は機嫌よく帰ってきているのだろうか。その他にも、外出して屋内に帰ってきた後に、居住者と同行した筆者とのあいだでやりとりが活発になっていることがあった。2事例を紹介したい。

【事例5-3】[041015]　和田さんと私は構内に出て、しばらくイモ虫の話をした後に屋内に戻る。エレベーターに乗ったとき、私が「外どうでした?」と尋ねると、「バッチリ!」と右手の親指と人差し指で輪っかを作って、エレベーターの壁に備え付けられている鏡越しに笑って見せた。和田さんの反応に、「バッチリでしたか!」と私はマネをして見せた。さらに「それは嬉しいですね」と伝えると、エレベーターは二階に到着した。「本当たい。自分では行こうと思っても行けないし」と和田さんは言う。「そうですね。自分で歩いていくわけにもいきませんもんね」と私は言いながら、和田さんの座る車イスをエレベーターから降ろして、フロアでやっていた体操の輪の中に和田さんの座る車イスを移動した。

【事例5－4】［050527］　外に散歩に出かけて、二階に戻るためにエレベーターを待っているとき、中村さんが隣で壁に寄りかかっていた私に、「このぐらいあったよ」と両手で長さを示しながら話す。私も両手で長さを示して、「このぐらいありましたね」と話す。「巻いていたね」と中村さんが話すので、「きゅうりでまっすぐなのは矯正してあるんじゃないんですか？」と私が返すと、「そうなの？」と言われるので、「どうなんでしょう？」と結論を出さずにそのままにしておいた。

事例5－3では、筆者からの問いかけに和田さんが右手で輪をつくり「バッチリ！」と応えたので、筆者もマネをして応じた。事例5－4では、屋外で一緒に見たきゅうりの話を、中村さんが対象の名前を出すことなく、手の身ぶりで示したのに対して、筆者も手の身ぶりで返した。さらに、きゅうりの形状についてやりとりが続いていた。これらの機嫌のよい反応や活発なやりとりから、屋内に戻った後の行為に屋外に出た余韻が読み取れる。

外を持ち帰る

筆者は居住者と話していて、話題に事欠くことがよくある。一緒にいるのに、おしゃべりが弾まないのである。そんなとき、居住者が自分の過去の話を始めることがよくある。話題がないためだろうか。しばらくは興味を持って耳を傾けているのだが、長くなり同じ内容が繰り返されると耐えられなくなり、聞いているふりをしていることが筆者にはよくある。居住者が自分の過去の話をしているときに、「つまらない?」や「おもしろくない?」と筆者に声をかけたことは一度や二度ではない。筆者の知らない居住者の過去の個人的な話に耳を傾け続けることは、筆者にとって退屈である。話題がないことについて、こんなやりとりをしたことがある。

【事例5-5】［031107］　居住者である内川さんの夫は、特養に併設されているケアハウスに居住していた。その夫と、妻である内川さんの様子を見ながら話をしていた。「最近、内川さんは言葉があまり出ないように思いませんか?」と私が尋ねると、夫は「話題がないったい!（ないのだ!）」と確信を持った口調で応えた。「そうか～」と私は感心して応じた。そして、内川さんに「毎日、散歩していますか?」と私は尋ねた。「毎日行っている」と応えたので、「ちゃんと行ってくださいよ。健康のためでもあるけど、話題がなくなってしまうから」と先ほどの言葉を借りて返答した。

話題がないことが内川さんの言葉が出てこなくなった理由であったのか分からない。とはいえ、外に出ると話題となる会話の種を持ち帰ることがよくある。外出から帰った後におしゃべりがよく弾んでいて、その会話の種は外で得てきたものであることがよくある。具体的には、新たな物を購入して帰ってくると、周りの人々にとって声をかけるきっかけになる。2事例を紹介したい。

【事例5-6】［050408］　川崎さんの右手首に腕時計が着けられていた。私は見たことがなかったので、川崎さんに初めて見た旨を伝えると、3、4日前に買い物に行った際に購入したと話す。その時計は電波時計ということで、電波時計の仕組み、具体的に「グリニッジ天文台から電波が発信されるらしい。午前3時に電波がくるんだけど、3時は寝ているので、時間の調整ができない」といったことを私に説明する。私は午前3時に電波が発信されるだけでいつでも調整はできると応じた。時計の話から、偽物の話に移って、偽物を「てんぷら」と言うことを川崎さんから教わった。

【事例5-7】［041015］　川崎さんが一昨日買い物に行った際に、テープに名前を印字する『テプラ』を買ってきていた。使い方を教えてくれと頼まれる。川崎さんの部屋に一緒に取りに行き、フロアのテーブルに箱から中身を取り出し、説明書を見ていた。そこへ歯科医師と歯科衛生士が声をかけてきた。川崎さんの歯の治療について話を始めたのだが、その後『テプラ』のことに話題は移っていった。使用方法を実際に作りながら川崎さんに教えた。20枚ほど川崎さんの名前のシールを作った。そのシールを、川崎さんは部屋にあるコーヒーメーカーや衣装ボックスに貼っていた。

事例5-6では、川崎さんが身に着けていた時計について筆者が尋ねた。川崎さんが筆者に最近購入したことや時計の機能について説明して、筆者はその説明を聞いていた。川崎さんと筆者の電波時計の理解はあやふやである中でおしゃべりは続いていた。さらに、時計の話題から派生して、かつて偽物を「てんぷら」と呼んでいたことへと会話が展開していった。外見はそれらしく装っていても、中身が伴っていないことから偽物を「てんぷら」と呼んでいたそうだ。

居住者が手に入れた物には、手に入れた過程が必ずあり、その物について居住者は語ることができる。居住者と筆者を含めた周囲の人間とのあいだで、新たな物が目の前にあると会話の種になりやすい。新たな物が第三項になって、居住者と周囲の人間とのあいだでおしゃべりは弾んでいく。

事例5-7で川崎さんは『テプラ』を購入してきて、その機械の操作方法を教えてもらうことで筆者とやりとりが生まれている。この後、川崎さんから『テプラ』の使用方法をたびたび尋ねられた。さらに、川崎さんはカメラが好きで、カメラの日付の入力や電池の交換を頼まれたことやポラロイドカメラの使用方法を教えるように頼まれたこともあった。筆者は機械の操作は不得手なほうだと自認している。それでも、川崎さんを含む居住者は加齢により手や指の随意性や視力の低下が避けられないため、機械の操作を維持することや新たに手に入れた機械の操作を覚えることが難しい。それが居住者と周囲の人間との会話の種になる。事例5-7では、歯の治療に訪れていた歯科医師・歯科衛生士とのあいだでも『テプラ』を話題にして、おしゃべりが弾んでいた。会話を続けるときには、話題を見つけなければならない。特養に落ちつく居住者とのおしゃべりにおいて、話題を見つけることに筆者は苦労する。そんなときに、外に出て手に入れた新たな物が手元にあれば、その物を対象におしゃべりは自ずと展開していく。川崎さんと筆者を含めた周囲とのあいだには『テプラ』を対象にしてやりとりがたくさん生まれたわけで、『テプラ』はすぐれた会話の種であった。

ところで、外出して持ち帰った購入した物は会話の種になるときもあれば、争いの種になることもある。4章の「スタッフの存在」で断片的に紹介した、購入した物を特養に持ち込む際の居住者とスタッフとの攻防に関する2事例を紹介する。

【事例5－8】［030514］　門田さんが買い物から帰ると、ただちに昼食になった。その際に門田さんとスタッフとのあいだで攻防が生まれていた。スタッフが預かる食品と門田さんが自分で管理する食品の線引きであった。たとえば甘栗である。スタッフは「すぐに全部食べてしまうでしょう！」と主張し預かることを求めるのだが、門田さんは甘栗の入った袋を離そうとしない。甘栗をはじめ購入してきた食品を死守しようとしている姿勢が見て取れた。

【事例5－9】［050429］　川崎さんは午後2時から買い物に行くことになっていた。目的の一つは、孫へのプレゼントを買いに行くことであった。午後3時半過ぎに買い物から帰ってきた。買い物袋4袋分ほどの買い物をしていた。その袋の中身をチェックしようと、スタッフリーダーやスタッフがのぞきに来ていた。2人がのぞいている意図を川崎さんは知っているのに平然としていた。

買い物に行き購入してきた品物をめぐって、事例5－8では門田さんとスタッフとのあいだで攻防が勃発していた。当時門田さんのお腹はどんどん大きくなってきていて、食べる量をスタッフが制限したいと思うことは筆者にも理解できた。一方で、門田さんにとって、自分の購入した物を自分の好きなときに食べることを求めるのは当然であった。この攻防は買い物のたびに勃発していて、折り合いがつきづらく、どちらかが折れるしかなかった。事例５－９では、今まさに攻防が始まろうとしていたものの、川崎さんは平然としていて、その攻防に備えているかのようであった。いずれの事例においても、居住者が外出して新たな物を持ち帰ることで、スタッフの注目を集め、どの物を居住者が管理し、どの物をスタッフに預けるのか、居住者とスタッフとのあいだで攻防が繰り広げられる。見方によっては、外に出て購入した品々を持ち帰るからこそ、攻防という緊張感のあるやりとりが生まれている。

屋内では会話の種に事欠くことがあるのだが、居住者が外出することで新たな物を持ち帰ってくると、その物が話題となり、居住者と周囲の人間とのあいだでやりとりが展開していくのである。

屋内にあらためて出会う

居住者が屋外に出て機嫌よく帰ってくることがある一方で、疲れて帰ってくることがある。２事例を紹介したい。

【事例５－10】［041001］　午前中、私が掃除をしていると、加藤さんが居室から出てきた。加藤さんは昨日兄夫婦と墓参りに行ってきたことを自ら話し始めた。兄夫婦の自動車に乗って移動している途中で加藤さんは車酔いをしてしまい、「何も口にせずに帰ってきた」と話す。「もったいないですね。

せっかくだからおいしいものでも食べて帰ってくればよかったのに」と私が返すと、「昨年6月のお墓参りでは自分よりも食べていたのに」と兄が残念がっていたと加藤さんは話す。加藤さんは「とにかくくたびれた。帰ったらすぐに寝た」と、苦笑いしながら身体を伸ばす仕草をして見せた。

【事例5－11】［021004］　構内での散歩から帰ってきて、永井さんは私に「楽しかった」と何度も感想を伝える。ベッドに横になってもらおうと、背中を安定させるために着けているコルセットを外す。「あ〜、背骨が伸びているのが分かる」と、コルセットから解放されてホッと安心した声を出す。

外へ出ることとは、事例5－10の加藤さんの言葉を借りれば、「くたびれる」。外に出ていると、心身ともにすり減らして疲れて帰ってくる。外に出る機会が限られる居住者においてはなおさらだろう。疲れることとは快適なことではないが、疲れて帰ってきた後にいつもの場所でくつろぐことは快適なことである。外に出て疲れて帰ってくると、事例5－11のように、いつもの自分のベッドで横になり寝ることや身に着けているものを外すことがなんと快適なことであるか、あらためて知ることができる。

さらに、外出して帰ってくることで、あらためて屋内に出会うことは、3章で検討した取り囲む媒質についても実現している。屋外に出た後に、あらためて屋内の媒質に出会った2事例を紹介したい。

【事例5－12】［041015］　川崎さんと私が構内に出たとき、風がとても強かった。室内に戻ると、川崎さんは一息ついた後に、「こっちのほうがいいや」とつぶやいた。外は寒かったのだと思う。

【事例5－13】〔09227〕　山内さんは私と構外に散歩に出かけたとき、鼻をすすっていて、咳もしていたので、「寒くないか」と私が尋ねるも、「寒くない」と応える。のどの調子が悪く、いつもの薬を飲んでこなかったからと釈明していた。散歩を終えて、屋内に入ると「あ～、中に入ると違う」と、ホッとしたような調子で声を上げた。「違いますか？」と尋ねると、「暖かい」と応える。

事例5－12では風の強かった屋外から屋内に戻った後に、川崎さんが一息ついて「こっちのほうがいいや」と屋内の空気を望んでいた。事例5－13では、おそらく寒かったと思うのだが、山内さんは「寒くない」と認めなかった。山内さんにとって屋外に出ている時間は価値があるので、ただちに戻ることは望まなかったのだろう。屋外で時間を過ごした後に、あらためて屋内に戻ることで、「あ～、中に入ると違う」と、暖かな媒質にホッとしたような声を上げていた。これらの事例のように、屋外に出ることで、あらためて屋内の空気に出会い、その快適さを知ることができる。屋外に出たものの寒くて、もしくは暑くて、居住者が屋内に戻るよう求めることがあった。そして、屋内に戻った後には、屋内の空気に取り囲まれていることを喜んでいた。

人にとっての温熱環境に関する研究[50]によれば、温熱環境の快適性は「コンフォート（comfort）」と「プレザントネス（pleasantness）」に分けられる。コンフォートは心地よさといった通常の快適性を表しているのに対して、プレザントネスは喜びを伴う快適性で、たとえば暑い場所から涼しい場所に入ることや逆に寒い場所から暖かい場所に入ることといった、不快な状態から脱却する際に感じる。

ただし、不快な状態から脱却すればコンフォートに移行するので、プレザントネスは長続きしない。事例5-12における川崎さん、事例5-13における山内さんは、屋外で快適ではない空気に出会うことで、屋内に戻って出会う空気に喜びを伴うプレザントな快適性を感じたのだろう。屋内に居続ける限りは、空調設備により取り囲む空気はコンフォートな快適性が維持される。その屋内から屋外に出て、屋外の媒質に取り囲まれた後に、あらためて屋内の媒質に出会うと、プレザントな快適性を体験することができる。屋外に出ることには価値があり、あらためて屋内に戻ることにも価値がある。屋内から屋外へ、そして屋外から屋内へと異なる取り囲む媒質を渡り歩くことは屋内で過ごす時間を新鮮なものにする。

外に出る前の時間

外に出て帰ってくることは、屋内で過ごす時間を新たなものにすることを明らかにした。本項では、外に出る前の時間に注目する。筆者が自宅で暮らす高齢者の外出を調査していた際、玄関先で部屋着で対応した男性が、外出時にはジャケットを羽織ってズボンには折り目がついたよそ行きの格好をしていたことがあった[60]。これは外出するために支度をしていた一例であるが、外出する予定は外出する前の時間をつくる。外出する前につくられた時間について、「次に向けた計画」、「支度する行為」、「姿勢に表れる期待」に分けて、事例を提示しながら明らかにしていく。

次に向けた計画

居住者にとって、外出する機会は限られていて、外出している時間よりも次の外出を待っている時間のほうがずっと長い。外出から帰った後、次の外出までの時間をどのように過ごしているのだろうか、具体的な事例を通して検討していく。

【事例5－14】［040423］　午前中、中村さんと私は構内に出て15～20分くらい散歩して、「そろそろ行きましょう」と私は中村さんに声をかけて、車イスを玄関の方に動かした。建物の中に入り、二階に上がるためにエレベーターが来るのを待っているとき、「やっぱり空気が違うね～」と、おもむろに中村さんが言葉を発する。そして、エレベーターの中で「外、どうでした?」と私が尋ねると、「もう少しいてもよかった」と応える。昼食が到着している時間だったので、ふたたび外に戻ることはせずに、「また来週行きましょう!」と声をかけて、中村さんの物足りない気持ちを収めてもらおうとした。

【事例5－15】［030514］　午前中、門田さんと川崎さんの買い物に同行した。買い物を終え、自動車に乗り、帰路につく。自動車が特養の構内に入ったとき、車中で言葉を発しなかった門田さんが「もう着きましたか」と、ポツリと口にした。

外出して、時間を十分に過ごし、希望したことをすべて叶えて、望んだ物をすべて手に入れられるとは限らない。居住者は身体の不自由により自分の都合で外に出て行くことが難しいため、付き添う人間が必要になる。そのため居住者の希望通りに外出できるとは限らず、付き添う人間の事情によって外出は大きく左右され、結果外出後には物足りなさや不満が残りがちである。

事例５－14で、筆者の問いかけに対して、中村さんが「もう少しいてもよかった」と応えていた。そんな中村さんは口数が多い人ではなく、特に自分の胸の内を打ち明けることはあまりなかった。そんな中村さんがめずらしく自分の希望を口にしたので、中村さんの物足りなさを解消したいと思い、屋外に戻ることも考えた。しかし、昼食が到着している時間であったので、そのようにはしなかった。代わりに、物足りなさを満たしてもらうために、次週あらためて外に出ることを提案した。翌週、提案通り散歩に行こうと中村さんに声をかけて、物足りなさが残っていた屋外での時間を満喫してもらった。

事例５－15の門田さんは、ショッピングセンターでの買い物を終え、帰路につき、特養の敷地に帰ってきてしまった。待ち焦がれていた買い物が終わってしまう。門田さんにとって、どのくらいの時間とお金を費やせば物足りなさや不満が残らない買い物になるのだろうか。どれだけ費やしても物足りなさや不満は残るものなのかもしれない。門田さんは買い物から帰ると、次に紹介するように、次の買い物に気持ちを向けている。

【事例５－16】［021108、事例２－９の拡大版］　昼食が終わり、手持ち無沙汰にフロアをウロウロしていると、ナースコールに向かうスタッフの一人が「門田さんが外に出ている」と周りに聞こえるようにつぶやいていた。ベランダに目をやると、門田さんがいつもの場所でベランダに出ていた。私はベランダに出て門田さんの隣に立って、同じように外に視線を向けた。ベランダは少し寒かった。門田さんと同じようにベランダに寄りかかり外を眺めながら話したのは、向かいにある家の土地の広さ、特養の関連病院の位置、特養と病院のあいだにある商店の位置、それから門田さんが時々訪れるホームセンターとスーパーが併設するショッピングセンターに関することであった。さらに、門田さんが私にショッピングセンターの位置や自動車に乗った場合にかかる時間を尋ねる。その質問に答えたうえで、何を買いたいのかと門田さんに尋ねた。業者が出店する店では手に入らないものが多いこと、具体的には急須と甘くない食べ物を手に入れたいこと、昨日医者に会って少し痩せる必要があり、間食はあまりしないほうがいいと言われたこと、間食は「少しならいい」と医者に言われたこと、買い忘れないようにメモをつけていることを門田さんは話す。

門田さんが実践していた買いたい物リストのメモは、ショッピングセンターでの買い物に同行した事例５-15で目にした。ショッピングセンターに向かう車中で門田さんは紙に書いた買い物リストを見ていた。門田さんは外出した後に物足りなさや不満が残ったとして、次の外出を心待ちにしているだけでなく、買いたい物を紙にメモして、次の外出に向けた計画を立てていた。

門田さんと同様に、川崎さんも外出に物足りなさや不満を抱くことがよくあって、次の外出に向けて買い物の計画を立てていた。［031128］に門田さんと買い物に出かける直前の川崎さんに、買ってくる予定の物を尋ねた。「衣装ケースと…」と考えながら応えていたので、「メモをつけていたほうがいいのでは」と勧めると、ジャケットの胸ポケットから手帳を取り出し、「持ってる」とニヤッと笑ったことがあった。また、事例１-16では、手帳に買い物リストを書きくわえようとして、他の居住者に邪魔をされて腹を立てていた。そして、事例4の場面2では、川崎さんの買い物に同行する前に、特養内で見せてもらった小さな手帳のページには、上部はホームセンターで買うもの、線を引いて下部に隣接するスーパーで買うものが小さな字でビッシリ書かれてあった。買い物リストは、思いついたときに書きくわえられ、次の買い物に向けて時間をかけて作られていた。川崎さんは次の外出に向けて、手帳にリストを作ること以外にも準備を進めていた。

【事例5－17】［040723］　午後、川崎さんは買い物に行く予定である。しかし確保されている時間（移動を含めて1時間）に不満で、繰り返しこぼしていた。昼食後には「自分で行ってみりゃいいんだよ！」と声を荒げていた。その後、買い物に付き添わないスタッフに川崎さんは「10分ほど（買い物から帰ってくるのが）遅れるかもしれない」と前もって根回しをしていた。「スタッフリーダーは今日来ていませんよ」と、そのスタッフの対応はそっけないものだったが、川崎さんはお構いなしに「明日スタッフリーダーにコーヒー一杯でも出して機嫌とってくれ」と、さらに根回しを続けていた。川崎さんは午後2時に出かけて、3時半に帰ってきた。付き添ったスタッフに私が声をかけると、「1時間では無理でした」と苦笑いしていた。

この事例5－17以外でも、川崎さんは外出の時間が足りないことをしばしば訴えていた。川崎さんはスタッフの運転する自動車で連れて行ってもらう買い物の時間をできるだけ多く確保したい。しかし、4章の「スタッフの存在」で紹介したように、スタッフリーダーからは買い物の回数を減らすように求められ、その要求に抗うとさらに減らされることも考えられた。そこで真っ向から抗うのではなく、事例5-17のように、川崎さんはスタッフとのやりとりを繰り返し、できるだけ多くの外出時間を得ようと労を惜しまず画策していた。

このように居住者が外出に物足りなさや不満を抱くことはめずらしいことではない。外出に物足りなさや不満を抱いた後に、次の外出の時間を有効に使うため一人で手帳に向かって計画を立てたり、時間を延ばすようにスタッフに働きかけたりしている。外出する予定は、次に向けた計画を立てる準備の時間を生み出す。

支度する行為

物事には順序がある。充実した外出にするために、外出前にやっておかなければならないことがある。先にふれた自宅で暮らす高齢者が外出する際によそ行きの格好をしていたように、居住者は外出するために支度をする。支度をすることは、屋内に居続けては注目・使用されなかった物に目を向けさせ、また手に取ることへと導く。居住者は、外出の支度でどのような物に目を向け、手に取ったのだろうか。

【事例5-18】［040514］　午前11時過ぎ、昼食のために中村さんがフロアに出てきていた。今日はバスに乗って出かけるバスハイクの日である。私は中村さんに声をかけて、寝癖がついている髪の毛を梳かす。「バスハイクですね」と私が尋ねると、「そう」と中村さんが答える。「あまり外に出ることがないから緊張するんじゃないですか?」と尋ねると、髪を梳いている斜め後ろにいる私のほうへ最大限首をひねって、「そりゃしとるよ」と答える。その返答をしたときの中村さんの顔は、これまで見たことのない顔だった。微笑なのだが、嬉しそうな不安そうなそんな顔だった。ただ、顔にはっきりと表情があった。

バスハイクの出発は午後1時半だった。出発時の様子を見たくて、私は数人の居住者と構内のベンチでおしゃべりしていると、リフトバスのバックする音が聞こえてきた。バスが出ることを一緒にいた居住者に伝え、正面玄関の方に向かった。島田さん、小久保さん、最後に中村さんがリフトに乗ってバスに乗り込んだ。島田さんは機嫌がよく、顔はニコニコしていた。出発するときも元気よく手を振っていた。中村さんも、娘さんと出かけることもあって、嬉しいのが見ていてよく分かった。屋内で着ているパジャマを今日は服に着替えていた。服を着ていることに私が驚いて見せて、「楽しんできてください」と声をかけたときの中村さんの顔の表情は、これまで見たことがないくらい嬉しそうだった。リフトに車イスを乗せて、持ち上げられているときの表情は少し硬かったものの、出発するときには笑顔で手を振っていた。

【事例5-19】[050506] 今日、中村さんと私は屋外に散歩に出かけた。中村さんと屋外に出たのは久しぶりだった。中村さんは元気があまりなかった。中村さんの車イスを押して屋内から屋外に出ようとしていたとき、パジャマの首周りから見えていた下着が見えないように中村さんが身なりを整えていた。

中村さんは抱えていた病のため身辺自立が難しく、日中もベッドで横になっていることが多かった。そのため、昼夜ともパジャマを着ていた。そんな中村さんが事例5-18でバスハイクに出かけるために服に着替えていた。その姿に筆者が驚き、声をかけたときの中村さんの顔はこれまで見たことがないくらい嬉しそうな表情であった。着替えることの価値は、出会う人間から注目を集めることなのかもしれない。

事例5-19で、パジャマの首周りから下着が見えないように身なりを整えたことは、中村さんは屋外で出会う人間から注目を集めないように、事前に自分の身なりを省みていたと理解することができる。いずれの事例でも、中村さんは屋外に出た際に出会った人間から見られることを事前に想定して、身支度をしていた。先を見通した支度する行為には、未来の時間が内包されている。そして、外に出る際に支度する行為の機会が訪れる。

中村さん以外の居住者においても、昼夜とも同じスウェットやパジャマの上下で過ごしている人は少なくない。脳疾患による片半身麻痺、リュウマチ、それからパーキンソン病といった身体の病や衰えにより、着替えが容易ではなくなることが背景にある。介護施設に入居する理由の一つは身辺自立の困難にあったわけで、着替えが容易でないのは当然ではある。また、ベッドに横になって多くの時間を過ごすようになると、着替える必要は小さくなるだろう。そのなかで、歯医者に出かける際にパジャマから服に着替えていた加藤さん［021101］、買い物に行くためにいつもとは違うよそ行きの服を着ていた松さんと山内さん［030521］、買い物に行くためにパジャマからスウェットに着替えていた川崎さんといつもとは違うスウェットおよび上着を着ていた門田さん［030514］といったように、居住者がよそ行きの服に着替えていることがある。着替えることが難しく、着替える必要が小さくなった居住者において、いつもと違う装いをすることは、これから特別な時間が訪れることを居住者当人と周囲の人間に予感させる。

これまで紹介した外出する際に普段とは違う衣服を身に着けるとき、日の目を見ない衣服をタンスや衣装ケースから出して手に取る機会になる。タンスや衣装ケースの中から、帽子を用意することが一番多く、上着をはじめとする衣類を取り出すことも多い。これらの身支度以外に、屋内では使用することのない財布を手に取ったり、カメラを用意したり、計算機を用意したりといった携帯品を用意することも見られた。仕舞われていた衣服や物は、外出の支度をする際に、タンスや衣装ケースから取り出されて手に取られる。外出することで、それらの衣類や物は日の目を見ることができ、持ち主は衣類を身に着け、物を携帯することができるのである。次に注目するのは、支度する行為において、居住者と筆者が対象に一緒に注目してやりとりしていたことである。新たな2事例と、すでに紹介している1事例を取り上げる。

【事例5－20】［030514］　今日の私には二組の買い物に同行する予定があった。いつものように掃除をする時間はないものの、まだ出発するまで時間があった。時間を持て余していると、川崎さんが遠くから私を手招きする。私が近づいていくと、「おはよう」と言われたので、「それが言いたかったの？おはようございます」と返した。あいさつだけかと思っていたら、「タンスの一番下の段か下から二番目の段に帽子が入っているので、悪いけどそれを取ってきてくれ」と頼まれる。

【事例５－21】［120304］　午後、当時三階の個室に居住していた山内さんを私は訪ねる。不在だったのでスタッフに尋ねると、お風呂に入っていると教えてもらう。部屋の前のベンチでしばらく待つ。山内さんがお風呂から戻ってきて、いつものようにあいさつとして私の家族の健康や住んでいる場所の寒暖についてやりとりを繰り返す。ひとしきりあいさつを済ませると、会話が途絶える。今日の外は肌寒く、山内さんは風呂上りなので、風邪を引くといけないと思いながら、外に出るか探りを入れてみる。すると、「行く」と言う。「大丈夫ですか？」と私は念を押し、さらに「風邪を引くと困るので」と弱音をはいて見せるものの、「大丈夫」と山内さんは意に介さない。とにかくあるものを着てもらうように促す。掛けるものを膝に掛け、ショールを肩から羽織って、タオルを首に巻いてもらった。部屋を出て、スタッフに声をかけて、外に出る。

【事例５－22】［041210、事例１－49の拡大版］　昼食後、中村さんに声をかけ、屋外に出ることになった。中村さんはスタッフから「トイレに行って部屋に戻りましょうか？」と声をかけられて、「今から散歩に行く」と明確に意思表示をしていた。スタッフは少し表情を緩めて、その場を離れていった。屋外に出て行こうとすると、中村さんの座る車イスのタイヤの片方がパンクしていた。空気入れでタイヤに空気を入れてみたものの抜けてしまう。空気に栓をしているチューブから空気が抜けているようなので、中村さんにチューブの交換を提案すると、「車イスを換えればいい。あっちに車イスがある」と、端のホールを指した。チューブを交換する時間は待っていられないようだった。

衣服は面白い環境で、身に着けるとずっと一緒に移動する身体の一部になり、身に着ける前後は移動すると離れてしまう物である。衣服は二面性を持つ。

事例5-20では、車イスに座っていると、床に直に置かれているタンスの下の方の引き出しに手を伸ばすことは簡単ではない。そのような手を伸ばしにくい引き出しに、あまり使用しないものを入れておくことは合理的である。ただし、使用したいときに自分で取り出すことができなければ困ってしまう。そんなとき周囲にいる誰かに頼む必要があり、筆者が頼まれることもある。タンスの引き出しから帽子を取り出すことを筆者に依頼したことで、タンスの中の帽子は川崎さんと私の対象になった。

事例5-21のように、居住者が屋外に出て寒くないように重ね着を筆者が促したこと以外にも、寒くないように加藤さんにカーディガンを羽織ることを促したこと［031107］、逆に熱中症にならないように山内さんに帽子をかぶるよう促したこと［120912］、それから山内さんに外は暑いから着替えることを促したものの着替えないことを山内さんが選択したこと［170705］があった。屋外に出る際に、屋内にいるときの着衣では体調を崩してしまう怖れがある。特にもっぱら屋内にいて、屋外に出ることがまれである居住者においては気をつけなければならない。そのため、筆者は居住者に暖かい着衣や涼しい着衣、それから日差しを遮ることのできる帽子の着用を促していた。外に出るための支度で、身に着けるために、屋内では身に着けることのない衣類を取り出す。当人と周囲の人間は、その身に着ける前の衣服に一緒に出会っていた。

さらに、事例5-22をはじめとして、外出の支度として筆者は車イスのタイヤに空気をよく補充していた。屋内では、段差は小さく障害物が少ないので、タイヤの空気が抜けていて、タイヤのグリップが利かずに左右に動きづらくても不便に気づきにくい。また、タイヤの空気が抜けて進みにくくても、ゴムやビニール素材の床は車イスを少し前進させるので問題であると感じにくい。しかし、タイヤに空気が入っていると屋内であっても格段に移動しやすい。顕著な例として、車イスを自分の手でこぐことができなくなっていた山内さんが、乗っていた車イスが壊れ、新しく軽い車イスを購入してタイヤに十分な空気を入れたとき、ふたたび車イスをこげるようになって、筆者が帰るときに自分の手で車イスをこいで玄関まで見送りに来た［130808］。

筆者が居住者の座る車イスを押して外に出るとき、小回りが利き段差や障害物をうまく乗り切るために、また多様な道を進む車イスを少ない力で進めるために、タイヤが空気で満たされていることは必須である。しかし、屋内でもっぱら生活している居住者は、車イスのタイヤの空気が抜けていることに頓着していないか、気づいていてもスタッフに申し出ることを遠慮して、結果空気が入っていないことがしばしばある。そして、筆者が気づいて空気を補充する際に、居住者と筆者の注意が、居住者が乗っている車イスに集まる。事例5-18と5-19で中村さんが自分の着ている衣服を意識していたように、居住者が目下乗っている車イスに居住者と筆者は出会っていた。

これまで検討してきたことをまとめる。屋外には誰しも身一つで出て行く。身に着ける衣類は一組で、身に着けることのできる装飾品・携帯品には限りがある。乗る車イスも一台である。屋外に出る支度において、適当な衣類、必要な装飾品・携帯品や移動の補助器具を先取りして選んで整えなければならない。つまり、屋外に出た際に身に着けているために、それらの物に一旦対象として出会い、それらを吟味し、選択し、整えるのである。整えるとは、衣類にアイロンをかけたり、身なりを整えたり、タイヤに空気を入れたりすることである。屋内に居続ける限りは対象にならない物に屋外に出る支度であらためて出会い、そしてそれらの物を身に着けて屋外に出て行く。出かける前に先取りして身に着ける予定の物に身体から離れた対象として出会い、出かけているときにはそれらの物を身に着けて移動する。この身体と物との分離から一体への移行過程が支度の行為に内包されている。

姿勢に表れる期待

繰り返し述べてきたように、居住者は一人で外出することが難しいため、周囲の人間との兼ね合いのなかで外出せざるをえない。とはいえ、受動的にただ待っているわけではない。周囲の人間に合わせつつも、待ちきれない姿勢を鮮烈に表すことがある。まずは、待ちきれない姿勢が表れていた2事例を検討したい。

【事例5－23】［021004］　昼食時に私は永井さんの食事介助をしていると、近くにいたスタッフが別のスタッフに「午後のカンファレンス（居住者の対応に関する検討会）を終えたら外に散歩に出よう」と話し始めて、永井さんに「散歩に行きますか？」と声がかかった。私からも散歩に行く希望があるか尋ねるも、こちらの言っていることが永井さんは飲み込めないらしく、キョトンとした様子であった。その後、永井さんは決めかねている様子だったが、食事を終えて居室に戻る際に「行きたい」と意思表示をした。ベッドに横になる際には、この施設に来て外に出たことがないことを語り始め、「車か歩きか？　自分は歩けない」と外に出る手段を尋ねた。さらに、外に出ることができなくなった経緯（病歴）を雄弁に語り始めた。また、何時に行くのかと何度も尋ねる。カンファレンスが終わるであろう午後2時半くらいではないかと私は返答する。後に永井さんの車イスを私が押して散歩に出ることをスタッフと確認した。

午後2時に永井さんからのナースコールが鳴った。トイレ介助の依頼で、その際に散歩に行くのはまだかと永井さんは再度尋ねた。トイレが終わったらすぐに行こうと私は永井さんに伝える。簡易トイレでトイレを済ませて、ベッドに横になり背骨を固定するコルセットを着けて、車イスに座って、いよいよ永井さんと私は屋外に向かった。

【事例5－24】［030730］　12時に出発するバスハイクに参加するため、門田さんは午前11時前に帽子を被って二階エレベーター前のホールで待機していた。担当スタッフが門田さんに話しかけるも、興奮していて聞こえていない様子で、「聞いてない」とスタッフは諦め顔だった。門田さんは何度も「下に行っていいですか？」と尋ねていた。早く行きたいのである。

発達心理学者ワロン[97]は、人間がかたちづくる姿勢を心的意味として位置づけていた。ある対象や場面を知覚するとき、対象や場面の質だけでなく、そのときの欲求や状態といった情動によって姿勢はかたちづくられる。そして、姿勢は周りの個体に伝播していく表現システムとして機能する。逆に言えば、姿勢は周りに対応してくれる他者がいることを必要とする。このように、ワロンは情動という身体的次元と周りの他者という社会的次元をつなぐ表現として姿勢を見出している。

事例5-23の永井さんとの外出は、筆者が特養に通い始めて初めての居住者との外出であった。外へ行く提案をされた永井さんは、初めのうちは要領を得ない様子だった。しかし、外へ行くと意思表明をした後に永井さんの姿勢は一変する。語り口は雄弁になり、散歩に行くのはまだかと何度も確認していた。

事例5-24で門田さんは出発する1時間以上も前に待機していて、早く行きたい欲求が高まるあまり、周りからの声が聞こえていなかった。同様に、買い物に行く予定があった［030514］には、門田さんは待ちきれずに一人でエレベーターに乗り一階に降りてしまった。門田さんがかたちづくっていた姿勢は、周りの声を届かなくしていたが、周囲の人間に外出が待ちきれないことを鮮烈に表していた。

その他には、屋外に出て行くことをまだ誘っていない時点で、加藤さんが帽子をかぶって待っていたので、「外に行きますか?」と筆者が声をかけて外へ出かけたことや［021004］、山内さんとのあいさつを一通り終えて、「今日外へ行こうと思っているのですが、外は暑くて。どうしましょうか?」と尋ねると「帽子があるから!」と即答した山内さんに応えるかたちで外へ出かけたように［090808］、居住者の待ち構えていた姿勢に接した周囲の人間が期待に応えていることはある。

ところで、遠足や旅行のしばらく前から期待に胸をふくらませていることは、誰しも経験があると思う。居住者においても、外出するしばらく前から期待に胸をふくらませていることがある。居住者が期待に胸ふくらませていたことを語った2事例を紹介したい。

【事例5－25】［040702］　昼過ぎに「外に出ますか!?」と私が川崎さんに声をかけると、それには直接答えず、「明日買い物に行くんだよ。2時から2時間。2時間だと違うんだよね。1時間半だとなかなか買えない。2時間あると落ちついて買い物できるんだよ」、「○○くん（スタッフの名前）が連れてってくれるんだ。○○くんは勝手が分かっているからね」と川崎さんは話した。

【事例5－26】［030716］　池田さんはフロアで私と話しているなかで、来月の外泊への期待を語っていた。「7月の祭りには行かんて（行かないと）言った。お盆に迎えに来るって」と池田さんが話す。私はお盆までの月日を数えて「お盆はもう1か月後ですもんね。もうすぐですよ。迎えに来るって、食事にでも行くんですか？」と尋ねると、「家に帰ると（帰るんだ）。墓があって」と、自宅近くにあるというお墓について話を続ける。

川崎さんが事例5－25の直前にスタッフリーダーから明日買い物へ行く予定を伝えられていた。しかも、川崎さんがよく愚痴っていた外出時間は2時間確保されていて、川崎さんが買い物するときによく指名していたスタッフが付き添ってくれる。川崎さんにとって買い物を満喫する条件は整っていた。期待に胸はふくらみ、筆者からの散歩の提案は受け流して、明日予定されている買い物について語り始めた。

事例5-26で池田さんがお盆に自宅に帰ることへの期待を語っていた1か月後［030815］、前日から自宅に帰っていた池田さんが冴えない表情で息子夫婦を伴って特養に帰ってきた。池田さんはお腹が痛くなり、どうしようもなく戻ってきたと息子夫婦は説明していた。トイレに入って腹痛が収まった池田さんに「自宅はどうでした？」と話しかけた。池田さんは「腹が痛おて（痛くて）」と下腹を指さした。「4、5日居ろうと思っとったばってん（思っていたのだけれど）……」と話された。数日前から便が出ていなかったということなので、期待が高まりすぎて、緊張してしまっていたのかもしれない。息子夫婦が帰るとき、池田さんは細長い腕を振って見送っていた。筆者から見る限り落胆した様子ではなかった。池田さんは疲れていたのだろう、フロアにいるときも居眠りをしていて、午後からは居室のベッドで寝ていた。思っていた通りにはいかなかったが、池田さんから落胆した様子が見られなかったことから推測するに、約束していた通りに迎えに来てもらい、自宅に帰れたことで、池田さんが抱いていた期待に応えてもらっていた。

本章では、屋外に出た後に、ふたたび屋内に帰ってきた後の時間、そしてあらためて屋外に出て行くまでの時間について検討してきた。ここで得た一番大きな収穫は、屋内に帰ってきた後に出会う対象や行為から、屋内を一旦離れて帰ってきた居住者が屋内で新たな場所の意味を創造していることを明らかにした点である。具体的に、帰ってきた後の行為から、居住者が外の余韻に浸っていること、会話や攻防の種を持ち帰っていること、屋内の環境にあらためて出会っていることが読み取れた。また、居住者の外出には付き添う人間が必要であるため、満足な外出になるとは限らない。外から帰ってきた後には、次の外出に向けた計画が始まる。そして、外出が近くなると準備が始まり、その支度する行為には屋外に出たときに必要な物を事前にそろえる未来の時間が内包されている。さらに、外に出る時間が近づくと、居住者の期待が彼らの姿勢に表れ、周囲の人間は姿勢に表れている期待に応えることが求められていた。

これら屋外に一旦出てあらためて屋内に帰ってきた後に次の外出までに出会う対象や行為は、新たな場所の意味を創造していることを表していて、それは屋内の生活空間を更新していることであった。屋外に出かける前と後では、外からいくらか物を持ち込んでいるが、取り囲む物理的環境は大きく変わっていない。居住者が屋外に出て、あらためて屋内に帰ってきた後に、新たな場所の意味を創造していたことは、屋内における居住者の心理的環境が屋外に出かける前後で変化したからに違いない。

序章で、2匹のチンパンジーが同じ物理的環境にいながら箱を使った異なる行動を見せたことを、コフカ[47]は異なる心理的環境にいるからそれぞれ異なる行動を示したと説明したことにふれた。コフカは2匹の行動の違いに焦点を当てたが、ここでは屋外に出かける前後で変わった屋内での行動に焦点を当てている。屋外に出ることで、居住者は屋内で異なる心理的環境を生きるようになる。

さて、支度する行為において、対象として出会う衣類は身に着けることで一体化することを本章で提示した。次の章では、手に缶コーヒーを持つことが身体内を分化させて、そこに空間をつくることを検討する。老いの時間の探究はいよいよ佳境に入っていく。居住者の行為に引き続き立ち会ってほしい。

「ヒトの発展において、二足歩行が果たした役割はいくら強調しても足りない。おそらくは、これこそが人類の祖先をほかの霊長類から隔てた分水嶺なのだ。この比類ない能力が、運搬や、道具の制作、精緻な作業といった限りない可能性へ二本の手を解放した。実に、あらゆる現代のテクノロジーがこのひとつの展開の産物である。やや単純化しすぎているかもしれないが、新たに獲得されたこの前腕の自由こそが進化へ向かうことを可能にしたということ。脳はそれに見合うように発展した。そして人間が誕生する。」(Leakey[53] p.453; ソルニット[81] p.71)

道具が現れたのは250万年前で、二足歩行への移行が始まったのはさらに300万年ほど前である。[82] 道具の出現と二足歩行のあいだには大きな時間の隔たりがあるため、右に抜粋した人類学者メアリー・リーキーが自戒しているように、二足歩行が手を解放して現代のテクノロジーを生み出したと直線的にとらえるのは単純すぎるかもしれない。とはいえ、四足歩行から二足歩行への進化は、人間の前肢を解放して、腕や手を生み出した。調理すること、文字を書くこと、手話すること、愛撫すること、キャッチボールすること、これら人間の営みは腕や手によって行われる。

また、腕や手は私たちの視界に頻繁に入る点で、他の身体部位とは異なる特徴を持つ。私たちが手に持っている対象を眺めているとき、そこには空間ができる。声をかけようとした相手がスマートフォンを見つめていたとき、声をかけることに躊躇を覚えたことはないだろうか。見つめている対象は、文庫本でも、手帳でもかまわない。

手に持つスマートフォンを私たちが見つめていることは、木々や扇風機といった自分の身体から離れた対象を見つめることと、「見つめる主体」と「見つめられる対象」という形式においては同様である。

身体は一つで、手は身体の一部なのだが、身体の中に「見つめる主体」と「見つめられる対象」が生まれて、そこには空間ができる。ボルノウ[13]は、自分自身の空間を三つの階層に整理している。一つは取り囲んでいる空間一般、二つ目に自分の家屋という空間、そして三つ目に自分の身体という空間である。私たちは三つの空間が入れ子上になった中に住んでいる。取り囲んでいる空間一般とは、これまで検討してきた1～5章を指していて、その中で特に自分の家屋という空間が1・5章に関わっている。そして、この章では、自分の身体という空間を取り上げようとしている。

「私は身体という自分自身の空間とは切りはなしがたく緊密に結合していて、どこに移動するにもそれをいつも自分といっしょに持ち運んでいるのに対して、家屋という自分自身の空間は固定していて、したがって、私はそこをはなれたり、ふたたびそこへ帰ってきたりすることができるのである。」（ボルノウ[13] p.276）

身体という空間は、家屋のように離れたり、ふたたび帰ってきたりすることはせずに、どこに移動しても自分と一緒に持ち運んでいる。私たちは屋内にいても、屋外にいても、外縁にいたとしても、身体という空間を持ち運んでいる。そして、身体という空間を持ち運んでいることが明らかになるのは、手を知覚するとき、もしくは手に持つ対象を知覚するときである。

手という対象

手は視界に頻繁に入ってくる。手足を「半対象（semi-object）」と表現したのは、知覚心理学者ギブソン[24]である。自分の身体から離れている「対象」とは違い、「半対象」は自分の身体でありながら、視界に頻繁に入ってくる。

また、知覚心理学者ナイサーは、前出のギブソンが知覚論を踏襲した「生態学的自己（ecological self）」について説明する中で、探索的活動は接触する対象についての情報だけでなく、対象に触れる手や腕についての情報をも与えると記している[70]。たとえば、手で本をめくっているとき、本という対象についての情報に加えて、手や腕の情報も同時に得ている。私たちは、身体から離れた対象を知覚しているだけでなく、接触する対象と身体の一部である手や腕を同時に知覚している。

人間の発達研究は身体経験の分化や自己と世界の距離が広がっていくことを研究することである[98]。手や腕という身体の一部が身体全体から分化していく過程、言い換えると、「見つめる主体」と「見つめられる対象」へと身体が分化していく過程が問題になるのは、まずは乳児期初期である。乳児は手の運動の随意性が未発達で、手がランダムに動いてしまい、つかみたいものがつかめない。発達心理学者ピアジェによる実子の観察記録の中で、生後間もない乳児が指を口で吸う吸綴行動を行おうとするものの、手や腕がうまく動かせない様子が示されている。[71] また、乳児が生後2か月ごろに見せる「ハンド・リガード（hand regard）」と呼ばれる手を眺めている行為は広く知られている。[14]

次に身体経験の分化や自己と世界の距離が問題になるのは、身体がうまく動かなくなるケガや病気、そして老いの過程である。具体的な事例として、リュウマチを患っていた藤原さんは、［020820］に朝晩には耐えられないほどの痛みが手に襲ってくることを筆者に話しながら、左手を右手でずっとさすっていた。同様に、山内さんは［190324］に脳梗塞の影響で麻痺が残る左手を右手でさすりながら、親の病歴について筆者に話をしていた（図6-1）。藤原さんと山内さんは、片方の手でもう片方の手をさすっていた。一つの身体の中で、「触る身体」と「触られる身体」に分化している。さらに言えば、「触る主体」と「触られる対象」に分化している。そして、触られる対象になっていたのは、老いの過程で随意性を失っていた身体の一部である。

それから、心臓の状態が悪くなり、車イスの上で身体が前に折れ曲がるほど身体に力が入らなくなっていた島田さんは、［031227］に身体の前で右手と左手の指を交差して組もうとするものの、右手と左手の指の位置がずいぶんとずれていて、組むことができなかった。その後、少し指の位置を修正して、なんとか右手の指と左手の指を交差することができた。両手の指を交差して組むとき、左右の手が「知覚する主体」と「知覚される対象」を並行して担うことになる。すなわち、右手が「知覚

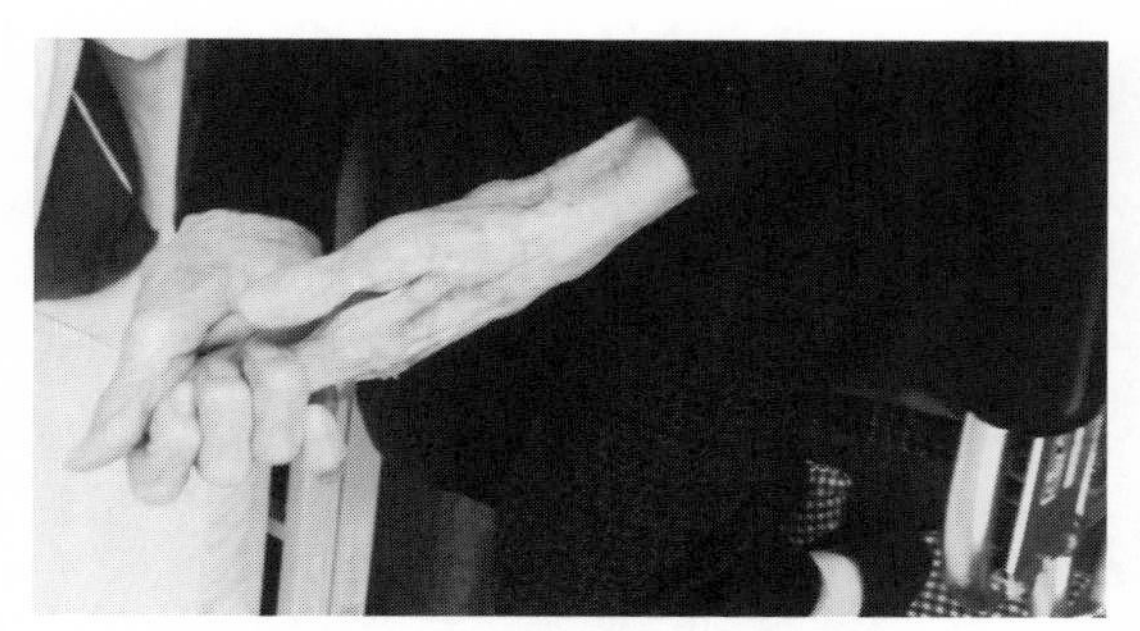

図6－1　片方の手をもう片方の手でさする

する主体」を担うとき、左手は「知覚される対象」を担い、逆に左手が「知覚する主体」を担うとき、右手が「知覚される対象」を担う。両手の指を交差して組むことができないのは、両手の指が「知覚する主体」と「知覚される対象」の両方を担えていないからであって、身体内につくられていた空間が崩れてきていることを表している。

この章では、身体という空間を取り上げる。手を対象として知覚するとき、身体に空間ができていることが分かる。身体がうまく動かなくなる老いの過程において、手を対象として知覚することが頻繁になる。そして、私たちは手を対象として知覚することに加えて、手に持つ対象を知覚している。まず、対象を手に持つ行為が居住者においてどのように成り立っているのかについて検討する。その後に、老いにおいて注目すべき対象として、また特養という場所をよく表している対象として缶コーヒーを取り上げ、缶コーヒーを飲む行為について検討したい。

物を手に持つ

グブリウムがフィールドワークを行ったアメリカの高齢者施設では、居住者は会話したり、居眠りをしたり、本を読んでいたり、また「手仕事（hand work）」と居住者が呼んでいた編み物や縫い物に取り組んだりしていた[28]。編み物は、毛糸を針で編み上げていく手元の様子を目で見ながら手を動かしていく。縫い物も同様に縫い上げていく。このとき身体内では、物を持った手を知覚しながら行為が遂行されること、すなわち「知覚する主体」と「知覚される対象」の二面性が生まれている。

特養においても、松さんが編み物をしていて、筆者も二度ニット帽をプレゼントしてもらった。また、いわゆる「手仕事」ではないが、1章で取り上げた居住者がエプロンをたたむことやお茶を入れることなど、手を使う仕事は特養の居住者においても行われている。

このような身体内における「知覚する主体」と「知覚される対象」への分化は、私たちの日常行為において欠かせないことである。食事場面を取り上げて考えてみたい。小さな子どもが食事をする場合、手で食べ物をつかめなければならない。手につかんだ食べ物を口に持って行くとき、その途中で食べ物を握っている手のひらを下に向けて放してはならない。食べ物をしっかりと把持したまま、口まで運んでいく。手につかまれた食べ物が口まで届いたとき、宇宙船が偵察艇を出入口から格納するように、口をタイミングよく開けて、口の中に食べ物が入るように手から放さなければならない。このように簡単に描写しただけでも食事することが複雑な過程であることが分かる。次に、大人において、箸を使って食事をする場合、手に持った二本の箸を動かして器の中にある食べ物をうまくつかまなければならない。器によっては、箸を持った手とは違うもう片方の手で器を持ち上げて、その器に盛られている食べ物をつかまなければならない。そして、箸でつかんだ食べ物を落とさないように、また汁をこぼさないようにすばやく口まで運び、口をタイミングよく開けて、つかんでいた箸から食べ物を放して、咀嚼するために口が閉じるまでのわずかな時間に箸を口から取り出さなければならない。こちらも複雑な過程である。これら食事は、口が知覚する主体となり手が知覚される対象となる行為、逆に手が知覚する主体となり口が知覚される対象となる行為が並行しながら成立している。

これら手と身体の協調は、幼少期に身体の随意性の向上とともに教育（しつけ）により一旦身につけてしまうと、微細な間違いやまれに失敗することはあっても、大きく破綻することは通常ないはずである。次に取り上げるのは、老いの過程で見られる手と身体の安定していた協調が失調していくことについてである。

協調していた手と身体の失調

物を持った手を動かすことで身体に空間ができる。しかし、老いの過程で対象を持った手がうまく動かせないようになっていく。協調していた手と身体が失調していくからである。2人の事例を検討したい。

【事例6-1】［031219］　昼食時、島田さんは身体が傾き、ご飯茶碗は空になったものの、首から掛けたエプロンの上にたくさん落としていた。おかずを食べるように勧めるも、「もういい」、「おいしかった」と取りつく島もなかった。梨を勧めると、一つ手に取り、口に持って行き、一口かじった。二口目を食べるときに、手に持った梨は口元ではなく、あご辺りに近づいていった。手に持った梨を一旦あごに当てた後、口の方に手を持ち上げて梨を口に入れた。食事が終わり、歯磨きを勧めると、歯ブラシを自分で手に取り、歯を磨き、口を何度かしっかりとゆすいでいた。

【事例６－２】［030207］　昼食時、私は柴原さんと新里さんの介助を担った。柴原さんは、食欲はあるのだが、自分で手を動かすことはしないので、私が介助をして食事を進めていた。そこへ柴原さんの担当スタッフがやってきて、柴原さんの手をお茶碗のところに持って行き、自分で食べるように促した。柴原さんは手に持ったスプーンにわずかに食べ物をすくい、口に持って行こうとするのだが、スプーンが口に届かない。口元にスプーンが近づいたところで、あともう少し届かずスプーンに載った食べ物がプルプル震えている。そして、スプーンが口先になんとか届いたのだが、口の中にスプーンが入っていかない。スプーンの先端から唇の先へわずかな接点をつたって、スプーンから口の中へと食べ物を移動させていた。

事例６－１のころ、島田さんの心臓の状態が悪く、その影響で、姿勢が崩れ、意思疎通がますます難しくなっていた。事例６－１で、手に持った梨を口に近づけるとき、二つの「知覚する主体」と「知覚される対象」への分化が起こっている。一つ目の分化は、梨を持った手が「知覚する主体」となり、梨を入れる口が「知覚される対象」になる。しかし、梨を持った手が口を知覚することができずに、手に持った梨は口に入らずにあごにぶつかってしまった。二つ目の分化は、梨を待ち構える目や口が「知覚する主体」となり、梨を持った手が「知覚される対象」になる。梨を持った手を視覚的にうまく制御できずに待ち構える口に導けず、あごにぶつかってしまった。

ご飯だけをこぼしながらも食べる一方で、おかずに一切に手をつけていないことから、ご飯とおかずを一緒においしく食べることよりも、ご飯を口に運ぶことが島田さんにとって精いっぱいの食事だったのかもしれない。姿勢が傾いていることを含めて、島田さんの身体の空間が崩れてきていたことが読み取れる。

ただし、事例６‐１の最後に歯磨きはしっかりと遂行できていた。心臓の状態が悪く、姿勢は崩れ、食べる物は偏り、手に持った梨をあごに持って行ったとしても、依然しっかりと遂行できる行為は残っていた。

次に事例６‐２である。手に持ったスプーンですくった食べ物を口に運ぶとき、事例６‐１と同様、スプーンを持った手が「知覚する主体」になり、スプーンを待ち構える口が「知覚される対象」となる行為と、逆にスプーンを持つ手を見つめる目やスプーンを待ち構える口が「知覚する対象」で、スプーンを持った手が「知覚される対象」となる行為が並行している。しかし、手に持ったスプーンは、口に到達する手前で停まってしまい、そこから口に近づいていかない。空中で手が停止したままであるので、必然的にスプーンを持つ手は震え始めていた。柴原さんの持つスプーンが口に到達する前で停まってしまう同様の事例は［030905］にも記録していて、偶然起こった行為ではないだろう。おそらく柴原さんの意識において、「知覚する主体」である手に持ったスプーンは「知覚される対象」である待ち構える口に到達しているはずで、かつスプーンを持つ手を見つめる目やスプーンを待ち構える口といった「知覚する主体」にとって「知覚される対象」である手に持ったスプーンは到達しているはずである。しかし、口に到達する寸前でスプーンが停まってしまうのは、協調していた「知覚する主体」と「知覚される対象」が失調することでズレが生じるためではないか。ただちにズレを解消できれば大事にはならないのだが、ズレを解消できずに、口に到達する前で停止してしまっていると考えられる。

身体内にある空間は、「知覚する主体」と「知覚される対象」の協調により成り立っている。老いの過程では、協調していた「知覚する主体」と「知覚される対象」の失調により、身体内の空間は崩れていく。ただし島田さんの歯磨きのように、身体内の空間が崩れていない、「知覚する主体」と「知覚される対象」に分化される行為は依然ある。

これら「知覚する主体」と「知覚される対象」の分化は変わらず維持されることはない。人間の発達過程の主要な形式として「未分化-分化（undifferentiation-differentiation）」を取り上げたウェルナーとカプラン[99]によれば、「知覚する主体」と「知覚される対象」がなじみ深いものになると分化過程に要する時間は短くなるが、その過程が瞬時的で自動的に見えるとしても、分化活動はなくなっていない。分化過程を経ることによる以前の「知覚する主体」と「知覚される対象」を根本的に一新した再体制化によって、「知覚する主体」と「知覚される対象」は変わらず維持されている（ように見える）。協調していた「知覚する主体」と「知覚される対象」が失調した行為も、「知覚する主体」と

「知覚される対象」の分化が依然遂行できる行為も、以前の「知覚する主体」と「知覚される対象」が根本的に一新した再体制化と言える。この分化過程がなくなり、未分化になってしまえば、「知覚する主体」と「知覚される対象」の意味は失われる。事例6-1と6-2であれば、食べ物を探さなくなり、食べ物の乗ったスプーンを手に取らず、また誰かが持たせたとしても口に持って行かなくなる。うまくいってもいかなくても、食べ物を手に持ち口に持って行く行為が、一つの身体を「知覚する主体」と「知覚される対象」に分化させ、身体に空間をつくり続けている。

渡された物を手に持つ

物を手に持ち、「知覚する主体」と「知覚される対象」に分化することで、空間ができる。老いの過程において手と身体の協調が失われる代表的な場面は、事例6-1と6-2で提示したような食事場面である。手の随意性の低下、視力の低下、イスに座る姿勢を維持することの困難などにより、自分で食事をすることができずに、スタッフや家族、そして筆者が、食事をすくったスプーンを居住者の口に運んだり、居住者の手に持たせたりと介助することで、食事が成り立っていた。食事場面以外でも、居住者が物を手に持っているとき、自分一人で持ったとは限らず、誰かから渡された物を手に持っていることがある。つまり、物を手に持ち、「知覚する主体」と「知覚される対象」に分化することでつくられる空間は、居住者一人で成立しているのではなく、渡してくれる誰かが組み込まれて成り立っていることがある。二つの事例を紹介したい。

【事例6－3】［021130］　端のフロアで昼食を終えた藤原さんの座る車イスを押して、中央のフロアに移動した。しばらく佇んでいた後に、藤原さんは自分の足で床をチョコチョコと蹴って、どこかへ行こうとしている。向かっている先を私が尋ねると、食事場所に忘れ物があると答える。端のフロアに向かうと、テーブルの上に食べかけのゼリーが載っていた。藤原さんはゼリーの口を縛るために、車イスに括りつけられている袋の中から輪ゴムが入っている袋を取り出すように私に声をかける。輪ゴムの入った袋を藤原さんに渡すと、その袋を開けて輪ゴムを取り出そうとするのだが、リュウマチで細かい作業が難しいようで、「こんなありますもんね～」と言って、私に袋を開けるように求めた。

藤原さんが片方の手に輪ゴムを持って、もう片方の手に持つ食べかけのゼリーの口を縛る行為が完結するまで、すなわち一つの身体が「知覚する主体」と「知覚される対象」に分化するまでに、二度筆者に手伝いを求めている。一度目は、車イスの横に括りつけられている袋の中から輪ゴムの入った袋を取り出すように声をかけたときである。別の日［030307］に藤原さんが食事を終えたとき、まったく手をつけていない皿があって、そのことを伝えると藤原さんはその皿があったことに気づいていなかったことから、藤原さんの視界にその皿が入っていなかったことが分かった。藤原さんは首を左右にひねることが難しいほどに身体が硬くなっていた。そのため、車イスの横に括りつけられている袋に手を伸ばし、さらに袋の中から袋を取り出すことは簡単ではなかった。二度目に手伝いを求めたのは、袋から取り出した袋を開けることであった。リュウマチを抱える手はうまく動かすことができず、袋を開けるような細かな作業はできない。輪ゴムの入った袋を筆者から渡されて、藤原さんは手に持った袋を見つめていたものの、袋を開けることができずに、筆者に袋を開けることを求めた。以上のように、藤原さんは食べかけのゼリーの口を縛る輪ゴムを手に取る前に筆者に手助けを求めていた。このときの藤原さんの「知覚する主体」と「知覚される対象」との分化には、筆者が組み込まれていた。

【事例6－4】〔160909〕　構内に出て佇んでいたとき、山内さんが目の前の木を指して、「何の木だろうか?」と尋ねる。「紅葉じゃないですか」と私は返答する。山内さんは「紅葉かな?」と確認した。そこで私は木に近づいて、頭上に手を伸ばして紅葉の葉を茎からちぎって山内さんに手渡す。山内さんはこの木が紅葉であることを確認した後、紅葉の茎を片方の手の指でつまんでクルクルと回転させ、葉の五つの山を一つひとつもう片方の手の親指と人差し指で挟んだりなでたりして弄んでいた。

屋内に戻って、二階に上がるエレベーターの中で、指で紅葉を触りながら「紅葉はどれも五つの葉（山）があるかね～?」と私に尋ねる。また居室でも手元の紅葉に視線を向けて手で触りながら私と会話をしていた。夕食の時間になり、紅葉をどこかに置いておきましょうかと声をかけると、「本のあいだにでも挟んでおく」と、こちらに渡すことはなかった。

山内さんは、片方の手に持った紅葉の葉を回転させ、もう片方の手で紅葉の葉を触りながら特徴を筆者に尋ね、紅葉を眺めながら筆者と会話をして、紅葉の葉の収納場所を決めていた。片方の手に紅葉を持ち、もう片方の手で葉を弄ぶこと、そして手に持った紅葉の葉を眺めていることで、自分の身体を「知覚する主体」と「知覚される対象」に分化させていた。紅葉の木から紅葉の葉をちぎって手に持ち弄ぶことは、自力では立てない山内さん単独では実現できなかった。筆者が手渡すことで実現していた。

3章の「構内で出会う対象」で、鉢植えの植物に手を伸ばす居住者の行為を紹介した。足元に置かれている鉢や花壇であれば、車イスに座る居住者が手を頑張って伸ばせば触ることやちぎることができる。しかし、車イスに座る山内さんは、頭上に広がっている紅葉には手が届かない。そこで同行している筆者が紅葉をちぎり、山内さんに紅葉を手渡すことで、いろんな行為が生み出された。筆者はこのとき、山内さんに貴重な物を手渡したようで、嬉しい気持ちを抱いていたことを記録している。立って手を伸ばすことができれば、誰でも貴重な物を手渡すことが可能なのである。

ただし、手渡した物がいろんな行為に発展する対象になるとは限らない。筆者は居住者に、菜の花、セミの抜け殻、猫じゃらしを手渡したことがあるが、紅葉のように貴重な物にはならなかった。

これまで紹介してきた渡された物を手に持つ行為は、主体と対象、さらに他者を生み出している。言い換えると、他者が物を居住者に手渡すことで、居住者の身体に「知覚する主体」と「知覚される対象」の分化を生み、物を渡した他者は取り囲んでいる人一般ではなく、特別な人として認識される。このように行為によって主体‐対象‐他者の分化構造を生み出すことは、先に「未分化‐分化」を取り上げたウェルナーとカプランによる「距離化（distancing）」と「分極化（polarization）」に関する議論に通じている。[99]

ウェルナーとカプランは、言語的シンボルの形成について、対象とシンボル、話し手と聴き手の四

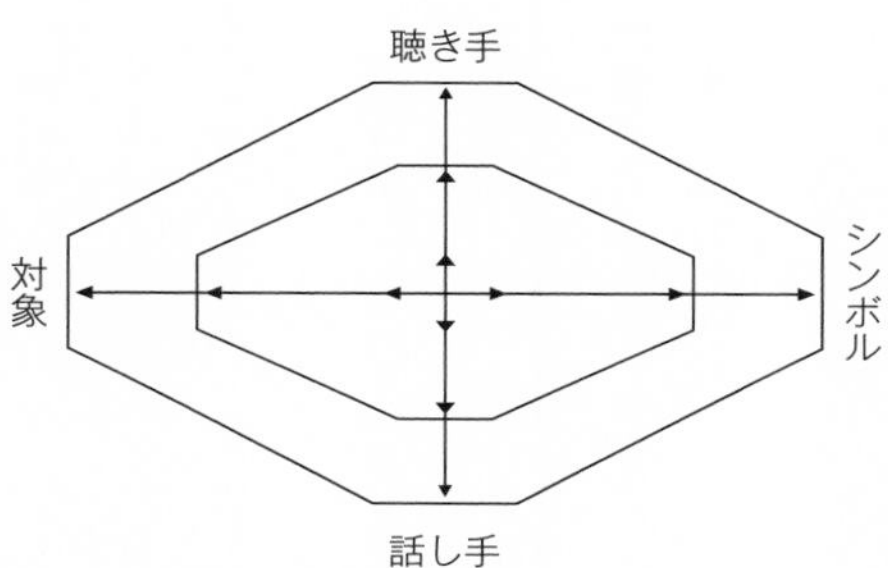

図 6-2　距離化・分極化の概略図（『シンボルの形成』Werner & Kaplan[99] を参考に作成）

つの要素を想定している（図6-2）。具体的に説明すると、まず幼児は対象を指さすことで自分の見ている対象を他者にも見るように促す。その後幼児（話し手）は、言語的シンボル、つまり名を呼ぶことで対象を他者（聴き手）と共有するようになる。指さしは具体的対象を指示しているわけだが、名を呼ぶことは対象を指示することに加えて、さらに対象を表示している。たとえば、幼児（話し手）が自動車を指さして、「ブーブ」と言うとき、自動車を指示することに加えて、自動車を「ブーブ」と表示している。表示することは、その後目の前に自動車がなくても、幼児と他者、すなわち話し手と聴き手は「ブーブ」という言葉で対象を共有できるようになっていく。ウェルナーとカプランによれば、名を呼ぶことをはじめとする言語的シンボルを使用することは、未分化で融合し合っていた状態から、対象とシンボル、話し手と聴き手のあいだに距離を生み出し、それぞれが分極化する過程である。

さて、渡された物を手に持つ行為が主体と対象、さらに他者を生み出すことは、ウェルナーらのシンボル形成と内容は異なっていても、「距離化」と「分極化」といった形式は共通している。

渡された物を手に持つ行為が、身体内に主体と対象、そして当人と他者のあいだに距離を生み、それぞれを分極化させている。そして、行為が生まれなければ、分極化している主体と対象、そして当人と他者は距離が縮小し、それぞれが曖昧になっていくことが考えられる。物を手に持つことは、ささやかであるが、身体内に主体と対象、そして当人と他者に距離を生み、それぞれが分極化していく貴重な契機なのである。

次は、特養において対象を手に持つ貴重な機会の代表として、缶コーヒーを飲むことについて検討したい。

缶コーヒーを飲む

特養に居住する高齢者の日常のなかで、物を手に持つことは、主体と対象、そして当人と他者に距離を生み分極化することにつながる。物を手に持つ、あるいは身体内に空間をつくる機会は、課題を行うリハビリのように事前に約束されたものではなく、取り囲まれている環境を居住者が移動するなかで、環境の一部である物や他者と一時的に出会って生まれたものであった。行為の可能性が潜在する環境の中を移動するなかで、居住者は環境の一部である物や人間に出会い、物を手に持ち、身体内に空間をつくっていた。

缶コーヒーは手に持つ環境である。筆者が缶コーヒーに注目する以前に、コーヒーの価値について考えるきっかけとなった出来事があった。それは、福岡にある宅老所『よりあい』の創設者で当時所長であった下村恵美子さんにコーヒーを淹れてもらった経験である。『よりあい』を２００７年に初めて訪ねたとき、畳敷きの部屋に通された後、下村さんは水を入れたやかんをコンロにかけ、円錐型のドリッパーに紙のフィルターを用意して、コーヒーの粉をフィルターに入れた後、沸いたお湯をやかんからドリッパーに注いでいた。これら一連のコーヒーを淹れる下村さんの行為はゆっくりと行われていて、多くの手間と時間を費やしたコーヒーでもてなしてもらった。贅沢なもてなしであった。

特養において、自室でコーヒーを淹れる居住者はわずかながらいて、筆者もごちそうしてもらったことがある。しかし、コーヒーを淹れるに至るまでに、豆・粉や水の用意、容器の準備・洗浄、粉や水を入れる作業といった手間が必要である。どの居住者にも可能な営みではない。

そして、居住者が缶コーヒーを飲むことに筆者は付き合うようになる。居住者が缶コーヒーを飲むに至るまでの過程について、次の項で紹介しよう。

足場づくり

前項で、居住者が手に持つ物は他者が手渡していたこと、さらに他者が手渡さないと居住者が手に持つことのできない物があることを記した。本項では、缶コーヒーを手に持って飲むことに居住者の行為を限定するために、手渡すことを含めた周囲の他者が行っている「足場づくり（scaffolding）」を明らかにする。足場づくりという考え方は、子どもやエキスパートに至らない人たちの課題解決や技能獲得において、大人やエキスパートが補助することで、能力以上の課題解決や技能獲得に至ることから出てきている。[102] ウッドらが提示した「足場づくりの機能」のなかで、とりわけ重要であるのは、

「自由度の還元（reduction in degrees of freedom）」である。課題を解決するために求められるたくさんの行為を、大人やエキスパートができるだけ絞ることである。高齢者は子どもではないが、高齢者が缶コーヒーを飲む課題を遂行するためには、遂行する行為を絞る周囲の他者による足場づくりが欠かせない。二つの具体的事例を通して検討したい。

【事例6－5】［030620］　藤原さんの娘さんの持ってきたビワを、藤原さんが娘さんと一緒に食べていた。娘さんが藤原さんに「今日は何の日か知っている？」と尋ねる。藤原さんは「え〜？　11日はあんたの誕生日だし…」と、今日が何の日であるのか思いつかない様子であった。娘さんの誕生日は11日であるが、月が違うそうだ。娘さんが「今日は何日？」と尋ねると、「分からない」と藤原さんから返ってくる。

そのようなやりとりをしているときに、娘さんがおもむろに藤原さんの前に缶コーヒーを置いて、「今飲みますか？」と尋ねた。藤原さんは少し考えて、「今飲む」と返答したので、娘さんが缶のプルを開け、藤原さんに缶コーヒーを手渡す。藤原さんは両手で缶を持ち、飲み始める。

娘さんによれば、藤原さんはコーヒーを飲みつけているというわけではなく、藤原さんが年を重ねた後に息子さんの家に泊まることがあって、コーヒーに凝っていた息子さんに一度ごちそうしてもらい、それ以来香りが好きで少し飲むようになった。最近、「前の施設では朝コーヒーが飲めたのに」と藤原さんが愚痴をこぼしたので、娘さんが特養にかけあって朝インスタントコーヒーを藤原さんが希望するときに出してもらえるようになった。

このやりとりの後に、娘さんは私に缶コーヒーが四本入ったビニール袋を渡した。要領を得ない私に娘さんは、藤原さんは「大学院生のお兄ちゃん」と外に行くことを楽しみにしているので、そのときに藤原さんと一緒に缶コーヒーを飲んでほしいと話す。さらに、藤原さんの居室に置かれているベッドの枕元に小銭を置いておくので、一緒に散歩に出る際には、遠慮なしに缶コーヒー代に使ってくれとも伝えられた。この申し出を私は喜んで受け入れた。しばらくすると、娘さんは稽古事に向かうために、今日は藤原さんの90歳の誕生日であることを伝える役目を私に委ねて、帰っていった。

【事例6-6】［130306］　山内さんと私は構外に1時間半ほど散歩に出かけた後、構内に戻ってしばらく時間を過ごしていると、缶コーヒーを買って居室に戻って飲まないかと山内さんから誘われる。私はただちに同意して、山内さんの座る車イスを押して屋内の自動販売機に向かった。甘いものを食べない山内さんに「あまり甘くないやつがいいですか?」と尋ねると、「たまにだから何でもいい」と応える。甘いものが嫌いなわけではない。山内さんから千円札を渡され、自動販売機で缶コーヒーを二本購入して、おつりを山内さんに返す。暖かいので外で飲みましょうと提案すると、山内さんは同意してくれた。

構内に戻り、西側に移動する。車イスを停めて、缶コーヒーを渡した後に、缶コーヒーのプルを「開けましょうか?」と尋ねると、「お願いします」と山内さんから返ってくる。缶コーヒーを受け取り、プルを開けて、あらためて手渡す。その後に、私も自分の缶のプルを開けて飲み始める。散歩で疲れていたのか、おいしく感じる。

手に持った缶コーヒーを飲みながら、柵越しに見える隣の庭についてあれこれ話していると、駐車場から自動車が出ようとしていた。そこで場所を移動して、缶コーヒーを飲み干した後に、屋内に入り居室へと帰った。

二つの事例とも、居住者の行為は缶コーヒーを飲むことに絞られていた。2事例から読み取れる足場づくりは、まず一つ目に、居住者は誰かを経由して缶コーヒーを手に入れていることである。事例6‐5では藤原さんの娘さんが缶コーヒーを持参していた。一方の事例6‐6では筆者が自動販売機まで車イスを押していって、缶コーヒーのボタンを押し、取り出し口から取り出していた。自分で車イスをこいで、エレベーターに乗り一階に降りて自動販売機で缶コーヒーを購入する居住者は少数いた。しかし、事例3‐27で、中村さんの娘さんが紙パックのコーヒーを中村さんに持ってきていたことを紹介していた。また藤原さんや山内さんと筆者が缶コーヒーを飲む際には、事例6‐6と同様に、筆者が車イスを押して自動販売機まで行き、お金を入れて、ボタンを押し、取り出し口から缶コーヒーを取り出して居住者に渡した。自ら移動して缶コーヒーを手に入れることが難しい居住者においては、誰かを経由しなければ、缶コーヒーは手に入らない。

二つ目の足場づくりは、缶のプルを開けていたことである。事例6‐5の藤原さんはリュウマチを抱えているため、手に力があまり入らず、うまく動かすことができなかった。事例6‐6の山内さんも、脳梗塞の後遺症で左手に麻痺があることに加えて、加齢による指の変形で手を自在に動かすことができない。事例6‐5では藤原さんの娘さんが、事例6‐6では筆者が、缶コーヒーのプルを開けていた。缶コーヒーを飲むためには、缶のプルを誰かに開けてもらう必要があった。

三つ目の足場づくりは、事例6-5に限られるが、缶コーヒーを一緒に飲む役割を筆者に託したことである。今後、缶コーヒーを手に入れて、プルを開け、缶コーヒーを手渡す、それらの足場づくりの役割を筆者に委ねる足場づくりを藤原さんの娘さんは行っていた。すでに娘さんは、藤原さんが朝インスタントコーヒーを飲むことができるようにスタッフに働きかけていた。これもスタッフに委ねる足場づくりをしていたと言えるだろう。娘さんによる足場づくりがなければ、藤原さんが缶コーヒーを飲む行為に筆者が加わることはなかった。

缶コーヒーという物を手に持つ行為に至るには、居住者当人以外による足場づくりが必要になる。居住者が缶コーヒーを飲む行為には他者が組み込まれている。周囲の人間が居住者の行為を缶コーヒーを手に持ち飲むだけに限定しなければ、すなわちこれらの足場づくりを怠れば、居住者が缶コーヒーを飲む行為は実現しない。

様になる

「居方」という場所の価値を語る言葉がある。耳慣れないかもしれないこの言葉について、建築計画の鈴木は繰り返し考察している。たとえば、『柱の二人』とタイトルのついた鈴木自身が撮影した写真がある（図6-3）。2人の少女が、一人は柱を背に座り、もう一人は離れた柱の背後に立って、楽しげに会話をしているように見える。この写真について、離れていることで、親しさは強調されているようにさえ見えると鈴木は記している。[86] 2人の居方は柱によってつくられている。もし柱がな

図6-3　写真『柱の二人』（鈴木 毅氏より提供）

かったとしたら、身体と身体は向き合い、もしくは背を向け、はたまた横に並んでといったように、身体と身体の向きと距離だけで調整しなければならない。柱があることで、一方は柱を背にして座り、他方は柱の背後に立って、会話を続けることができる。居方という言葉を端的に説明することは難しいが、「さまになる[85]（様になる）」と言い換えることが筆者にはしっくりくる。柱を背にすることで、また柱の背後に立つことで、会話している2人の少女の姿は様になっている。その場所の居方にふさわしい。

さて、缶コーヒーは、写真『柱の二人』における柱である。缶コーヒーを手に持つことで、様になり、その場所の居方にふさわしいと感じ、また見なされる。居住者と筆者は缶コーヒーを手に持つことで様になり、お互い言葉を交わさなければならない切迫感から解放される。

柱は地面から天に伸びる動かない対象である一方で、缶コーヒーは手に持って動かすことのできる対象である。柱と缶コーヒーでは環境の質が異なっている。だがしかし、いずれの対象も利用することによって、人間はその場所にいることがふさわしい者になり、また様になる点で同じ役割を果たしている。2事例を紹介しよう。

【事例6－7】［030704］　今日は雨だったので屋外に出ずに、端のフロアで、藤原さんと私は缶コーヒーを飲んだ。藤原さんに息子さんの家で飲んだコーヒーのことを尋ねると、コーヒーを飲んで眠れなかったことを話してくれた。屋内にいたので話題がなく、間が空くこともあったが、互いに缶コーヒーを手に持っていると気まずい感じはなかった。初対面であれば、いろいろ尋ねることがあるだろうが、藤原さんに尋ねることがすでに思いつかなくなっている。最近は藤原さんに尋ねることよりも、私自身のことを話して、それに関連する話を藤原さんが返すという会話のパターンが多い。

ところで、藤原さんがコーヒーを最後まで飲み干す姿はとても絵になっていて、写真に撮りたいと思った。

【事例6－8】［160308］　今日は風が強く、肌寒さも感じた。玄関先まで来てみたものの、山内さんは病院を退院してきたばかりだったので屋外に出て行くことはしなかった。居室に帰ると暇を持て余すことが予想できたので、玄関の二重の自動ドアのあいだの空間に留まることにした。そこに行く前に私が缶コーヒーを二本購入していると、山内さんが遠慮するので、缶コーヒーくらいごちそうできるからと説得した。山内さんに缶コーヒーを手渡した後、「ふたを開けましょうか」と申し出て、渡してもらった缶コーヒーのプルを私が開けて、再度手渡した。山内さんは缶コーヒーを両手で抱えて、しっかりと一口ひとくち口の中に流し込んでいった。最後はグーッと力強く首を傾けて缶コーヒーを

図6－4　缶コーヒーを飲む

飲み干した。玄関の自動ドアのあいだの空間で缶コーヒーを飲みながら、ぼんやりと外を見ながら時間を過ごした。

缶コーヒーを両手で持っている姿、一口ひとくちコーヒーを口に入れ最後まで飲み干す姿は様になっていた（図6-4）。事例6-7では、藤原さんが缶コーヒーを飲む姿は写真に撮りたいほど絵になっていると記している。この後、藤原さんの娘さんに藤原さんが缶コーヒーを飲んでいる姿を写真に撮る許可を取ったのだが、藤原さんが体調を崩して、缶コーヒーを飲む機会がなくなり、写真に収める機会を逸してしまった。事例6-8では山内さんが、両手に缶コーヒーを持ち、最後は飲み干すためにグーッと力強く首を後ろに傾けて身体をのけぞらせていた。藤原さんと山内さんは、本章の「手という対象」で紹介したように、手を随意に動かせなくなっていて、藤原さんにおいては身体全体が硬くなっていた。3章の「構内で出会う対象」で、居住者が植物に懸命に手を伸ばしていたことを紹介していた。植物に手が届かないとき、居住者は懸命に手を伸ばすのである。同様に、缶コーヒーを飲み干すとき、居住者は身体を懸命にのけぞらせるのである。缶コーヒーは身体をのけぞらせる行為を居住者から引き出す。缶コーヒーを飲む姿を筆者が写真に撮りたかったのは、身体に不自由を抱える居住者において見ることのあまりない積極的な姿を、缶コーヒーが引き出していたからであったように思える。

缶コーヒーを手に持ち、飲み干す姿は様になるため、事例6-7で記しているように、会話が続かなくても気まずい感じはなかった。屋内で居住者と時間を過ごしていると、話題にする対象が見つけにくく、お互い相手に意識が向きがちになる。その結果、お互いが何かしらの話題を提供しなければならなくなる。事例6-7であれば、藤原さんのことを尋ねたり、また筆者自身のことを話したりしなければならなくなる。しかし、会話の種はいつか尽きる。そこで、2~4章のように屋外に出て、知覚する対象や持ち帰る会話の種を探しに行くわけであるが、その代替として缶コーヒーを手に持っていると、自分の意識を缶コーヒーに向けることができる。そして、相手の意識が缶コーヒーに向いているとお互いに認識することで、会話をしなければならない切迫感はずいぶん低減することができる。

さらに、事例6-8では自動ドアのあいだの空間で屋外をぼんやりと眺めながら手に持った缶コーヒーを飲み、前出の事例6-6では隣の庭を眺めてあれこれ話しながら缶コーヒーを飲んでいた。手に持つ缶コーヒーに意識を向けると同時に、その先に広がっている風景にも意識を向けている。缶コーヒーを手に持つことは二重の対象関係、さらに居住者－同行者－対象の二重の三項関係をかたちづくっている。

缶コーヒーであることの価値

手に持つ対象として缶コーヒーに注目して、居住者が缶コーヒーを飲むまでに周囲の人間による足場づくりが必要であること、缶コーヒーを手に持ち飲むことが様になっていて、それは缶コーヒーとの対象関係、およびその先に広がる風景との二重の対象関係や三項関係をかたちづくっていることを明らかにしてきた。もう一点まだ明らかにしていないことがある。それは、手に持つ対象が缶コーヒーでなければならない理由、控えめに言えば、缶コーヒーであることの利点である。

まず、コーヒーが嗜好品であることが挙げられる。『珈琲の研究』[41]によれば、西暦1000年前後にエチオピアで薬用として認められていた木の実が飲用となり、アラビアでカーファ Quhwah と呼ばれ、トルコではカーフェ Kahveh と言われるようになり、16世紀ごろにこの飲み物を普及させたイギリスやフランスの言葉を中心に、現在ではコーヒーやカフェという呼び名がどこでも通じるものとなった。コーヒーの語源とされるアラビアのカーファについては、アラビアにはカーファという酒があって、人を興奮させ、心身に強い刺激を与えるコーヒーがいつの間にか酒のようにとらえられたという説や、コーヒーの原産地であるエチオピアにカファ Kaffa という地名があり、アラビアの酒であるカーファと結びつけられたという説が紹介されている。コーヒーには興奮作用があり、その興奮はコーヒーに含まれる成分カフェインによって引き起こされることが今日では知られている。17世紀初頭にロンドンで出された書物には「飲むやいなや酔っぱらってしまうこと、蜜蜂酒そっくりである」（p.32）と記されているように、コーヒーの味の深さや香りの豊かさは、初めて接した者に強い印象を与えたであろうことが想像できる。

特養において提供される食事や飲み物は、管理栄養士によって栄養価が計算された居住者の健康を維持増進する食事や飲み物である。それに対して、コーヒーは腹の足しになることはなく、栄養があるわけでもない。コーヒーを飲むことは背徳の行為である。関連する2事例を紹介したい。

【事例6－9】［130306］（事例6－6から一部抜粋） 甘いものを食べない山内さんに「あまり甘くないやつがいいか」と尋ねると、「たまにだから何でもいい」と応える。甘いものが嫌いなわけではない。

【事例6－10】［140911］ 夕方、構外での散歩からの帰り道、山内さんが私に缶コーヒーをごちそうしてくれるというので、屋内の自動販売機で缶コーヒーを二本購入する。エレベーターに乗り、三階（当時山内さんは三階に居住していた）に上がると、すでにフロアのテーブルには夕食の準備ができていた。夕食の時間を私がスタッフに確認すると、17時半からだと言う。すでに17時半に近づいていて夕食まで時間がなかったのだが、山内さんの缶コーヒーを飲む心積もりは揺るいでいない様子なので、そのまま居室に向かう。私がプルを開けた缶コーヒーを手渡すと、山内さんは飲み始めた。

今ではすっかり痩せてしまった山内さんであるが、元来ふっくらしていて、甘いものを食べることを長い間控えていた。家族が持ってきたお菓子を、甘いものを控えているからと筆者に渡すことがよくあった。事例6-9では、砂糖やミルクの入っていないブラックコーヒー、砂糖が控えめの微糖コーヒー、それから砂糖とミルクがたっぷり入ったカフェオレなど、複数の缶コーヒーからどれにするかと山内さんに尋ねた。普段山内さんは甘いものを控えているため、山内さんに「あまり甘くないやつがいいか」と尋ねたのだが、「たまにだから何でもいい」と山内さんは返答している。山内さんの返答は「何でもいい」に注目すると悪い意味で適当にも聞こえるが、「たまにだから」に注目すると、「たまにだから砂糖とミルクたっぷりのコーヒーでもかまわない」と受け取れないだろうか。甘いものを控えている山内さんであるが、甘いコーヒーは受け付けるようだった。また、事例6-10では、食事前にもかかわらず、山内さんの缶コーヒーを飲もうとする姿勢は前のめりのままだった。このときは、筆者と一緒に楽しく飲むことではなく、缶コーヒーを飲むことに山内さんの気持ちは向いていた。コーヒーは嗜好品で背徳的な飲み物であるがゆえに、飲む者を魅了するのだろう。

缶コーヒーであることの価値として、次に、缶コーヒーは缶コーヒーだけで完結していることが挙げられる。コーヒーを淹れるためには、道具や豆・粉の準備および後片付けが必要で、おいしく淹れるためには技術も必要である。それに対して缶コーヒーは、缶コーヒーさえ手に入れることができれば、プルを開けて飲むことができる。先ほどふれたように、居住者が缶コーヒーを飲むためにはプルを開けることをはじめとする周囲の人間による足場づくりが必要ではあるが、コーヒーを淹れることに比べるとやることは少ない。

また、4章で自動車に乗りスーパーに出かけた居住者が缶詰をたくさん購入していたことが表すように、特養では保存が利くこと、また調理の手間がいらないことが缶詰を価値づけていた。居室に調理機器を持ち込むことは難しく、居住者当人も手の随意性が低下してきているため、自ら調理することが難しくなっている。その結果、缶詰を好んで購入するようになっていた。缶コーヒーは缶コーヒーだけで完結しているため、缶コーヒーを用意して、プルを開ければ飲むことができる。後片付けは、缶をゴミ箱に捨てればよい。道具いらずで、淹れる手間もかからない。

コーヒーを淹れて飲むことの固有の価値はある。豆・粉、道具を選び、手間暇をかけてコーヒーを淹れて、砂糖やミルクを加えて自分好みの味をつくったうえで、お気に入りのカップで飲む。一方の缶コーヒーは大量生産で作られていて、コーヒーの味や缶のデザインは限られた種類のなかから選ばなければいけない。しかし、コーヒーを淹れて飲むことの豊かさには及ばないとしても、缶コーヒーがあるから居住者はコーヒーという嗜好品を飲むことができている。缶コーヒーの価値は大きい。

缶コーヒーであることの価値をもう一点挙げたい。ごちそうし合える手軽さである。事例6-5で藤原さんの娘さんに託されて以降、藤原さんと缶コーヒーを一緒に飲むときには、藤原さんの車イスに括りつけられた袋に入っている小銭から缶コーヒー代を出していた。また、山内さんと缶コーヒーもしくは炭酸飲料を飲んだときには、記録が残っている限り、山内さんが負担したのは4回、筆者が負担したのは3回であった。

缶コーヒーは自動販売機で100~130円で購入できる。米ドルにすると1ドルである。他人にごちそうしてもらうとき、値段が張るものだと気が引けてしまう。逆に他人にごちそうするとき、値段が張るものだと一回は払えても、次は続かないのが通常だろう。居住者と筆者に限らず、人と人が繰り返し時間を過ごしているとき、値が張るものをごちそうすることは互いの関係を崩しかねない。その点、缶コーヒーは100円程度なので、ごちそうしても、ごちそうされても、お互いに大きな負担にはならない。藤原さんの娘さんから缶コーヒー代を出してもらっていたことに対して、筆者は感謝していた。また、山内さんとのあいだで、缶コーヒーをごちそうし合うことは、時に感謝し、時に感謝されることがあって、各自で購入することにはない経験が加わっていた。ごちそうし合うことを続けることは、缶コーヒーが100円程度と手軽な値段だからできている。もし、缶コーヒーが200円だったら、はたまた500円だったら、ごちそうし合うことは起こりにくかったかもしれないし、結果缶コーヒーを一緒に飲むことが起こりにくかったと思う。100円程度という手軽な値段が、居住者と筆者の缶コーヒーを飲む行為を支えてきたと言っていいだろう。

本章では、手に物を持つこと、特に缶コーヒーを手に持つことにより身体に空間をつくることに注目してきた。これまでの章では、居住者が空間を移動することで出会う対象や対象との出会いに伴う行為を提示してきた。本章では、手に物を持つことで、対象に出会うことやそれに伴う行為が実現することを明らかにした。手に物を持つことは、一つの身体を「知覚される対象」と「知覚する主体」に分化することで、身体内に空間をつくることになる。特に、身体がうまく動かなくなり、協調していた手と身体の協調が失調する老いの過程において、「知覚される対象」と「知覚する主体」への分化の機会は貴重である。

そして、缶コーヒーを持っている姿は様になる。様になるのは、缶コーヒーを手に持っていると、一つの身体が「知覚される対象」と「知覚する主体」に分化して、身体内に空間ができるからである。さらに居住者と缶コーヒーとの対象関係や居住者‐缶コーヒー‐同行者の三項関係がかたちづくられ、缶コーヒーの先に風景が広がるので二重の対象関係・三項関係がかたちづくられることで、会話しなければならない切迫感が減る。また、居住者にとって、缶コーヒーは他の物にはない価値を持つ。一つに、特養の中では得がたい嗜好品であること、二つに、身体の自由が利かなくなった居住者には周囲の人間の足場づくりが必要であるものの、手間が限られていること、三つに、ごちそうし合える手軽さである。

缶コーヒーを手に持つことは、居住者に新たな意味を創造し、あるいはかつてのコーヒー経験を再創造して、彼らの生活空間を更新していた。そして、缶コーヒーという対象や缶コーヒーを飲む行為が、身体の不自由や周囲の人間の足場づくりが不可欠であること、それから缶コーヒーの完結性や手軽さの価値といった居住者と周囲の人間の心理的環境を照らし出していた。

振り返ってみると、1章では屋内の居室から出て居室に帰る内と外を行き来するサイクルを取り上げ、またフロアや居室においても内と外があることを明らかにした。1章から5章にかけて、屋内から屋外に出て、ふたたび屋内に帰ってくるサイクルを取り上げた。境界領域である外縁、屋内と屋外の行き来、構内から構外へ、自動車による遠出など、居住者が移動することによって空間をまたぎ、対象に出会い、行為が生まれていたことに注目してきた。それらに対して本章では、手に物を持つことで、身体内に対象と主体が分化して、空間ができることを示した。1章から5章で検討したように、通常私たちは空間の中にいて、自ら移動することで、あるいは物が移動することで対象に出会っている。これまでは空間↓対象という成立順であったが、本章では対象↓空間と成立する順番を逆転させている。序章から繰り返し述べてきたように、私たちは環境に取り囲まれていて、そこから離れることはできない。そして、私たちは空間の中にいて、かつ手に物を持つことで身体内に空間をつくることができる。手に物を持つ行為はささやかだが奥深い。

これらの成果を踏まえて、次の終章では、老いの時間をまとめよう。

終章　新しい老いの時間

老いの時間は、それ以前の時間とつながっていない独特な時間ではないか。そんな問いを序章で投げかけた。

老いの独特な時間を知るために、特養に居住する高齢者が取り囲む環境の中で出会う対象や対象との出会いに伴う行為を採集した後に検討することを通して、場所の意味、生活空間、そして心理的環境を明らかにしてきた。

ただし、この特養の居住者が出会った対象および行為のすべてを採集してはいないので、通時的な行動の可能性である生活空間のすべてを把握したとはいえない。また、筆者が通い、居住者が生活している特養は、日本に２０１７年時点で７８９１か所ある中の一つである。数多ある特養の一つの生活空間に過ぎない。日本だけでなく外国に目を向ければ、制度が異なるNursing homeをはじめ、身体の不自由や精神・知的機能が低下して自宅で生活を営めなくなった高齢者が転居して生活する施設はたくさんある。そのため、本書とは異なる老いの時間はあるに違いない。

しかし、本書で提示した老いの時間が、数多ある特養の一つにしか当てはまらないかといえば、そうではないだろう。本書で見出してきた屋内 - 屋外や構内 - 構外という区別、窓やドアという孔、外縁といった空間的構成、それから垂直‐水平、移動、手‐身体といった人間の身体的成り立ち、そして地面や大空、媒質、人間を含む自然物、人工物といった取り囲む環境は、地球上であればどこでも当てはまる。他の特養における居住者の生活空間は、それぞれの施設で内容がいくらか異なっていたとしても、本書で見出した形式は概ね共通しているはずである。

さて、この終章では、これまで検討してきたことをまとめ、三点（「老いの新たな身体」、「外に出て更新する生活空間」、「移動で知る心理的環境」）を提示したい。この三点から、老いの時間を垣間見ることができるはずである。

老いの新たな身体

老いて肉体が衰えることで、自立歩行が難しくなる。特養に転居することの理由の一つは、自力で移動ができなくなることであった。自立歩行の難しくなった居住者が使用する補助器具は、杖、歩行器、歩行補助車、そして車イスへと、老いが進むにつれて移行していく。また、道具を使用することで継続していた自力での移動は、やがて他者の介助が必要になり、その必要性は増していく。自力でこいでいた車イスも、やがて押してもらうことが必要になる。移動以外にも、6章で紹介したように、居住者単独では手に取ることはできない対象を、他者が手渡すことで居住者は手に持つことができる。

居住者の移動に注目すると、居住者が移動しているとき、車イスと車イスを押す他者が同行していた。5章の「支度する行為」で、衣類について、身に着ける前後は身体から離れた物であるが、一度身に着けると移動しても一緒についてくる身体の一部になることを提示した。同様に、居住者の移動には車イスと車イスを押す同行者が一緒についてくる。自立歩行が難しくなった居住者の移動において、居住者の身体は車イスと同行者を加えた新たなものに生まれ変わっている。

老いの新たな身体に生まれ変わることによって、居住者は外縁や屋外に出かけ、媒体を渡り歩き、垂直や水平に出会い、様々な対象に接近・接触して、対象との出会いに伴う行為が様々に生まれていた。そして、老いる以前にはもっぱら一人で移動して、一人で出会っていた様々な対象に、新たな身体では車イスを押す同行者と一緒に出会うようになる。

この新たな身体は老いによって形づくられるものであるが、実は老いる以前にも、身体は拡張している。自動車に乗ることについて4章で検討したが、他者が運転するバスやタクシー、それから電車は、誰もが利用する交通機関である。水平方向に早く移動できるバスやタクシーや電車に乗ることは、車イスに乗ることと、他者が操縦する乗り物により移動を補助している点で重なっている。また垂直方向への移動は、エレベーターやエスカレーターにより補助することがある。特に高層の建物において、エレベーターを利用せずに自ら足で階段を上り下りすることは、緊急時以外にはないだろう。私たちの水平方向および垂直方向の移動は、老いる以前から乗り物や他者が組み込まれている。つまり、現代の人間の身体はすでに拡張されていて、老いることによって車イスをはじめとする補助器具、そして他者を組み込んで身体はさらに拡張している。

ただし、生まれ変わった老いの新たな身体は思うままに移動してくれるとは限らない。居住者の新たな身体はやはり不随意である。新たな身体の一部である車イスが故障して移動に支障をきたすことはまれであるが、車イスを押す他者が移動の支障になることは頻繁にある。車イスを押す他者が居住者の望む通りに動いてくれないことは、本書で紹介した特養のスタッフや居住者の家族、それから筆者の対応を見れば明らかだろう。筆者が屋外に誘い、居住者が応じる、逆に居住者が求め、筆者が応じるといったように、筆者が同行しなければ居住者は屋外に出かけることができない。これは自動車に乗った遠出におけるスタッフや家族も同様である。他者がいつでも居住者の移動に付き合ってくれるわけではなく、むしろ実際は、他者の都合が優先されている。居住者の移動したい気持ちが高まったとしても、車イスを押す他者は移動における居住者の身体の一部でありながら、いつ行くのか、行ける時間はどのくらいなのか、どこに行くのかといった決定権の一部を握っている。居住者は自分が希望しても車イスを押す他者が同行しないと移動できないことを自覚しながら、期待を胸に待ち構えていたり、根回しをしたり、怒ったり、気を揉んだりしている。

筆者が自分の都合のいい日時に特養を訪れる。その際、居住者は特養にいつもいる。特養にいないときには入院しているので、病院に行くとそこにいる。都合の合う日時に訪れる筆者と、筆者が訪れたときにいつも対応できる居住者は対称ではない。

宅老所『よりあい』の所長である村瀬が特別養護老人ホームに勤務していた折に、居住する女性からクラブ活動はしなくていいので、毎朝お地蔵さんのお参りに連れて行ってくれと求められるも、その5～10分さえも付き合うことが難しかったことを振り返っている。不平等だとか、他の人からも求められたらどうするのかと周囲の人間から言われてしまうと記している。[65]

老いの新たな身体は、車イスと他者を組み込むことで移動が可能になり、いろいろな対象に出会い、それら対象との出会いに伴う行為が実現している。その反面、新たな身体には他者を組み込んでいるため、先にふれた村瀬[65]と同様に、他者の事情により移動する機会や十分な時間を望み通りに得られるとは限らない。

このように、老いの新たな身体は、それ以前の時間の身体から新たに生まれ変わることで、多くの対象との出会いや行為の機会を得る一方で、他者を組み込むがゆえにままならなさを抱え続けることが避けられない。

外に出て更新する生活空間

空間における通時的な行動の可能性の総体、すなわち生活空間の探索から老いの時間を知ることができる。老いの時間の独特さは、生活空間の独特さに表れているはずである。

まず居住者が特養に転居する際に、以前の住居で取り囲んでいた物理的環境は、多くをそのまま残して、あるいは多くを処分して、持ち込むことができたのは一部であった。居室やフロアといった特養の空間に配置されている物は限られていて、殺風景にも見える。認知症を抱えた居住者が異食——食べ物以外の物を口に入れてしまうこと——をしないように、あるいは居住者がぶつかったり躓いたりしないように、そして通路を広く取ることで居住者とスタッフが移動しやすいように、そうした配慮に基づいた対応である。そのような対応の裏で、居住者は転居前の生活で張りめぐらせていた場所の意味の一部しか引き継げていない。

自立歩行が難しくなる老いの身体は、内の空間に留まる。内の空間は、構内・構外に対して屋内であり、外縁に対してフロアであり、フロアに対して居室であり、手に持つ対象に対して主体である。内の生活空間、すなわち内で出会える対象や出会いに伴う行為は限られている。内の生活空間に落ちついている限り、何より5章で取り上げた「屋内に帰ってくる」機会が訪れない。屋外に出て高揚した気分を持ち帰ることや屋内の環境にあらためて出会うこと、それから次に向けた計画や支度をすることがない。その他の章において、内の空間から出て行くことで出会う対象や出会いに伴う行為を紹介・検討してきた。内の空間から出なければ、こちらとあちらという区分はなくなり、外の空間は存在しないことになりかねない。特養に転居した後に、屋内に落ちつくことで、かつて可能であった行為が今は不可能になっている、すなわち生活空間が貧弱になっていく。

かつての物理的環境や場所の意味を手放し、可能であった行為が不可能になることが即問題であるとは考えない。生活空間全体として、可能であった行為が不可能になる一方で、不可能であった行為が可能になれば、充実していることが考えられる（初めての一人暮らしが一例である）。特養の居住者における問題は、物理的環境や場所の意味を手放すことで不可能になった行為が多い一方で、新たに可能になった行為や新たに得られる場所の意味が限られていることである。すなわち、生活空間全体として、通時的にかつて可能であった行為が不可能になっていくことと、かつて不可能であった行為が可能になることのバランスが取れていないことが問題である。

5章の「外を持ち帰る」で、屋内で居住者と筆者が時間を過ごしているときに、話題に事欠き、居住者が昔話を始めたことを紹介した。筆者はしばらく昔話に耳を傾けているのだが、話が長くなり同じ内容が繰り返されると耐えられなくなり、聞いているふりをしていた。事例６-７における藤原さんとのやりとりにおいて、筆者が省察しているように、初対面であれば尋ねることがいろいろあるのだが、一緒に過ごしている時間が長くなれば尋ねることを思いつかなくなる。居住者の語る内容を興味深く聞ける素養や想像力が備わる聴き手でなければ、居住者の過去の個人的な話に耳を傾け続けることは簡単ではない。筆者にとって居住者の昔話を聞き続けることは退屈になっていた。逆に、筆者の近況を居住者に話すことはあったが、やはり居住者は経験していない話題である。興味は続かない。内の空間に留まり続ける居住者の生活空間は、不可能であった行為が可能になることはわずかで、可能であった行動が不可能になることはたくさんある。その結果、かつて可能だった行為を話すしかなくなる。しかし、昔話が繰り返されると聞き手は退屈になる。

そこで、自立歩行が難しくなり単独での移動範囲が限られる居住者において、新たな身体が必要である。老いの新たな身体によって、かつて可能で今は不可能になった行為があらためて可能になる、さらには新たな行為が可能になる。居住者の車イスを押す老いの新たな身体に加わり、移動に同行することを通して筆者が行ってきたのは、居住者の行為の可能性の総体である生活空間の範囲や限界を探索することであった。

先ほどふれたように、老いの身体は内の空間に留まることが多い。そこで筆者が加わった老いの新たな身体による生活空間の探索として、外の空間に出かけた。老いの新たな身体は、外の空間に出ることで、どのような対象に出会い行為が実現しうるのか、またどのような場所の意味を見出しうるのか。外の空間とは、内の空間と逆で、居室に対してフロアであり、フロアに対して外縁であり、屋内に対して構内・構外で、主体に対して手に持つ対象である。老いの新たな身体に生まれ変わることで、居住者と筆者は外の空間に移動して、次々と新たな対象に出会い、出会いに伴う行為が生まれていた。具体的に、空をあおぎ見て、地面に弄ばれ、雨に向き合い、植物を見ようと身を乗り出し触ろうと手を伸ばし、舗装された道路から外れ、居住者やスタッフとおしゃべりに興じ、たくさんの商品から一つを選び、屋内に帰り、缶コーヒーを飲み干すといった、屋内では出会わない対象に出会う可能性や新たな行為が生まれる可能性を提示することで、行為の可能性の総体である生活空間の範囲や限界は更新できることを明らかにした。

一緒に移動して、不可能になっていた行為があらためて可能になることや新たな行為が可能になることは、居住者との話題を探さなければならない切迫さから解放する。同行者は楽になり、おそらく居住者においても同様だろう。一緒に過ごす時間は気楽なほうがいいし、外の空間に移動することがそのような状況をつくることにつながる。

さらに、老いの新たな身体は車イスを押す同行者と一緒に対象に出会っていた。老いの新たな身体において居住者は、同行者と対象に導き合うことができる。居住者が一人で移動する際は、自らが知覚した対象にのみ出会える。それに対して、老いの新たな身体では、同行者に導かれて対象に出会うことができる。事例3-40で鉢植えのみかんの木にくっついていた青虫を見るように筆者が和田さんの注意を導き、青虫に焦点が合った和田さんは身体を強張らせ、その後しばらく虫の話題が続いたことを紹介した。居住者にとって車イスを押す同行者がいることは、同行者から対象に注意を導かれ、また居住者が同行者の注意を対象に導くことが起こる。同行者と一緒に移動する新たな身体に生まれ変わることによって、居住者は取り囲む環境の中で注意を向ける対象が拡がる。

それから、居住者と同行者とのあいだで歴史をつくることができる。3章の「歴史をつくる」で検討したかつて一緒に出会った対象や一緒に行った行為が、場所の意味として生活空間にすでにあることを居住者と同行者はお互いに知っている。そのため、一緒に出会った対象や行為を話題にした際には、相手が自分のこととして興味を持って応答してくれることを期待するし、多くの場合は応答してくれるものである。一方で、歴史を共有していない各々の個人的な昔話や近況は、相手はかつて経験したことではないため、よほど惹きつける話題でなければ、言葉で聞いたとしても興味を持ちにくい。老いの新たな身体における移動は、同行者を必ず伴うため、後に話題にした際には、お互いに自分のこととしてやりとりすることができる。

老いの新たな身体に生まれ変わり、外の空間に出ることで、老いの生活空間および特養の生活空間が更新できることは、居住者の老いの身体が新しい人生段階に踏み出せることを示している。

移動で知る心理的環境

序章で、同じ物理的環境（地理的環境）にいる2匹のチンパンジーが異なる行動を示したのは、異なる心理的環境（行動的環境）にいたからというコフカによる斬新な説明を取り上げた[47]。特養における居住者の出会う対象や行為は各々違う。それは、取り囲む環境が物理的に同じであっても、居住者によって心理的には異なるからである。特養という同じ物理的環境に取り囲まれながら、居住者が各々異なる環境を知覚して、また異なる行為が生まれることが、心理的環境が異なることを表している。

居住者同士がそれぞれ異なる心理的環境の中で生きていることに加えて、特養で時間を過ごしているスタッフや家族、そして筆者も、それぞれ異なる心理的環境を生きている。居住者と筆者は、各々異なる心理的環境を生きていて、お互いの心理的環境は隔たっているはずである。それでは、筆者はどのようにして、居住者の心理的環境を知ることができるのだろうか。

まずは立ち会うことである。ミード[62]が切り開いてくれた外側にいる他者が当人の心理を行為から知る筋道をたどるためには、行為に立ち会わなければならない。繰り返し述べてきたように、人間は動物であるため、同じ場所・同じ空間に留まっていることはまれで、場所から場所へ、また空間をまたいで移動する。移動することで周囲の環境は移り変わり、歴史や時間的な前後関係が生まれる。それらの環境の一部である対象に居住者は出会い、対象との出会いに伴い行為が生まれている。対象との出会いや行為の現場に立ち会うためには、同行しなければならない。

居住者は肉体が衰え自立歩行ができなくなることで、車イスや車イスを押す他者を組み込んだ新たな身体に生まれ変わった。その新たな身体に加わることで、筆者は居住者の行為に必然的に立ち会うことになる。老いの新たな身体は、居住者の移動を可能にする価値に加えて、同行者が居住者の行為に立ち会うことができ、また居住者の生きている心理的環境がいくらか分かる価値があった。

人間の行為を知る別の方法として、アンケートやインタビューが挙げられる。行為に関するアンケートやインタビューで当人が答えるのは、当人が自覚していることに限られる。また行為の生まれた時間と場所から隔たって答えていることが通常で、すでにいろんなことが忘れられ変質しているため、隔靴掻痒で肝心な行為を知るには至らない。

筆者はかつて、アンケートやインタビューでは知ることのできない行為を目にしようと、ただし移動している高齢者の行為に研究者が影響を与えることを避けたくて——心理学には研究者の影響（バイアス）の排除を求める規範がある——、離れて追いかける「追跡」によって高齢者の行為の観察を試みたことがある。しかし、追跡されている高齢者から「気持ちが悪い」と、途中で断られてしまった。高齢者の反応は当然の結果であった。背後から離れてついてくる人間がいれば、誰だって気持ちが悪い。当時の筆者は心理学の規範にとらわれていて、離れて追いかけるというおかしな方法に高齢者を付き合わせていた。

一緒に移動する同行という方法は、研究者が研究対象者の行為に大いに影響を与えていて、研究者の影響を排除する心理学の規範から外れる研究法である。研究者が研究対象者の行為に影響を与えないことは可能なのか、周囲と切り離した個体として人間を理解することは心を理解する方法として妥当なのか等々、これまで少なくない研究者が心理学の規範に対して疑問を突きつけ、新たな方法を見出してきた[31][49][63][104]。

たとえば外国を訪問してめずらしいものや異質なものに接した際に、私たちは自ずと「系の外側からの観察者」になるのに対して、自宅で実子の観察を続けた麻生[4]は自分自身を「系の内側からの観察者」として位置づけている。麻生の研究課題である子どもと周囲の人間とのコミュニケーションを、親子関係や自宅空間といった系（システム）の内側から観察していた。またロウルズは、高齢者が生活する空間と場所での関わり（involvement）を探究するために、彼らの家や地元のバーでの会話に加わり、買い物や散歩といった生活体験を共有する方法を「体験的フィールドワーク（experiential field work）」と名づけている。[74] ロウルズは離れるよりもむしろ相手に近づく体験的フィールドワークを通して、高齢者の主観的知（subjective knowing）をとらえようとしていた。先にふれたバイアスと呼ばれる研究者の影響を排除する心理学の規範は、研究者に系の内側に入り込まず系の外側で傍観し続けることを求める。しかし系の内側からしか見えない対象者の世界や対象者の主観的知を知るためには、系の内側に入る必要があり、離れるよりもむしろ近づくことが求められる。

研究対象者に近づき、対象者の系の内側に入る。具体的に、移動する対象者に同行して、移り変わる環境の中での対象との出会いや行為に立ち会うことで、対象者の心理的環境がいくらか分かる。対象者の心理的環境を知るには同行するしか方法がない、それが本書で実践してきた同行の研究法としての正当性である。人間の心理に迫る方法は、研究者の影響を排除する心理学の規範に則る方法ばかりではない。

心強いことに、研究対象者との移動を通して、研究対象者の心理的環境を明らかにする研究法が近年、あちこちで実践されている。筆者が把握しているだけでも、「障害する環境」と「促進する環境」について、中高年の研究協力者が週に一回以上通っているルートに「同行（accompanied）」したインタビュー研究、[73] 地域で注目する自然環境や感情が高揚するもの、それから喜びの体験を知るために住人に同行した「歩くエスノグラフィー[39]（walking ethnography）」、近隣における人間と場所のつながりを知るために、研究協力者が選んだ目的地に向かう経路において、通過した場所や目的地、見ている対象や行為について尋ね、注意を向けている物理的・社会的環境について参与観察を行った「同行インタビュー[35]（go-along interviews）」、そしてすでに紹介した日常的な作業をする場面に同行してインタビューや観察を行った「体験的歩行[44]（experiential walk）」が行われている。

さて、居住者の移動に同行することで、居住者の対象との出会いや行為に立ち会うことができる。それでは、立ち会って採集した出会った対象や行為が、居住者の心理的環境、そして老いの時間を表していると考えられるのはなぜだろうか。

コフカの実験で注目した2匹のチンパンジーの各々の心理的環境を把握していたのは、チンパンジー自身ではなく、おそらく観察していたコフカである。コフカは2匹のチンパンジーを比較対照できるポジションにいて、両者の心理的環境の違いを把握していたはずである。コフカの研究と違い、本書では行動場面から離れて観察する者はいない。同行者は老いの新たな身体に組み込まれて一緒に移動している。一緒に移動することで、居住者が出会う対象や行為に立ち会うことができた。しかし、同行者はやはり居住者とは隔たった身体である。通常、同行者は居住者とは世代が違い、居住している場所も違う。一緒に移動しているとはいえ、居住者とは異なる心理的環境を生きている。衣類は一度身に着けると移動しても一緒についてくる身体の一部になることを提示した。同行者は老いの新たな身体に組み込まれ移動に一緒についてくるため、居住者が出会う対象や行為に立ち会うことができる。その一方で、衣類が身に着ける前後は身体から離れた物であるように、同行者は居住者とは異なる心理的環境を生きる者として、居住者の心理的環境との違いを観察することができる。

本書では、居住者の心理的環境、そして老いの時間を、同行者の心理的環境との違いを通して理解している。一緒に移動するなかで、居住者が対象に出会い、出会いに伴う行為が生まれるとき、同行者も同じ対象に出会っていて、その出会いに伴う行為が生まれていることがある。一方で、居住者の出会った対象や生まれた行為に、同行者は出会うことなく、また行為が生まれないことがよくある。それは、居住者と同行者の生きている心理的環境が違うことを表している。具体的に、屋外に出たとき、居住者が空を長い時間あおぎ見ていることがよくある。しかし、筆者が空をあおぎ見ることはまれで、長い時間眺めていることはまずない。また、居住者の買い物において缶詰や乾電池の優先順位は高く、主役級の価値があるが、筆者の買い物において優先順位は高くなく、野菜や肉・魚といった生鮮食品が主役で、缶詰や乾電池はわき役である。さらに、缶コーヒーは、手に持つと様になること、飲み干すことが積極的な行為であること、嗜好品であること、コーヒーを淹れることに比べて簡便であること、そしてごちそうし合う気軽さがあること、筆者はそれらの利点を居住者が缶コーヒーを飲むことに付き合うなかで知った。

本書で、高齢者ではなく、また特養の居住者でもない筆者は老いの新しい身体として居住者の移動に同行する中で、居住者の出会う対象や行為に立ち会い、自らの心理的環境と違う居住者が生きている心理的環境、そして老いの独特な時間の一部を提示することができた。本書で取り扱いたかったものの叶わなかったのは、お風呂である。特養の中で、お湯という異なる媒質に身を沈める行為を取り上げたかったのだが、検討するに十分な事例を採集できなかった。今後の課題としたい。

老いの新たな身体の一部となり車イスを押すことは難しくない。資格や特別な技術を必要としない。老いの新たな身体として同行する方法は、高齢者の心理的環境を知ることに加えて、面と向かってや

りとりする大変さを避けて気楽に時間を過ごすことができるし、高齢者と自分の生活空間を更新する
こともできる。同行してみてほしい。

あとがき

今日は２０２０年５月３日。新型コロナウィルスの感染拡大により、不要不急の外出を控えるように求められ、学校は休校になり、職場は可能な限り自宅勤務になっている。私の住む地域（茨城県水戸市）でも外出の自粛が求められている。限られた空間の中で日がな一日過ごす終わりの見えない時間は、どの人、どの家庭にとっても窮屈に違いない。

私にとって、今以上に屋外に出ることが難しい時期があった。それは、２０１１年に東日本で大地震が起きた後のことである。大地震および大津波により冷却機能を失った原子力発電所の燃料棒が、水に含まれる酸素と反応してむき出しになり、さらに水蒸気に含まれる酸素とも反応することで水素が大量に発生した。水素は爆発して建屋を吹き飛ばし、大気中にまき散らされた放射性物質は、風に乗って広範囲に飛散した。原子力発電所から１００㎞ほどにある私の自宅では窓だけでなく通気口も固く閉じていた。そして、屋外には放射性物質が浮遊していること、屋外に出ることは放射能汚染の可能性があることを覚悟して外出をしていた。

ウィルスや放射性物質は、本書の中で取り上げてきた媒質に含まれ、私たちを取り囲んでいる。私たちが屋外を移動するとき、風や雨とは違い物理的に抵抗を感じないが、周囲に見えないウィルスや放射性物質が浮遊している意味を見出し、ウィルス感染や放射能汚染の可能性を怖れるため意味的に抵抗を感じてしまう。

屋外に出ることに抵抗を感じるなら、まずは屋内で移動してはどうだろう。特養の居住者のように、屋内を移動することにより、新たな対象に出会い、それに伴う行為にしばし取り組むのである。おそらく普段背景に沈んでいた対象に出会い、新たな行為が見つかるはずである。

それから、屋内から窓の外の風景をガラス窓越しに眺めるのも楽しい。眺めるほどの風景が期待できなければ、カーテンや窓を開け放ち、外から入ってくる眩しい太陽光や新鮮な空気を浴びることで救われる気持ちになるだろう。さらにベランダや軒下といった外縁と呼んでいた境界領域で少しの時間過ごしてみると、鬱積した気分がずいぶん楽になるはずである。同居人がいるなら、一緒に外縁に出ると屋内での時間がグッと楽になることが期待できる。

そして、屋内で飲み物を手に持っていると、自分や同居人に向かう意識が緩和される。手に持っている飲み物の先に、家の中や同居人が風景のように薄っすらと見える。手に持つ対象は、本やスマホでもいいが、それらは意識の集中を求める。飲み物を手に持つことと比べると、出会いや行為の成り立ちが違うので、それぞれ試してみてほしい。

新型コロナウィルスの感染は短期間で終息せずに、長期にわたり拡大と収束を繰り返すという予想もある。屋外に出て行くことを控え続けなければならないのだろうか。現在、外出の自粛を求めるとき、国や県など行政組織だけでなく、市井の人たちも「命が大事」というフレーズを持ち出す。外出することはウィルスに感染して命を落とす可能性がある、だから外出してはいけない。それはおそらく正しい。自分の身の回りの人が命を落とすことは望まない。命は大事である。

しかし、1日、2日……1週間……1か月と自宅に留まり、外に出ることを我慢する日々は続く。

なぜ屋内に留まっているのだろうか。命のためである。それでは、その命はいつの命なのか。今生きている時間は命ではないのか。ウィルス感染が終息した後の命のために、今の命を費やし続けるのか。

ウィルス感染の抑止に関する社会的合意をいたずらに緩めようと言っているのではない。ここで主張したいのは、ウィルスが私たちを取り囲んでいる限り、屋外に出るときに感染の可能性はなくならないことである。自動車の走る社会である限り、交通事故に遭ってしまうことと同様の可能性である。ワクチンが開発されたとして、誰もが接種できるのはいつのことだろうか。感染の可能性と、屋外に出てあちこち移動することで出会える対象や実現する行為の価値は、比べることはできないけれども、両者を天秤にかけてその都度判断していくしかないのではないか。「命が大事」というフレーズは正しいが、今生きていることを実感することも大事である。

さらに、感染を避けるためのインターネットや電話といったオンラインの利用により、人は自宅で動かなくてよくなるというのは事の一面である。食べ物をはじめとする物を手に入れるとき、それは流通業や配送業、それから情報インフラを整備する人たちが移動することによって成立している。オンライン化とは一部の人たちに移動を集中させ、多くの人たちが移動しなくてよい状態にしていることにほかならない。

本書で注目してきた老いの過程にある高齢者においても、特養の中で時間を費やし、屋外に出る機会はまれであった。自立歩行ができなくなり、自分の手で車イスを進める距離は限られてくるからである。その結果、屋内で落ちつくことが多くの居住者にとって通常になり、自ら屋外に出て行く機会は少なく、訪ねてくる人たち、届く声や物が居住者のもとまで移動している。この生活のかたちは、不要不急の外出の自粛を求められ、自宅に留まり続ける私を含めた多くの人たちの現在と共通している。しかし、本書の終章で見出したように、新たな老いの身体として他者が同行することで、空をあおぎ、広がる風景を眺め、移動しながら様々な対象に出会うことは、屋外に出なければ実現しない。長らえる命は尊いが、今生きていることを実感することも大事である。

本書を執筆するうえでたくさんの方にお世話になった。付き合いのあった居住者の多くはすでに亡くなり、スタッフの多くは特養を離れた。今も付き合いがあるのは、一人の居住者と数人のスタッフ、そして連絡を取り合っている家族である。お一人おひとりの名前を挙げることはできないが、特養に関係する人たちの寛容さに恵まれて本書をこの世に送り出すことができた。

南博文先生には、研究室を離れた後も機会があるたびにお世話になっている。本書の資料整理のために取得したサバティカルの際には、研究員として受け入れていただいた。南先生から多くのことを学び、南先生をはじめ研究室のメンバーとたくさんの時間を議論に費やしてきた。研究室で培ってきたものの見方や知識は、本書のあちこちに散りばめられている。

また、研究室のメンバーであった木下寛子さんには、環境の中にいる居住者や居住者のつくる空間を描いてもらった。拙い事例や論述がグッと親しみやすくなっている。

荒川歩さん、徳田治子さんと定期的に開催している『とうふ研（東京フィールド研究検討会）』で検討した際に得たコメントは本書にしっかりと反映されている。とうふ研で「書く」と公言して逃げ道を断つことでなんとか書き上げることができた。

浜田寿美男・浜田きよ子夫妻が主催する『ちょっと研』や岡田美智男先生をはじめとする『ロボットのエシックス』プロジェクトに参加して、憧れていた先生方の貪欲で自由な知性にふれたことで、本書の内容はよりパワフルに、より自由に仕上がった。

そして、20年ほど前、本書につながる研究を検討してもらったワークショップの帰り道、進めていた研究の価値に確信を持てないでいた私に、箕浦康子先生は「この研究は時間がかかるね」と声をかけてくれた。あの言葉を支えに（言い訳に）長い時間をかけて本書をまとめることができた。

それから、２０１７年度前期に茨城大学人文学部（当時）で得たサバティカルにより、本書の資料整理を行う時間を得た。茨城大学からの補助や同僚の方々の援助を得て、またアリゾナ大学理学部と九州大学人間環境学研究院に研究員として受け入れてもらうことで、資料整理を進めることができた。『ロボットの悲しみ』に続いて、塩浦暲さんに編集の労をとっていただいた。本書は私にとって初めての単著になる。書けていないのに、打ち合わせと称した私の言い訳に何度も付き合ってもらった。塩浦さんに同行してもらうことで発刊までたどりつけた。

最後に、特養でのフィールドワークを支えてくれた両親、そして3年かかった執筆を見守ってくれた家族がいて本書はかたちになった。

本書の執筆に際してお世話になった方々、そして本書を手に取り、読んでくださった方々に感謝の気持ちを伝えたい。

松本光太郎

文　献

[1] 安心院朗子・徳田克己・水野智美 (2010)「歩行補助者を使用している高齢者の外出状況と交通上の課題」『国際交通安全学会誌』35(2), 77-84.

[2] Alexander, C. (1977) *A Pattern Language*. US: The Center Environmental Structure.〔アレクザンダー ,C.／平田翰那（訳）(1984)『パターン・ランゲージ：町・建物・施工』鹿島出版会.〕

[3] 安藤清志・大坊郁夫・池田謙一 (1995)『社会心理学』岩波書店.

[4] 麻生 武 (1992)『身ぶりからことばへ：赤ちゃんにみる私たちの起源』新曜社.

[5] 麻生 武 (2009)『「見る」と「書く」との出会い：フィールド観察学入門』新曜社.

[6] 麻生 武 (2014)「生き物の交流とロボットの未来」岡田美智男・松本光太郎（編）『ロボットの悲しみ：コミュニケーションをめぐる人とロボットの生態学』(pp.69-100) 新曜社.

[7] Baltes, P. B. (1987) Theoretical propositions of life-span developmental psychology: On the dynamics between growth and decline. *Developmental Psychology*. 23(5), 611-626.

[8] Barker, R. G. (1968) *Ecological Psychology: Concepts and Methods for Studying the Environment of Human Behavior*. US: Stanford University Press.

[9] Barker, R. G. & Barker, L. S. (1961) The psychological ecology of old people in Midwest, Kansas, and Yoredate, Yorkshire. *Journal of Gerontology*. 16, 144-149.

[10] Barker, R. G. & Wright, F. W. (1951) *One Boy's Day: A Specimen Record of Behavior*. US: Harper & Brothers.

[11] Barker, R. G. & Wright, F. W. (1971) *Midwest and Its Children: The Psychological Ecology of an American Town*. US: Archon Books.

[12] Beauvoir, S. (1970) *La Viellesse*. Editions Gallimard.〔ボーヴォワール, S.／朝吹三吉（訳）(1972)『老い（上）』人文書院.〕

[13] Bollnow, O. F. (1963) *Mensch und Raum*. Deutschland: W, Kohlhammer.〔ボルノウ, O. F.／大塚恵一・池川健司・中村浩平（訳）(1978)『人間と空間』せりか書房.〕

[14] Bower, T. G. R (1979) *Human Development*. US: W. H. Freeman.〔バウアー , T. G. R.／鯨岡峻（訳）(1982)『ヒューマン・ディベロップメント：人間であること・人間になること』ミネルヴァ書房.〕

[15] Carp, F. M. (1966) *A Future for the Aged: Victoria Place and its Residents*. US: The University of Texas Press.

[16] Carp, F. M. (1971) Walking as a means of transportation for retired people. *The Gerontologist*. 11(2), 104-111.

[17] Chaudhury, H., Mahmood., A., Michael, Y. L., Campo, M., & Hay, K. (2012) The influence of neighborhood residential density, physical and social environments on older adults' physical activity: An exploratory study in two metropolitan areas. *Journal of Aging Studies*. 26. 35-43.

[18] Costa, Jr. P. T. & MaCrae. R. R. (1980) Still stable after all these years: Personality as a key to some issues in adulthood and old age. In Baltes, P. B. & Grim, O. G. (Eds.), *Life-Span Development and Behavior* (3, pp.65-102), Academic Press.

[19] 出口泰靖 (2016)『あなたを「認知症」と呼ぶ前に：〈かわし合う〉私とあなたのフィールドワーク』生活書院.

[20] Dennett, D. C. (1996) *Kinds of Minds*. US: Basic Books.〔デネット, D. C.／土屋俊（訳）(1997)『心はどこにあるのか』草思社.〕

[21] Erikson, E. (1950) *Childhood and Society*. US: W. W. Norton.〔エリクソン, E.／仁科弥生（訳）(1977)『幼児期と社会 I』みすず書房.〕

[22] Fantz, R. L. (1961) The origin of form perception. *Scientific American*, 204(5), 66-72.

[23] Gehl, J. (1987) *Life Between Building: Using Public Space*. US: Van Nostrand Reinhold.〔ゲール, J.／北原理雄（訳）(1990)『屋外空間の生活とデザイン』鹿島出版会.〕

[24] Gibson, J. J. (1979) *The Ecological Approach to Visual Perception*. US: Houghton Mifflin.〔ギブソン, J. J.／古崎敬・古崎愛子・辻敬一郎・村瀬旻（訳）(1985)『生態学的視覚論：ヒトの知覚世界を探る』サイエンス社.〕

[25] Goethe, J. W. (1958) *Goethes Werke*. Hamburger Ausgabe.〔ゲーテ, J. W.／木村直司（編訳）(2009)『ゲーテ形態学論集：植物篇』ちくま学芸文庫.〕

[26] Goffman, E. (1961) *Asylums: Essays on the Social Situation of Mental Patients and Other Inmates*. US: Doubleday.〔ゴッフマン, E.／石黒毅（訳）(1984)『アサイラム：施設被収容者の日常生活』誠信書房.〕

[27] Goffman, E. (1963) *Behavior in Public Places: Notes on the Social Organization of Gatherings*. US: The Free Press.〔ゴッフマン, E.／丸木恵佑・本名信行（訳）(1980)『集まりの構造：新しい日常行動論を求めて』誠信書房.〕

[28] Gubrium, J. F. (1975) *Living and Dying at Murray Manor*. US: St. Martin's Press.

[29] Hageman, P. A. & Blanke, D. J. (1986) Comparison of gait of young women and elderly women. *Physical Therapy*. 66(9), 1382-1387.

[30] Hall, E. (1966) *The Hidden Dimension*. US: Doubleday.〔ホール, E.／日高敏隆・佐

藤信行（訳）(1974)『かくれた次元』みすず書房.〕
［31］浜田寿美男 (1993)『発達心理学再考のための序説』ミネルヴァ書房.
［32］浜田寿美男 (1999)『「私」とは何か：言葉と身体の出会い』講談社.
［33］浜田寿美男 (2014)「ロボットは人間「のようなもの」を超えられるか」岡田美智男・松本光太郎（編）『ロボットの悲しみ：コミュニケーションをめぐる人とロボットの生態学』(pp.125-152) 新曜社.
［34］濱野佐代子 (2013)「家庭動物とのつきあい」石田戢・濱野佐代子・花園誠・瀬戸口明久（編）『日本の動物観：人と動物の関係史』(pp.19-35) 東京大学出版会.
［35］Hand, C. L., Rudman, D. L., Huot, S., Gilloland, J. A., & Pack, R. L. (2018) Toword understanding person-place transaction in neighborhoods: A qualitative-participatory geospatial approach. *The Gerontologist*. 58(1), 89-100.
［36］Heider, F. (1959) Thing and medium. On perception, event structure and psychological environment. *Psychological Issues Monograph 3*. 1(3), 1-123. US: International University Press.
［37］Heft, H. (2001) *Ecological Psychology in Context: James Gibson, Roger Barker, and the Legacy of William's Radical Empiricism*. US: Lawrence Erlbaum Associates.
［38］平田晃久 (2008)『建築とは〈からまりしろ〉をつくることである』INAX 出版.
［39］Iared, V. G. & de Oliveira, H. T. (2018) Walking ethnography and interviews in the analysis of aesthetic experiences in the Cerrado. *Educação e Pesquisa. 44*, 1-17.
［40］Ingold, T. (2007) *Lines: A Brief History*. UK: Routledge.〔インゴルド, T.／工藤啓（訳）(2014)『ラインズ：線の文化史』左右社.〕
［41］井上 誠 (1959)『珈琲の研究』健康之友社.
［42］Ittelson. W. H. (1973) Environment perception and contemporary perceptual theory. In Ittelson. W. H. (Eds.), *Environment and Cognition* (pp.1-19). US: Seminar Press.
［43］Ittelson, W. H. & Cantril, H. (1959) *Perception: A Transactional Approach*. US: Doubleday.
［44］Iwarsson, S., Ståhl, A., & Löfqvist, C. (2013) Mobility in outdoor environments in old age. In Rowles, G. D. & Bernard, M. (Eds.), *Environmental Gerontology: Making Meaningful Place in Old Age* (pp.175-198). US: Springer.
［45］Kahn, R. L. & Antonucci, T. C. (1980) Convoys over the life course: Attachment, roles, and social support. In Baltes, P. B. & Grim, O. G. (Eds.), *Life-Span Development and Behavior* (3, pp.253-286). Academic Press.
［46］桐村雅彦 (2008)「エピソード記憶・意味記憶」太田信夫・多鹿秀継（編）『記憶の生涯発達心理学』(pp.205-220) 北大路書房.

[47] Koffka, K. (1935) *Principle of Gestalt Psychology*. UK: Routledge & Kegan Paul.〔コフカ, K.／鈴木正彌（訳）(1998)『ゲシュタルト心理学の原理』福村出版.〕

[48] 厚生労働省平成29年介護サービス施設・事業者調査の概況. https://www.mhlw.go.jp/toukei/saikin/hw/kaigo/service17/index.html. 2020年4月4日閲覧.

[49] 鯨岡 峻 (1999)『関係発達論の構築：間主観的アプローチによる』ミネルヴァ書房.

[50] 久野 覚 (1998)「屋内に住む：熱環境のアメニティ」中島義明・大野隆造（編）『すまう：住行動の心理学』(pp.92-110) 朝倉書店.

[51] Lawton, M. P. (1982) Competence, environmental press, and the adaptation of older people. In Lawton, M. P., Windley, P. G., & Byerts, T. O. (Eds.), *Aging and Environment* (pp.33-59). US: Springer.

[52] Lawton, M. P. (1998) Environment and aging: Theory revisited. In Scheidt, R. J. & Windley, P. G. (Eds.), *Environment and Aging Theory* (pp.1-31). US: Praeger.

[53] Leakey, M. D. (1979) Footprints in the ashes of time. *National Geographic*. April. 446-456.

[54] Lewin, K. (1936) *Principles of Topological Psychology*. McGraw-Hill.

[55] Lewin, K. (1951) *Field Theory in Social Science*. US: The American Psychological Association.〔レヴィン, K .／猪股佐登留（訳）(2017)『社会科学における場の理論』ちとせプレス.〕

[56] Löfqvist, C., Nygren, C., Brandt, Å., & Iwarsson, S. (2009) Very old Swedish women's experiences of mobility devices in everyday occupation: A longitudinal case study. *Scandinavian Journal of Occupational Therapy*. 16, 181-192.

[57] Lynch, K. (1960) *The Image of the City*. US: MIT Press.〔リンチ, K.／丹下健三・富田玲子（訳）(1968)『都市のイメージ』岩波書店.〕

[58] Mahler, M. S., Pine, F. & Berman, A. (1975) *The Psychological Birth of the Human Infant*. US: Basic Books.〔マーラー, M. S., パイン, F. & バーグマン, A.／高橋雅士・織田正美・浜畑紀（訳）(2001)『乳幼児の心理的誕生：母子共生と個体化』黎明書房.〕

[59] 松本光太郎 (2004)「高齢者の外出における“立ち寄り”の検討：ある地域に居住する高齢者への自由記述アンケートから」『九州大学心理学研究』5, 77-88.

[60] 松本光太郎 (2005)「高齢者の生活において外出が持つ意味と価値：在宅高齢者の外出に同行して」『発達心理学研究』16(3), 265-275.

[61] 松本光太郎 (2007)「なぜ古野さんのコーヒーを飲む姿に僕は魅了されたのか？：映画『ジョゼと虎と魚たち』を導きの糸にしながら」『発達』109, 78-89.

ミネルヴァ書房.
[62] Mead, G. H. (1934) *Mind, Self, and Society: From Standpoint of a Social Behaviorist*. US: The University of Chicago Press.〔ミード, G. H.／河村望（訳）(1995)『精神・自我・社会』人間の科学社.〕
[63] 南 博文 (1994)「経験に近いアプローチとしてのフィールドワークの知：embodied knowing の理論のための覚え書き」『九州大学教育学部紀要』39, 39-52.
[64] Morse, E. S. (1886) *Japanese Homes and Their Surroundings*. US: Tickner & Company.〔モース, E. S.／上田篤・加藤晃規・柳美代子（訳）(1979)『日本人のすまい：内と外』鹿島出版会.〕
[65] 村瀬孝生 (2001)『おしっこの放物線：老いと折り合う居場所づくり』雲母書房.
[66] 村瀬孝生 (2006)『ぼけてもいいよ：「第２宅老所 よりあい」から』西日本新聞社.
[67] Murray, M. P., Kory, R. C. & Clakson, B. H. (1969) Walking patterns in healthy old men. *Journal of Gerontology*. 24, 169-178.
[68] 成田善弘 (2003)『贈り物の心理学』名古屋大学出版会.
[69] Neisser, U. (1976) *Cognition and Reality: Principles and Implications of Cognitive Psychology*. US: W. H. Freeman and Company.〔ナイサー , U.／古崎敬・村瀬旻（訳）(1978)『認知の構図：人間は現実をどのようにとらえるか』サイエンス社.〕
[70] Neisser. U. (1993) The self perceived. In Neisser. U. (Eds.), *The Perceived Self: Ecological and Interpersonal Sources of Self-Knowledge* (pp.3-21). US: Cambridge University Press.
[71] Piaget, J. (1948) *La Naissance de l'intelligence chez l'enfant*. FR: Delachaux et Niestlé.〔ピアジェ , J.／谷村覚・浜田寿美男（訳）(1978)『知能の誕生』ミネルヴァ書房.〕
[72] Relph, E. (1999) *Place and Placelessness*. UK: Pion Limited.〔レルフ, E.／高野岳彦・阿部隆・石山美也子（訳）(1999)『場所の現象学』ちくま学芸文庫.〕
[73] Rosenberg, D. E., Huang, D. L., Simonovich, D., & Belza, B. (2012) Outdoor built environment barriers and facilitators to activity among midlife and older adults with mobility disabilities. *The Gerontologist*. 23(2), 268-279.
[74] Rowles, G. D. (1978a) Reflections on experimental field work. In Ley, D. & Samuels, M. (Eds.), *Humanistic Geography: Prospects and Problems* (pp.173-193). US: John Wiley.
[75] Rowles, G. D. (1978b) *Prisoners of Space?*. US: Westview Press.
[76] Rowles, G. D. & Bernard, M. (2013) The meaning and significance of place in old age. In Rowles, G.D. & Bernard, M. (Eds.), *Environmental Gerontology: Making Meaningful Place in Old Age* (pp.3-24). US: Springer.

[77] Rowles, G. D. & Ravdal, H. (2001) Aging, place, and meaning in the face of changing circumstances. In Weiss, R. S. & Bass, S. A. (Eds.), *Challenges of the Third Age* (pp.81-114). US: Oxford University Press.

[78] 下村恵美子 (2001)『九十八歳の妊娠：宅老所よりあい物語』雲母書房.

[79] Schenkman, M. & Riegger-Krugh, C. (1997) Physical intervention for elderly patients with gait disorders. In Masdeu, J., Sdarsky, L., & Wolfson, L. (Eds.), *Gaits of Aging: Falls and Therapeutic Strategies* (pp.327-353). US: Lippincott-Raven.

[80] Seamon, D. (1979) Body-subject, time-space routines, and place ballets. In Buttimer, A. & Seamon, D. (Eds.), *The Human Experience of Space and Place* (pp.148-165). UK: Routledge Revivals.

[81] Solnit, R. (2000) *Wanderlust: A History of Walking*. US: Penguin Books.〔ソルニット, R.／東辻賢治郎（訳）(2007)『ウォークス：歩くことの精神史』左右社.〕

[82] Stanford, C. (2003) *Upright, The Evolutionary Key Becoming Human*. US: Houghton Mifflin.〔スタンフォード, C.／長野敬・林大（訳）(2004)『直立歩行：進化への鍵』青土社.〕

[83] Stern, D. N. (1985) *The Interpersonal World of the Infant: View from Psychoanalysis and Developmental Psychology*. US: Basic Books.〔スターン, D. N.／小此木啓吾・丸田俊彦（監訳）(1989)『乳児の対人世界：理論編』岩崎学術出版社.〕

[84] 鈴木 毅 (1994a)「人の「居方」からみる環境」『現代思想 特集 アフォーダンス』22(13), 188-197.

[85] 鈴木 毅 (1994b)「居方という現象：「行為」「集団」から抜け落ちるもの（連載 人の「居方」からの環境デザイン）」『建築技術』2月号, 154-157.

[86] 鈴木 毅 (1995)「あなたと私（連載 人の「居方」からの環境デザイン）」『建築技術』6月号, 138-141.

[87] Thoreau, H. D. (1862) *Walking*.〔ソロー, H. D.／山口晃（編・訳）(2013)『歩く』ポプラ社.〕

[88] Tideiksaar, R. (1997) Environmental factors in the prevention of falls. In Masdeu, J., Sdarsky, L., & Wolfson, L. (Eds.), *Gaits of Aging: Falls and Therapeutic Strategies* (p395-412). US: Lippincott-Raven.

[89] Tomasello, M. (1983) On the interpersonal origins of self-concept. In Neisser, U. (Ed.), *The Perceived Self: Ecological and Interpersonal Sources of Self-Knowledge* (pp.174-184). US: Cambridge Press.

[90] 東京消防庁「救急搬送データから見る高齢者の事故」http://www.tfd.metro.tokyo.jp/lfe/topics/201509/kkhansoudeta.html. 2019年11月1日閲覧.

[91] 富田達彦 (1989)「記憶神話の解体：訳者あとがきにかえて」ナイサー，U.（編）『観察された記憶：自然文脈での想起（下）』(pp.495-498) 誠信書房.

[92] Trevarthen, C. & Hubley, P. (1978) Secondary intersubjectivity: Confidence, confiding and acts of meaning in the first year. In Lock, J. (Ed.), *Action, Gesture and Symbol: The Emergence of Language* (pp.183-229). US: Academic Press.〔トレヴァーセン，C. & ヒューブリー，P.／鯨岡峻・鯨岡和子（訳）(1989)「第2次相互主体性の成り立ち」『母子と子のあいだ：初期コミュニケーションの発達』(pp.102-162) ミネルヴァ書房.〕

[93] 外山 義 (2003)『自宅ではない住宅：高齢者の生活空間論』医学書院.

[94] 津守 真 (1987)『子どもの世界をどうみるか：行為とその意味』NHK ブックス.

[95] Vauclair, J. (2004) *Développment du Jeune Enfant: Motricité Perception, Cognition*. FR: Éditons Belin.〔ヴォークレール，J.／明和政子（監訳）(2012)『乳幼児の発達：運動・知覚・認知』新曜社.〕

[96] Wahl, H. W. & Weisman, G. D. (2003) Environmental gerontology at the beginning of the new millennium: Reflections on its historical, empirical, and theoretical development. *The Gerontologist*. 43(5), 616-627.

[97] Wallon, H. (1938) Rapports affectifs: Les émotions. La Vie Mentale. Vol. VIII de L'encyclopédie Française.〔ワロン，H.「情意的関係：情動について」浜田寿美男（編訳）(1983)『身体・自我・社会：子どものうけとる世界と子どもの働きかける世界』(pp.149-182) ミネルヴァ書房.〕

[98] Wapner, S. & Werner, H. (1965) An experimental approach to body perception from the organismic-developmental point of view. In Wapner, S. & Werner, H. (Eds.), *The Body Percept* (pp.9-25). US: Random House.

[99] Werner, H. & Kaplan, B. (1963) *Symbol Formation: An Organismic-Developmental Approach to Language and the Expression of Thought*. US: John & Wiley & Sons.〔ウェルナー，H. & カプラン，B.／柿崎祐一（監訳）(1974)『シンボルの形成：言葉と表現への有機－発達論的アプローチ』ミネルヴァ書房.〕

[100] Wiles, J. L., Leibing, A., Guberman, N., Reeve, J., & Allen, R. E. S. (2011) The meaning of "aging in place" to older people. *The Gerontologist*. 52(3), 357-366.

[101] Winter, D. A., Patla, A. E., Frank, J. S., & Walt, S. E. (1990) Biomechanical walking pattern changes in the fit and healthy elderly. *Physical Therapy*. 70(6), 340-347.

[102] Wood, D., Bruner, J. S., & Ross, G. (1976) The role of tutoring in problem solving. *Journal of Child Psychology and Psychiatry*. 17(2), 89-100.

[103] 山田忠雄ほか（編）(2010)『新明解国語辞典第六版』三省堂.

[104] やまだようこ (1987)『ことばの前のことば：ことばが生まれるすじみち1』新曜社.

[105] 山本英治 (1955)「クルト・レヴィンの「生活空間」の構造」『富山大学紀要経済学部論集』6, 159-167.

[106] Zeiter, E., Buys, L., Aird, R., & Miller, E. (2012) Mobility and active ageing in suburban environments: Findings from in-depth interviews and person-based GPS tracking. *Current Gerontology and Geriatrics Research*. 1-10.

著者紹介

松本光太郎（まつもと　こうたろう）

1972年熊本生まれ、福岡育ち。鹿児島大学教育学部卒業、九州大学大学院人間環境学府修士課程・博士後期課程修了。博士（人間環境学）。名古屋大学を経て、現在茨城大学人文社会科学部准教授。専門は、発達心理学、環境心理学。様々な研究テーマや対象に取り組む先には、心という概念を自明視するのではなく、放棄するのでもない、内側から歪ませ拡張する目論見がある。著書に『ロボットの悲しみ』（共編著、新曜社）など。

老いと外出
移動をめぐる心理生態学

初版第1刷発行　2020年11月5日

著　者　松本光太郎

発行者　塩浦　暲

発行所　株式会社　新曜社
101-0051　東京都千代田区神田神保町3－9
電話 (03)3264-4973(代)・FAX (03)3239-2958
e-mail : info@shin-yo-sha.co.jp
URL : https://www.shin-yo-sha.co.jp

組　版　Katzen House
印　刷　新日本印刷
製　本　積信堂

ISBN978-4-7885-1693-9 C1011